Textos e contextos

FUNDAÇÃO EDITORA DA UNESP

Presidente do Conselho Curador
Mário Sérgio Vasconcelos

Diretor-Presidente
Jézio Hernani Bomfim Gutierre

Editor-Executivo
Tulio Y. Kawata

Superintendente Administrativo e Financeiro
William de Souza Agostinho

Conselho Editorial Acadêmico
Áureo Busetto
Carlos Magno Castelo Branco Fortaleza
Elisabete Maniglia
Henrique Nunes de Oliveira
João Francisco Galera Monico
José Leonardo do Nascimento
Lourenço Chacon Jurado Filho
Maria de Lourdes Ortiz Gandini Baldan
Paula da Cruz Landim
Rogério Rosenfeld

Editores-Assistentes
Anderson Nobara
Jorge Pereira Filho
Leandro Rodrigues

JÜRGEN HABERMAS

Textos e contextos

Tradução
Antonio Ianni Segatto

© Suhrkamp Verlag Berlin 1991
© 2014 Editora Unesp
Título original: *Texte und Kontexte*

Direitos de publicação reservados à:
Fundação Editora da Unesp (FEU)
Praça da Sé, 108
01001-900 – São Paulo – SP
Tel.: (0xx11) 3242-7171
Fax: (0xx11) 3242-7172
www.editoraunesp.com.br
www.livrariaunesp.com.br
feu@editora.unesp.br

CIP – Brasil. Catalogação na publicação
Sindicato Nacional dos Editores de Livros, RJ

H119t

Habermas, Jürgen, 1929-
  Textos e contextos / Jürgen Habermas; tradução Antonio Ianni Segatto. – 1.ed. – São Paulo: Editora Unesp, 2015.

  Tradução de: Texte und Kontexte
  ISBN 978-85-393-0601-5

  1. Ciência – Filosofia.   2. Ciências sociais – Filosofia.
3. Epistemologia social. I. Título.

15-24470   CDD: 121
                                            CDU: 165

Editora afiliada:

Sumário

Introdução à Coleção . *7*

Apresentação à edição brasileira . *11*
  Delamar José Volpato Dutra

Prefácio . *21*

I
Charles S. Peirce sobre a comunicação . *25*
Edmund Husserl sobre o mundo da vida, a filosofia e a ciência . *61*

II
Martin Heidegger – obra e visão de mundo – Prefácio a um
  livro de Victor Farías . *83*
Ludwig Wittgenstein como contemporâneo . *131*

III
Max Horkheimer: sobre a história do desenvolvimento
  de sua obra . *143*
Sobre a frase de Horkheimer: "Querer salvar um sentido
  incondicionado sem Deus é vão" . *169*

Jürgen Habermas

Excurso: Transcendência de dentro, transcendência para o lado de cá . *191*

IV

Georg Simmel sobre filosofia e cultura – Posfácio a uma coletânea de ensaios . *235*

A psicologia social de Alexander Mitscherlich . *253*

V

A sociologia na República de Weimar . *275*

Sobre o desenvolvimento das ciências sociais e das ciências humanas na República Federal da Alemanha . *305*

Referência dos textos . *321*

Referências bibliográficas . *323*

Índice onomástico . *337*

Introdução à Coleção

Se desde muito tempo são raros os pensadores capazes de criar passagens entre as áreas mais especializadas das ciências humanas e da filosofia, ainda mais raros são aqueles que, ao fazê-lo, podem reconstruir a fundo as contribuições de cada uma delas, rearticulá-las com um propósito sistemático e, ao mesmo tempo, fazer jus às suas especificidades. Jürgen Habermas consta entre estes últimos.

Não se trata de um simples fôlego enciclopédico, de resto nada desprezível em tempos de especialização extrema do conhecimento. A cada passagem que Habermas opera, procurando unidade na multiplicidade das vozes das ciências particulares, corresponde, direta ou indiretamente, um passo na elaboração de uma teoria da sociedade capaz de apresentar, com qualificação conceitual, um diagnóstico crítico do tempo presente. No decorrer de sua obra, o diagnóstico se altera, às vezes incisiva e mesmo abruptamente, com frequência por deslocamentos de ênfase; porém, o seu propósito é sempre o mesmo: reconhecer na realidade das sociedades modernas os potenciais de emancipação e seus obstáculos, buscando apoio em pesquisas empíricas e nunca deixando de justificar os seus próprios critérios.

Certamente, o propósito de realizar um diagnóstico crítico do tempo presente e de sempre atualizá-lo em virtude das transformações históricas não é, em si, uma invenção de Habermas. Basta se reportar ao ensaio de Max Horkheimer sobre "Teoria Tradicional e Teoria Crítica", de 1937, para dar-se conta de que essa é a maneira mais fecunda pela qual se segue com a Teoria Crítica. Contudo, se em cada diagnóstico atualizado é possível entrever uma crítica ao modelo teórico anterior, não se pode deixar de reconhecer que Habermas elaborou a crítica interna mais dura e compenetrada de quase toda a Teoria Crítica que lhe antecedeu – especialmente Marx, Horkheimer, Adorno e Marcuse. Entre os diversos aspectos dessa crítica, particularmente um é decisivo para compreender o projeto habermasiano: o fato de a Teoria Crítica anterior não ter dado a devida atenção à política democrática. Isso significa que, para ele, não somente os procedimentos democráticos trazem consigo, em seu sentido mais amplo, um potencial de emancipação, como nenhuma forma de emancipação pode se justificar normativamente em detrimento da democracia. É em virtude disso que ele é também um ativo participante da esfera pública política, como mostra boa parte de seus escritos de intervenção.

A presente Coleção surge como resultado da maturidade dos estudos habermasianos no Brasil em suas diferentes correntes e das mais ricas interlocuções que sua obra é capaz de suscitar. Em seu conjunto, a produção de Habermas tem sido objeto de adesões entusiasmadas, críticas transformadoras, frustrações comedidas ou rejeições virulentas – dificilmente ela se depara

Textos e contextos

com a indiferença. Porém, na recepção dessa obra, o público brasileiro tem enfrentado algumas dificuldades que esta Coleção pretende sanar. As dificuldades se referem principalmente à ausência de tradução de textos importantes e à falta de uma padronização terminológica nas traduções existentes, o que, no mínimo, faz obscurecer os laços teóricos entre os diversos momentos da obra.

Incluímos na Coleção praticamente a integralidade dos títulos de Habermas publicados pela editora Suhrkamp. São cerca de quarenta volumes, contendo desde as primeiras até as mais recentes publicações do autor. A ordem de publicação evitará um fio cronológico, procurando atender simultaneamente o interesse pela discussão dos textos mais recentes e o interesse pelas obras cujas traduções ou não satisfazem os padrões já alcançados pela pesquisa acadêmica, ou simplesmente inexistem em português. Optamos por não adicionar à Coleção livros apenas organizados por Habermas ou, para evitar possíveis repetições, textos mais antigos que foram posteriormente incorporados pelo próprio autor em volumes mais recentes. Notas de tradução e de edição serão utilizadas de maneira muito pontual e parcimoniosa, limitando-se, sobretudo, a esclarecimentos conceituais considerados fundamentais para o leitor brasileiro. Além disso, cada volume conterá uma apresentação, escrita por um especialista no pensamento habermasiano, e um índice onomástico.

Os editores da Coleção supõem que já estão dadas as condições para sedimentar um vocabulário comum em português, a partir do qual o pensamento habermasiano pode ser mais bem compreendido e, eventualmente, mais bem criticado. Essa suposição anima o projeto editorial desta Coleção, bem como

Jürgen Habermas

a convicção de que ela irá contribuir para uma discussão de qualidade, entre o público brasileiro, sobre um dos pensadores mais inovadores e instigantes do nosso tempo.

Comissão Editorial

Antonio Ianni Segatto
Denilson Luis Werle
Luiz Repa
Rúrion Melo

Apresentação à edição brasileira
Os textos e seus contextos

Delamar José Volpato Dutra*

Em um curtíssimo prefácio, Habermas explica o que é importante no livro *Textos e contextos*, publicado em 1990, a saber, os contextos nos quais os textos filosóficos surgem. Esse escrutínio honra a Teoria Crítica no sentido de que a crítica ao real se processa pela crítica das teorias sobre o real.

São analisados oito teóricos, entre filósofos e cientistas sociais. Nesse diapasão, o ponto de destaque é a conexão do conteúdo argumentativo dos pensadores com o seu contexto histórico. Habermas nos desafia a questionar se todos os pensadores ficam marcados pelos seus respectivos contextos históricos e a perquirir o que significa ser marcado de *forma especial* pelo contexto. Vale lembrar que, para ele, e para a Teoria Crítica em geral, o contexto histórico marca, de alguma forma, o pensamento, o que o seu próprio método reconstrutivo quer

---

* Professor do Departamento de Filosofia da Universidade Federal de Santa Catarina (UFSC) e pesquisador do CNPq.

honrar de forma especial, não obstante ele parecer sugerir que determinações argumentativas e conceituais, como as normativas, poderiam exorbitar do contexto concreto. Com efeito, em *Direito e democracia*, Habermas afirma: "tais considerações não perderam inteiramente o contato com a realidade social. Porém, nós nos interessamos apenas com as implicações normativas dessa descrição".[1] Ao final, o livro *Textos e contextos* pretende discutir o quanto um determinado conteúdo argumentativo é capaz de transcender o tempo no qual surgiu e, portanto, galgar arestas de universalidade.

O contexto destacado em relação a Peirce é aquele de uma crítica à filosofia da consciência. Nesse sentido, Habermas sublinha que já antes de Frege e Husserl, Peirce endereçara uma crítica ao psicologismo. O que Peirce desenhara, nesse sentido, seria uma filosofia que se voltaria para a linguagem e a comunicação. Habermas destaca, claramente, a mudança da filosofia e do conhecimento com bases na certeza do sujeito para uma concepção pragmática de ambos que, sim, remete a uma dimensão semântica, mas também a argumentos que devem ser apresentados na comunidade dos investigadores. Desse modo, desenha-se claramente a importância da dimensão intersubjetiva. Com isso, alega Habermas, Peirce teria destruído dois dogmas, quais sejam, o mito do imediatamente dado à consciência e a ilusão da verdade como certeza das representações da consciência. Habermas não deixa de destacar uma ideia central de Peirce, qual seja, aquela de um consenso último ou de uma opinião

---

1 Habermas, *Faktizität und Geltung*. Frankfurt-am-Main: Suhrkamp, 1992, p.625.

Textos e contextos

final, a qual desempenharia papel importante na formulação habermasiana de uma comunidade ideal de comunicação.

Husserl é analisado a partir do conceito de mundo vivido. No entender de Habermas, quando Husserl introduz esse conceito nos anos 1930, a filosofia já se situara em uma posição intermediária entre o senso comum e o conhecimento científico. O contexto, portanto, é aquele de uma certa disputa entre ciências, senso comum e filosofia. Husserl, com o conceito de mundo vivido, seria exemplar da tentativa de manter a posição dominadora da filosofia em relação aos outros dois âmbitos. Nesse sentido, a tarefa da filosofia seria menos a de descoberta e mais a de explicitação de algo desde sempre já sabido. Contudo, na década de 1930, quando a obra foi publicada, tal tarefa já não era nada fácil, especialmente frente à psicologia que se impunha como ciência. Diante disso, Husserl tenta franquear o mundo vivido como o fundamento esquecido do sentido das ciências, cuja gênese se encontraria no mundo vivido. Para ele, mesmo a matematização e a tecnização da natureza seriam idealizações, cujo fundamento se encontraria no mundo vivido. Com isso, é verdade, o senso comum ganha uma dignidade especial, mas é a filosofia que ganha uma dignidade sem par, na medida em que administra a fundamentação última na subjetividade transcendental. Aliás, é justamente contra isso que Habermas interpretará a filosofia heideggeriana. Ou seja, para Habermas, também a filosofia precisa assumir ares mais modestos.

É na filosofia de Heidegger, de acordo com Habermas, que a ideia do mundo vivido como sendo pré-reflexivo e holístico frutifica. É uma tal formulação que eleva o ser no mundo [*In-der-Welt-sein*] a *status* transcendental. Com ele, a filosofia ganha o função de pastora do ser, sendo que as ciências, nas mãos de Heidegger, passam a ser tão somente o sintoma do esquecimento nos interstícios da metafísica.

O ponto, para Habermas, é que, se Husserl redesenha a filosofia entre ciências e senso comum, então a filosofia porta uma conexão com as ciências, de tal forma que antes de criticá-las terá que aprender com elas. Como se sabe, Habermas pretendeu executar uma concepção de filosofia que não despreza a colaboração com as ciências em geral.

Quiçá, o ensaio mais crítico de todo o livro seja aquele sobre Heidegger. Habermas destaca que o comportamento político de Heidegger não deveria ser razão suficiente para desqualificar globalmente a sua obra e que deveríamos moderar a crítica moral ao mesmo, haja vista não podermos saber como nós próprios nos comportaríamos em uma situação de ditadura política. Ademais, Habermas recusa uma ligação rigorosa entre obra e pessoa, entre a teoria do filósofo e a sua mentalidade, haja vista isso não honrar a dimensão de transcendência que o pensamento possa ter. Isso não significa que não possa haver conexão interna entre o pensamento filosófico e a biografia de alguém. Aliás, esse é o tema do livro de Habermas que o leitor tem em mãos. Habermas também não nega que um autor possa ter responsabilidade pelas consequências não pretendidas de seus textos.

Habermas observa que a filosofia de Heidegger se desligou de seu autor, sendo ela importante pela destranscendentalização realizada por *Ser e tempo*, bem como por sua crítica à metafísica. Porém, o seu comportamento político durante o nazismo lançaria sombra sobre a sua obra. Ainda assim, não seria azado concluir que a substância filosófica da obra poderia, então, ser desacreditada. Se, por um lado, o conteúdo de verdade de uma teoria não pode ser desacreditado por esta ser associada a algo exterior, por outro lado, isso não significa que uma teoria filosófica esteja imune em relação à cosmovisão do tempo. Em epítome, a pergunta que orienta o texto sobre Heidegger é: houve uma relação interna entre a filosofia do autor e a sua percepção política da época?

Talvez, o posicionamento tardio de Heidegger seja importante para responder à pergunta posta. Por exemplo, sabe-se que, para ele, a Segunda Guerra Mundial não decidiu nada de essencial. A analogia seguinte pode ajudar a entender isso: a grandeza de Roma não suplantou a filosofia grega. É nesse sentido que, para Heidegger, a língua alemã ainda continua a ser a sucessora da língua grega e que, para entender Hölderlin, é preciso saber alemão. Para Habermas, Heidegger desconecta a história do ser da sua relação com o movimento nazista, contudo, a moral permanece um conhecimento abaixo do pensamento essencial. Com isso, Heidegger teria se desobrigado de prestar contas sobre os fatos ocorridos.

Habermas registra em detalhes seu próprio incidente com Heidegger em 1953, quando este publicou a sua *Introdução à metafísica*. Habermas escreveu um texto, "Pensar com Heidegger contra Heidegger", no qual registra o choque que foi a referência heideggeriana, sem comentários, à grandeza e verdade do movimento nazista. A resposta não veio de Heidegger, mas de Christian E. Lewalter, segundo quem Heidegger teria visto no nazismo mais um sintoma da decadência da história do ser, em vez de o início da salvação.

Habermas, como dito, propugna a cautela moral na avaliação de Heidegger em relação ao tempo em que participou do nazismo, mas não perdoa a sua atitude posterior quase apologista do regime. Segundo Habermas, o que teria sido penoso para Heidegger teria sido como um pensador com acesso privilegiado à verdade pode ter errado? Ao fim, Heidegger se aprisionou em seu próprio passado. O tom crítico de Habermas não deixa de transparecer em expressões como "pensamento infectado de ideologia", ou na menção de referências como: o verdadeiro não é para qualquer um, mas só para os fortes.

No estudo sobre Wittgenstein, Habermas contrasta a Teoria Crítica e a filosofia do autor do *Tractatus*. Se a Teoria Crítica se entrega, estranhamente, ao materialismo histórico, Wittgenstein aponta para o místico, para a crítica da cultura e para a religião. Wittgenstein, Heidegger e Adorno teriam em comum uma crítica visceral à cultura e à ciência. Ademais, usariam a linguagem de modo peculiar, de tal forma que as frases são torcidas e retorcidas até que o ouvinte, mesmo sem querer, perceba o que não pode ser expresso. O filósofo não é um artista, mas busca apresentar algo que se aproxima de um desvendar poético do mundo.

A Horkheimer ele dedica dois ensaios. Para Habermas, Horkheimer teria investido tudo, na década de trinta do século passado, em um programa interdisciplinar que se explicitaria em *Autoridade e família*. Ele pretendia continuar a filosofia com outros meios, ou seja, fazer sociologia, de tal forma que a filosofia teria que desaparecer como realização em uma teoria da sociedade.

Como se sabe, Horkheimer e Adorno tiveram que deixar a Alemanha. O resultado do trabalho de ambos, em Santa Monica, foi a *Dialética do esclarecimento*, a qual consegue esconder as diferenças que havia entre eles. Segundo Habermas, Horkheimer tentou uma formulação sistemática da obra, mas esbarrou na convicção de Adorno de que só a fragmentação era adequada à filosofia, pois ela visaria a decifrar vestígios em uma realidade deturpada. Por isso, a obra combinaria a formulação mitológica de Adorno com a formulação horkheimeriana de uma razão reduzida à autoconservação.

Horkheimer não teria se sentido confortável com a aporia de uma crítica total da razão, a qual, por ser total, não poderia deixar seus próprios padrões intactos. Adorno movia-se melhor nesse domínio, pois ele podia deixar o esclarecimento circular nos próprios paradoxos da razão que se iluminaria a partir de dentro. Adorno podia encontrar na racionalidade mimética da arte um conteúdo utópico desfigurado pelo funcionamento da razão instrumental. Horkheimer, por seu turno, não dispunha desse estratagema e também não queria cair no irracionalismo. O refúgio ele vai encontrar na religião, pois só nesta haveria um sentido para além da autoconservação. A religião seria uma alternativa ao desconsolo do positivismo. Horkheimer não deixa de ser aporético, pois a Teoria Crítica tinha feito a crítica da religião, mas não pôde encontrar um céu substitutivo, o qual ela não pôde abandonar, ainda que tal céu não exista. A crítica de Horkheimer foi profunda demais para encontrar qualquer réstia de razão na prática comunicativa.

Habermas destaca que o pensamento horkheimeriano inquina de vício a própria concepção de liberdade como sendo burguesa. As capacidades que tal liberdade pressupõe e engendra pertencem a uma forma burguesa de produção.

Ao retornar do exílio depois da guerra, Horkheimer não pôde mais recuperar patriotismo algum frente a um país que se tinha tornado sinistro. Assim, o diagnóstico de Habermas é o

Jürgen Habermas

de que ele teve interrompido o seu pensamento por duas vezes, ao aportar na América e, depois, ao voltar para a Alemanha.

Certamente, é possível encontrar linhas mestras que perpassam a obra e que o leitor atento poderá detectar, como por exemplo, o tema da imanência e da transcendência, as críticas à fenomenologia e a institucionalização da sociologia.

Em ensaio destacado, ele comenta a frase de Horkheimer: "Querer salvar um sentido incondicionado sem Deus é vão". O ensaio é escrito em homenagem a Alfred Schmidt, que buscou ofertar uma visão sistemática de Horkheimer a partir da filosofia da religião de Schopenhauer. Horkheimer vislumbrara na religião a possibilidade de dar conta de uma teoria da justiça completa, que não relegasse ao esquecimento as graves injustiças passadas. No entanto, tal projeto adolesceria de uma aporia que ocorreria quando se tentasse salvar conteúdos religiosos pela secularização. A mencionada aporia estaria em que a secularização salvadora pareceria justamente abolir a religião.

Em Horkheimer, o verdadeiro conteúdo moral da religião não se encontraria mais irmanado com a razão. Segundo Horkheimer, não há argumento contundente contra o homicídio, daí o significado da frase "querer salvar um sentido absoluto sem Deus é pretensioso", a qual denuncia uma exigência metafísica já não mais disponível, porque só manifesta na religião. Então, como viver sem tal metafísica?

Horkheimer não vê oposição entre solidariedade, compaixão e luta pela justiça, ou insurreição. Tais conexões ele vai encontrar na teologia. Schopenhauer teria sido exemplar de uma tentativa de fundamentar, sem Deus, mas de forma metafísica, conteúdos morais de base teológica. Deveras, a compaixão parece o último reduto de uma solidariedade perdida, inclusive contra o forte conceito de individualidade de inspiração cristã, já que cada um terá que se apresentar perante Deus no juízo final. Aliás, é nesse ponto preciso que Horkheimer se distancia de Schopenhauer. No entanto, de acordo com Habermas, ele não teria se dado conta de que a noção de individualidade não pode ser abandonada sem o risco de um nacionalismo que exige a supressão do indivíduo no coletivo. Segundo Habermas, o seu ceticismo teria sido tão profundo que teria sido incapaz de vislumbrar traços de solidariedade no mundo em que vivia. Ou seja, ele teria sucumbido a um diagnóstico pessimista do seu tempo.

Aqui se desenha um ponto fundamental para Habermas. Muito embora a filosofia tenha cabedal suficiente para salvar o absoluto da moral sem Deus, ou seja, fundamentar a moral contra o ceticismo, algo de importante se perde na transposição dos conteúdos morais da religião para a razão, qual seja, a força motivacional dos preceitos morais. Porém, no ensaio que se segue, ele atesta que a má consciência que acompanha a prática do mal é indício confiável de que as crenças morais não se deixam transgredir sem resistência.

No excurso que trata da transcendência do pensamento, fica clara a distinção entre um pensamento vinculado ao contexto e um pensamento que se descola do mesmo. Tal ocorre porque o pluralismo de visões de mundo força que os participantes tenham que acordar regras de convivência que indicam o que é o bom para todos e não somente o que é bom para grupos em especial. O que é bom para todos é o que não apaga as diferenças. Advoga, nesse diapasão, um conceito não fundamentalista de razão comunicativa, o qual não se deve entender nem em um sentido contextualista (Rorty), nem em um sentido estetizante (Derrida). Nesse cenário, aliás, a teologia não porta privilégio algum, contudo, Habermas concede à religião o desiderato de portar conteúdos inspiradores que podem, em muitos casos, ser traduzidos pela filosofia, como foi o conceito de indivíduo há pouco mencionado.

O ensaio sobre Simmel chama a atenção para a influência que a filosofia da cultura desse autor desempenhou sobre os diagnósticos do tempo de Weber, Horkheimer, Adorno, Lukács, Gehlen, Schelsky.

O ensaio sobre Mitscherlich é a oportunidade que Habermas tem para tratar da psicologia social. Habermas destaca que já Freud, no ensaio *Psicologia das massas e análise do eu* e nos textos sobre a cultura, tentara uma teoria da sociedade de inspiração psicanalítica. Nesse sentido, nas décadas de 1920 e 1930, teóricos como Bernfeld, Reich e Fromm reuniram Freud e Marx. A psicanálise foi vista por eles como uma ciência natural dos fenômenos psíquicos capaz de completar o materialismo histórico, já que explicaria as personalidades e as formas de consciência funcionalmente necessárias para o sistema econômico. Com isso, a psicanálise é desligada de sua base clínica e ligada, como dito, a uma teoria da sociedade. Esse tipo de pensamento ecoa, certamente, em Adorno e Marcuse. Aliás, o próprio uso que Habermas faz, em sua obra, do termo patologia, quiçá tenha inspiração nesse viés da teoria crítica.

Por fim, os últimos dois ensaios, como o próprio Habermas anuncia no prefácio, tematizam o contexto alemão da sociologia na República de Weimar e das ciências humanas na República Federal da Alemanha.

Prefácio

As conferências e comentários reunidos neste volume se concentram nas obras de filósofos e cientistas sociais que estão marcados de um modo particular por seus contextos históricos. As duas últimas contribuições tematizam os próprios contextos.

Frankfurt/Main, Outubro de 1990.

J. H.

I

Charles S. Peirce
sobre a comunicação

Sabemos por intermédio de Edward C. Moore, um dos editores da *Chronological Edition*, que a obra completa de Charles S. Peirce compreenderia cerca de 104 volumes. Não sou especialista sequer no que foi publicado e que é facilmente acessível. Mas, felizmente, Peirce achava que *todos* os signos são fragmentos de um texto maior, ainda não decodificado – e que não obstante aguardam, aqui e agora, sua interpretação. Vejo nisso um pequeno encorajamento.*

Minha segunda reserva diz respeito ao tema que me foi proposto: como mostra o índice remissivo, Peirce não fala com muita frequência de comunicação. Isso é surpreendente em um autor que está convencido da estrutura linguística do pensamento (5.421) e que afirma *"that every logical evolution of thought*

---

* A citação segue os *Collected Papers* (são indicados apenas os números do volume e dos parágrafos); CE se refere aos *Writings of Charles S. Peirce. A Chronological Edition* (em que a numeração dos volumes é seguida pela indicação das páginas).

should be dialogic" (4.551).[1] Mas mesmo nessa passagem não se fala da relação entre um falante, que utiliza uma expressão, e um destinatário, que compreende a expressão, mas apenas do fato de que cada signo exige duas quasi-consciências (*quasi-minds*) — *"a quasi-utterer and a quasi-interpreter; and although these two are one (i.e. are one mind) in the sign itself, they must be nevertheless distinct. In the sign they are, so to say, welded"*.[2] Peirce fala aqui de uma *quasi*-consciência, porque pretende conceber a interpretação dos signos da forma mais abstrata, ou seja, desvinculando-a do modelo da comunicação linguística entre falante e ouvinte e inclusive de sua localização no cérebro humano. Poderíamos lembrar aqui das operações da inteligência artificial ou dos modos de funcionamento do código genético; Peirce pensava no trabalho das abelhas e em cristais.

Peirce pretende conceber o processo da comunicação de modo tão abstrato que as relações intersubjetivas entre falante e ouvinte desapareçam e a relação entre signo e intérprete possa se dissolver, sem deixar vestígios, na chamada relação do interpretante. Entende-se por "interpretante", antes de tudo, a imagem ou a impressão que um signo desperta na mente de um intérprete. Essa pretensão explica o profundo suspiro que Peirce, em uma carta dirigida a Lady Welby (23/12/1908), acrescenta à sua definição de signo; essa definição poderia levar a uma falácia concretista:

---

1 "Que todo desenvolvimento lógico do pensamento deveria ser dialógico." (N. T.)

2 "Um *quasi*-locutor e um *quasi*-intérprete; e ainda que eles dois sejam um único (isto é, sejam uma única mente) no próprio signo, eles devem, no entanto, ser distintos. No signo, eles estão, por assim dizer, *soldados*." (N. T.)

Textos e contextos

> *I define a sign as anything which is so determined by something else, called its Object, and so determines an effect upon a person, which effect I call its Interpretant, that the latter thereby is mediatedely determined by the former. My insertion of "upon a person" is a sop to Cerberus, because I dispair of making my own broader conception understood.* (Letters, 29)[3]

Em outra carta (de 14 de março de 1909), Peirce adverte contra a limitação da análise ao conjunto dos signos e à gramática da linguagem humana ou mesmo a *uma única* língua. O título "Gramática especulativa" anuncia o projeto ambicioso de uma semiótica *geral*, que se estende ao universo de todos os signos. O conceito de signo deve ser concebido de tal modo que se ajuste igualmente aos signos naturais e aos signos convencionais, aos símbolos pré-linguísticos e aos símbolos linguísticos, às frases e aos textos, assim como aos atos de fala e aos diálogos.

Essa semiótica começa com signos elementares; mas ela deve, no que diz respeito às características, funções, possibilidades de interpretação e regras de transformação do signo particular, colocar em evidência tudo aquilo que é constitutivo dos signos utilizados comunicativamente e de suas conexões gramaticais. Para tanto, uma perspectiva linguística (por exemplo, a perspectiva estruturalista de Saussure) não é suficiente.

---

3 "Eu defino um signo como qualquer coisa que é tão determinada por alguma outra coisa, chamada de seu Objeto, e que consequentemente determina um efeito sobre uma pessoa, efeito que chamo de seu Interpretante, que este último está, por isso, determinado de modo mediado pelo primeiro. Eu inseri 'sobre uma pessoa' como uma oferenda a Cérbero, pois receio tornar minha própria concepção mais amplamente compreendida." (N. T.)

Jürgen Habermas

Diante disso, a perspectiva do lógico, adotada por Peirce, tem a vantagem de situar as expressões simultaneamente sob o ponto de vista de sua possível verdade *e* sob o ponto de vista de sua comunicabilidade. Desse modo, do ponto de vista de sua capacidade de verdade, uma proposição assertórica está em uma relação epistêmica com algo no mundo – ela representa um estado de coisas; do ponto de vista da utilização em um ato comunicativo, ela está ao mesmo tempo em uma relação com uma interpretação possível por quem utiliza a linguagem –, ela se presta à transmissão de informação. Ao fazer a distinção entre duas relações, Peirce leva em consideração, já no plano do signo elementar, aquilo que, no plano da linguagem articulada em proposições, se diferencia na relação epistêmica com o mundo e na relação comunicativa com o intérprete: *"standing for..."* [estar no lugar de...] e *"standing to..."* [estar para...]. Ele integra a função apresentativa do signo (*standing for...*) à sua interpretabilidade (*standing to...*), de tal forma que um signo determine seu interpretante em conformidade com a relação que ele próprio mantém com o objeto que representa. Conta como signo tudo que leva outra coisa (seu interpretante) a se relacionar com um objeto do mesmo modo que ele próprio se relaciona com esse objeto (2.303).[4] O signo pode representar um objeto apenas em virtude dessa relação *triádica*.

---

4 Cf. a definição de signo no MS 318 de 1907, editado recentemente por Pape, Ch. S. Peirce on objects of thought and representation, *Nous*: "Direi que um signo, qualquer que seja seu modo de ser, é qualquer coisa que está entre um objeto e um interpretante; uma vez que tanto é determinado pelo objeto em relação ao interpretante quanto determina o interpretante em relação ao objeto, de

O que é representado nessa relação permanece, inicialmente, indeterminado; não podemos, de antemão, entender "objeto" como um objeto identificável ou sequer um estado de coisas. Convém, no entanto, reter o fato de que Peirce não explica a função apresentativa do signo, por mais rudimentar que seja a coisa representada, por meio da relação binária do "estar no lugar de algo" (*standing for something*). A fim de poder desempenhar a função apresentativa, um signo deve ser ao mesmo tempo interpretável: "*A thing cannot stand for something without standing to something for something*" (CE 1, 466).[5] Isso já aparece na sétima *Lowel Lecture* de 1866. O signo não consegue estabelecer uma relação epistêmica com algo no mundo se não se dirigir, ao mesmo tempo, à mente que interpreta, isto é, se não *puder* ser empregado comunicativamente. Sem comunicabilidade, não há representação – e vice-versa. Ainda que Peirce se interesse por questões semióticas predominantemente sob um ponto de vista epistemológico, ele fornece os marcos conceituais fundamentais de tal forma que a relação epistêmica do signo com algo no mundo não seja isolada da relação comunicativa deste mesmo signo com uma interpretação *possível*. Ao mesmo tempo, Peirce insiste em uma anonimização do processo de interpretação, no qual faz desaparecer os intérpretes. Restam, após essa abstração, fluxos de sequências despersonalizadas de signos, nas quais cada signo se refere, enquanto intérprete, ao signo precedente e, enquanto *interpretandum*, ao signo sub-

---

modo a fazer o interpretante ser determinado pelo objeto através da mediação desse signo" (p.392 et seq.).

5 "Uma coisa não pode estar no lugar de algo sem estar para algo no lugar de algo." (N. T.)

sequente. É certo que esse encadeamento se estabelece apenas pelo *medium* de uma mente na qual os signos podem suscitar interpretações (*"intelligent consciousness must enter into the series"* (2.303).[6] No entanto, esse espírito permanece anônimo, pois ele próprio não consiste em nada mais que a relação triádica da representação em geral; ele se reduz à estrutura do signo.

Do ponto de vista da estratégia teórica, essa concepção abstrata tem a vantagem de não limitar de antemão a semiose à comunicação linguística, mas de deixá-la aberta a especificações posteriores. Coloca-se, porém, a questão de saber se o conceito peirciano de signo deixa de fato abertas as especificações necessárias para o nível comunicativo da linguagem articulada proposicionalmente – ou se, ao invés disso, não as prejulga. Uma consideração metodológica pode nos ajudar nesse ponto. Peirce está em busca de algo como a gênese lógica dos processos sígnicos. Para tanto, ele parte das estruturas complexas da linguagem, acessíveis a nós, a fim de chegar pela via de determinações privadas – Peirce fala de *"degeneration"* [degeneração] – às formas anteriores primitivas. Neste processo, podemos fazer abstração apenas dos aspectos próprios aos níveis semióticos superiores, para os quais não se podem encontrar as formas anteriores constitutivas nos respectivos níveis inferiores. Ora, Peirce parece considerar as relações intersubjetivas entre locutor e ouvinte e as perspectivas correspondentes dos participantes da primeira e da segunda pessoas (diferentemente da perspectiva de uma terceira pessoa não participante) como aqueles aspectos dignos de serem desconsiderados; ele acredita ser possível definir completamente

---

6 "A consciência inteligente deve entrar na série." (N. T.)

a estrutura fundamental da semiótica sem recorrer às formas anteriores da intersubjetividade. Em todo caso, ele em geral interrompe suas análises lógico-semióticas ali onde entram em jogo as perspectivas dos falantes-ouvintes.[7]

Como mais tarde G. H. Mead, o *jovem* Peirce também tinha certamente outra opinião. Este tinha atribuído às posições da primeira, segunda e terceira pessoas um significado quase fundamental. As perspectivas correspondentes são cooriginárias, isto é, irredutíveis umas às outras; e podem ser transformadas umas nas outras. As expressões primitivas "eu", "tu" e "ele" formam, pois, um sistema de relações: *"Though they cannot be expressed in terms of each other, yet they have a relation to each other, for 'Thou' is an 'It' in which there is another 'I'. 'I' looks in, 'It' looks out, 'Thou' looks through, out and in again"* (CE I, 45),[8] anotava o jovem

---

7 A irrelevância da relação intersubjetiva, que aponta para além da estrutura das representações mediadoras de signos, é fundamentada do seguinte modo: "Em toda asserção, podemos distinguir um locutor e um ouvinte. É verdade que o último precisa apenas ter uma existência hipotética, como quando durante um naufrágio, um relato do acidente é posto em uma garrafa e lançado na água. O 'ouvinte' hipotético pode estar na mesma pessoa que o 'locutor'; como quando nós registramos mentalmente um juízo independente de qualquer registro [...] podemos dizer que, nesse caso, o ouvinte se torna idêntico ao locutor" (2.334). De resto, o próprio Peirce duvida que um juízo que, como é pressuposto nessa experiência de pensamento, não é estruturado pelo "registro" de uma proposição interiorizada, portanto, por um signo, possa ter qualquer significado lógico; além disso, é claro que a garrafa lançada ao mar tem, igualmente, um destinatário – ainda que anônimo.

8 "Embora não possam ser expressas em termos umas das outras, ainda assim elas mantêm uma relação uma com a outra, pois 'tu' é um 'ele' no qual há um outro 'eu'. 'Eu' olha para dentro, 'ele' olha para fora, 'tu' olha através, para fora e novamente para dentro." (N. T.)

Jürgen Habermas

Peirce de 22 anos. E como a atitude performativa da segunda pessoa, para a qual o locutor se dirige com seu proferimento a um ouvinte, é constitutiva da relação entre ambos, ele atribui, dois anos mais tarde, o nome de "tuismo" à sua especulação sobre uma época comunitária futura que deverá dissolver as tendências à reificação da época materialista contemporânea. Em 1861, Peirce tinha o plano de escrever um livro sobre "I, It and Thou" [Eu, Ele e Tu] concebido como "Elements of thought" [Elementos do pensamento]. Na primeira conferência de Harvard, em 1865, ele ainda tenta introduzir o conceito de signo vinculado ao sistema de pronomes pessoais; ele sugere que a relação do interpretante e, com isso, a capacidade do signo de agir sobre uma mente interpretante se explicam pela atitude da segunda pessoa (CE 1, 174). Mas, depois disso, o sistema dos pronomes pessoais, se vejo corretamente, perdeu todo significado para os fundamentos de sua semiótica.[9]

Interessa-me a questão de saber quais reflexões podem ter levado Peirce a esse abandono dos aspectos intersubjetivos do processo sígnico. Eu defenderei a tese de que Peirce não pode definir a relação do signo com o interpretante independentemente das condições de entendimento intersubjetivo, ainda que sejam sempre rudimentares. Ele não o pode enquanto tiver que explicar o conceito fundamental da representação mediada por signos por meio dos conceitos semióticos fundamentais de verdade e de realidade — pois eles, por sua vez, remetem à ideia

---

9 Ainda em 1891, Peirce define o *tuismo* como a doutrina segundo a qual "todo pensamento é dirigido a uma segunda pessoa, ou ao seu si mesmo futuro como enquanto uma segunda pessoa" (cit. segundo M. H. Fish, Introduction, CE 1, XXIX).

reguladora de uma comunidade de pesquisadores que operam sob condições ideais. Como acredito que a virada pragmático-semiótica introduzida por Peirce não pode ser levada a cabo de modo consequente sem essas pressuposições contrafactuais ou outras pressuposições semelhantes, considero necessária uma semiótica de cunho intersubjetivo. Eu gostaria de elucidar essa dupla tese em quatro passos.

Inicialmente, gostaria de (1) relembrar a crítica da filosofia da consciência que Peirce leva a cabo nos anos 1860 e 1870, bem como (2) os dois problemas resultantes da transformação semiótica da teoria kantiana do conhecimento. As soluções propostas por Peirce se situam (3) sob a suposição de processos de aprendizado orientados, que admitem uma interpretação fraca, mas intersubjetivista; a essa interpretação, Peirce prefere, porém, uma fundamentação forte, a saber, cosmológica. Essa teoria da evolução natural tem (4) consequências infelizes para a semiótica; ela também leva a um conceito platonista de pessoa, definido de modo privado, que não pode ser conciliado com nossas melhores intuições.

(1) Aquele terceiro mundo de formas simbólicas, que faz a mediação entre o mundo interior e o mundo exterior (CE 1, 168), se revela ao jovem Peirce pela dupla via da experiência religiosa e da investigação lógica: "*Religion* [...] *is neither something within us nor yet altogether without us — but bears rather a third relation to us, namely, that of existing in our communion with another being*" (CE 1, 108).[10] Enquanto para o Peirce transcendentalista é

---

10 "A religião [...] não é nem algo dentro de nós nem algo completamente fora de nós — mas mantém, antes, uma terceira relação conosco, a saber, a de existir em nossa comunhão com outro ser." (N. T.)

a força de unificação sem coerção própria à comunicação que está em primeiro plano, para o Peirce lógico, uma outra coisa é determinante, a saber, a ideia de que "cada pensamento é uma palavra não expressa" (CE I, 169).

Na primeira conferência de Harvard, antes de Frege e Husserl, Peirce leva a cabo sua crítica aguda do psicologismo. A lógica não tem nada a ver com processos interiores ou com fatos da consciência, mas tem a ver com operações sígnicas e propriedades que já estão realizadas nas próprias expressões simbólicas: propriedades lógicas *belong to what is written on the board at least as much as to our thought*.[11] Mas diferentemente de Frege e Husserl, o Peirce teórico do conhecimento não chega às consequências de um platonismo do significado. Pois cada signo, por si mesmo, remete a interpretações possíveis, isto é, a inúmeras reproduções de seu teor de significado *ao longo do tempo*. Símbolos, como os signos em geral, são o que significam apenas em relação a outros signos; e essas relações podem ser atualizadas apenas por meio de operações que, por sua vez, se desenrolam no tempo. A conversão de expressões simbólicas requer tempo. É por isso que o mundo das formas simbólicas está em uma relação *interna* com o tempo. Peirce aprendeu com Hegel que "o pensamento se mostra no tempo". Em sua discussão com Kant, Peirce não considera evidentemente esse tema sob a perspectiva de uma temporalização do espírito. Trata-se para ele, ao contrário, da fixação do fluxo evanescente da consciência em um espírito encarnado simbolicamente.

Sob o título "On time and thought" [Sobre tempo e pensamento], Peirce reflete sobre a questão de saber como o fluxo de

---

11 "Pertencem ao que está escrito no quadro, ao menos tanto quanto em nosso pensamento." (N. T.)

nossas vivências pode adquirir a continuidade e a vinculação de sentimentos, desejos e percepções que se comunicam uns com os outros. A simples sucessão de vivências distintas umas das outras, das quais cada uma é, a cada instante diferente, absolutamente presente, não poderia explicar como as ideias podem ser determinadas por ideias anteriores segundo uma regra, isto é, como elas podem ser configuradas. Mesmo as ideias passadas devem ser como que mantidas na mente e devem poder coexistir com as ideias subsequentes e ser ligadas a elas. A chave para a explicação dessa reprodução das vivências que permite a recognição exige a interpretação semiótica da consciência.[12] Se as cognições são signos, podemos fazer quantas réplicas quisermos e elas podem – na medida em que estão virtualmente presentes – ser transformadas em outras cognições: *"thus the intellectual character of beliefs at least is dependent upon the capability of the endless translation of sign into sign"* (CE 3, 77).[13] Os signos devem seu poder de continuidade à referência temporal que lhes é inerente – com referência ao passado no que diz respeito ao objeto, com referência ao futuro no que diz respeito ao interpretante.

Com a transformação semiótica da teoria kantiana do conhecimento,[14] Peirce abre o caminho para uma crítica da filosofia da consciência, que conduz à virada linguístico-pragmática. A arquitetônica da filosofia da consciência era definida pela relação sujeito-objeto, interpretada como representação.

---

12 Para uma abordagem semelhante, cf. Cassirer, *Philosophie der symbolischen Formen*, Band I, Einleitung, e Band III, Erster und Zweiter Teil.

13 "Assim, o caráter intelectual das crenças, ao menos, depende da possibilidade de uma tradução infinita de um signo em outro signo." (N. T.)

14 Apel, *Der Denkweg des Charles S. Peirce.*

No paradigma do pensamento representativo, o mundo objetivo é concebido como a totalidade dos objetos representáveis, o mundo subjetivo, como a esfera das nossas representações de objetos possíveis. O acesso a essa esfera da interioridade abre a relação consigo do sujeito que se representa (ou consciência de si), isto é, a representação de cada uma das nossas representações de objetos. Peirce destrói essa arquitetônica, na medida em que reinterpreta semioticamente o conceito fundamental de "representação" [*Repräsentation*]: a relação binária da representação [*Vorstellung*] se torna a relação triádica da apresentação [*Darstellung*] mediada por signos.

De forma explícita, a apresentação aparece como uma proposição que representa [*repräsentiert*] um estado de coisas. Com isso, a perspectiva *psicológica* parece ser inicialmente apenas substituída por uma perspectiva *semântica*; no lugar da relação sujeito-objeto intervém a relação entre linguagem e mundo. Mas surge imediatamente uma primeira complicação em função da estrutura proposicional daquilo que o signo proposicional ocupa o lugar. Uma simples proposição predicativa se reporta certamente a um objeto singular no mundo, mas ela atribui a ele uma determinação que se expressa apenas por um predicado ou um conceito universal, de tal modo que não fica absolutamente claro se esse conceito universal pertence mais ao mundo ou à linguagem.

Outra complicação é mais interessante. Ela provém do fato de que o signo proposicional não apenas mantém uma relação com o objeto, mas remete ao mesmo tempo a uma comunidade de interpretação. A apresentação de um fato *serve-se* de uma proposição assertórica, que pode ser verdadeira ou falsa; mas ela própria é um ato de afirmação, por meio do qual um falante levanta, a um destinatário, uma pretensão de verdade disputável. Peirce enfatiza esse *aspecto pragmático* da apresentação já na nona *Lowel Lecture* de 1866: *"a symbol may be intended to an interpretant to have force* [...]. *It is intended to incalculate this statement into an interpretant"* (CE 1, 477).[15] Uma afirmação adquire força ilocucionária na medida em que um falante oferece (ao menos implicitamente) uma razão ou um argumento por meio do qual ele pretende levar o destinatário ao assentimento. Por isso mesmo, ele dirá mais tarde que todo enunciado é a forma rudimentar de um argumento (2.344). No paradigma da filosofia da consciência, a verdade de um juízo é remetida à certeza do sujeito de que sua representação corresponde ao objeto. Após a virada pragmática, ao contrário, a verdade de um signo proposicional deve ser comprovada ao mesmo tempo em sua relação com o objeto e nas razões que poderiam ser aceitas por uma comunidade de interpretação. No novo paradigma, o papel do sujeito não é assumido *per se* pela linguagem, mas pela comunicação mediada pelos argumentos daqueles que se colocam em diálogo, a fim de se entender uns com os outros sobre algo no mundo. O lugar da subjetividade é assumido por uma prática de entendimento intersubjetiva, que gera sequências infinitas de signos e interpretações. Peirce desenvolve essa concepção pela via de uma crítica demolidora ao paradigma da filosofia da consciência. Para tanto, ele se orienta sobretudo por seis pontos de vista:

— A crítica metodológica se dirige contra uma *introspecção*, que precisa se apoiar nas evidências privadas dos supos-

---

15 "Um símbolo pode ser destinado a ter *força* para um interpretante [...]. Ele é destinado a inculcar esse enunciado em um interpretante." (N. T.)

tos fatos da consciência, sem poder distinguir segura-
mente, por meio de critérios verificáveis, aparência e
realidade. Em contrapartida, as expressões simbólicas e
os complexos de signos são fatos universalmente acessíveis, cujas interpretações estão expostas à crítica pública,
de tal modo que não se deve apelar a um indivíduo, no
lugar de uma comunidade de investigadores (*community
of investigators*), como última instância de julgamento.

— A crítica do conhecimento se dirige, em primeiro lugar,
contra um *intuicionismo*, que afirma que nossos juízos
se constroem a partir de elementos de ideias ou dados
sensoriais imediatamente dados e absolutamente certos.
Com efeito, nenhuma vivência, por mais elementar,
estabelece contato com seu objeto sem mediação semiótica. Em um processo de experiência fundamentalmente
discursivo, não há começo absoluto. Todas as cognições,
sejam elas conscientes ou não, são logicamente determinadas por cognições anteriores.

— Disso resulta a crítica a uma teoria que caracteriza *a
consciência de si de modo fundamentalista*. Com efeito, é apenas a partir do conhecimento de fatos exteriores que
inferimos o mundo interior de estados mentais e dos
eventos psíquicos. A hipótese de um "si mesmo" [*Selbst*]
impõe-se pela experiência do erro, quando uma opinião
considerada inicialmente como verdadeira se revela como
meramente "subjetiva".

— A crítica à construção kantiana de uma "coisa em si" se
dirige contra um *fenomenalismo*, que, por meio do modelo
especular de um pensamento representativo, é levado à
suposição da existência de uma realidade oculta *por trás*

Textos e contextos

dos fenômenos: assim como o próprio espelho, a realidade também deve ter um reverso que escapa à reflexão [*Widerspiegelung*]. Com efeito, a realidade impõe limitações a nosso conhecimento, mas apenas na medida em que ela desmente opiniões falsas tão logo nossas interpretações nela fracassam. Disso não se segue, porém, que a realidade poderia se furtar, por princípio, a melhores interpretações. Real é, antes, tudo e somente aquilo que pode se tornar conteúdo de representações verdadeiras.

— Além disso, a dúvida em relação à dúvida cartesiana se dirige contra a *concepção* de um *sujeito sem mundo* que se opõe ao mundo em sua totalidade. A consciência individual não forma uma mônada fechada em si mesma que poderia se certificar em um único instante da totalidade do ente [*Seienden*], na medida em que se distancia *de tudo* por meio de uma suposta dúvida radical. Ao invés disso, cada sujeito se encontra, desde sempre, no contexto de um mundo familiar. Ele não pode, arbitrariamente e sem sua totalidade, colocar em dúvida, de modo cético, este pano de fundo massivo de convicções. Uma dúvida vazia e abstrata (*paper doubt*) não pode abalar as evidências do mundo da vida; por outro lado, nada fica, em princípio, excluído da dúvida real e corrosiva.[16]

---

16 "É vão dizer a um homem para começar duvidando de crenças familiares, a menos que você diga algo que possa fazer que ele realmente duvide delas. É falso dizer que o raciocínio deve se basear ou em princípios forçados ou em fatos últimos. Pois não podemos ir detrás do que não podemos duvidar, mas seria não filosófico supor que algum fato particular não será nunca posto em dúvida" (CE 3, 14).

— Por fim, Peirce se volta contra o *privilégio* do *sujeito cognoscente* sobre o sujeito agente. Nossas convicções estão profundamente imbricadas com nossas práticas: *"A belief which will not be acted upon ceases to be a belief"* (CE 3, 77).[17] Desse modo, o espírito situado encontra simultaneamente uma encarnação nos meios simbólicos da linguagem e nos meios simbólicos da *prática*. O pensamento articulado em um proferimento está vinculado, pela opinião do espírito que interpreta, ao agir e à experiência. Cada elo dessa cadeia remete àquela estrutura triádica que explica a função representativa do signo — e, nessa medida, ele próprio tem a natureza de um signo.

(2) A filosofia da consciência transformada semioticamente, evidentemente, também é recuperada pelas velhas questões do conhecimento teórico. Como deve ser possível a objetividade da experiência se o espírito encarnado semioticamente permanece preso ao círculo dos discursos e práticas e preso à cadeia dos significantes? Como podemos fazer jus ao entendimento intuitivo da realidade, enquanto algo independente de nós, se a verdade dos juízos e enunciados se dissolve no pro e contra retórico das argumentações sem fim? Embora Peirce tenha destruído dois dogmas — o mito do imediatamente dado e a ilusão da verdade enquanto certeza de nossas representações —, ele se vê agora confrontado com a questão de saber se de fato não se limitou simplesmente a trocar os dogmas do empirismo tradicional por um empirismo de segunda ordem — um empirismo

---

17 "Uma crença a partir da qual não se agirá deixa de ser uma crença." (N. T.)

holisticamente renovado no plano dos sistemas de signos, os quais, como os *"first principles"* [primeiros princípios] ou *"ultimate facts"* [fatos últimos], tão pouco conseguimos contornar. Apenas na resposta a essa questão mostra-se a originalidade de Peirce. Consideradas de perto, são três as respostas inovadoras que Peirce propõe: (a) a teoria dos signos pré-simbólicos; (b) a doutrina das inferências sintéticas; e (c) a ideia reguladora de um consenso último (*ultimate agreement or final opinion*).

(a) Como deve ser possível a objetividade da experiência? Por um lado, o contato entre um signo e a realidade tem de se estabelecer, como sempre ocorreu, pela experiência; por outro lado, essa experiência é absorvida em uma sequência contínua de processos mediados por signos. Peirce precisa, portanto, mostrar como cadeias de signos, que podem ser expandidas infinitamente por meio de operações lógicas de inferência, podem, não obstante, se abrir osmoticamente à realidade. Ele precisa comprovar a possibilidade de um *ancoramento* das cadeias de signos na realidade. A exemplo do velho Husserl, em *Erfahrung und Urteil* [*Experiência e juízo*], ele tem de descer, pela via de uma gênese lógica do juízo, ao domínio da experiência pré-predicativa. O ponto de partida para essa descida é dado pela estrutura da proposição predicativa simples enquanto forma semiótica de juízos de percepção. A proposição se compõe de dois elementos, dos quais um, a expressão-sujeito, estabelece a relação do sujeito com um objeto, enquanto o outro contém a determinação predicativa dos próprios objetos. A partir disso, Peirce desenvolve a distinção entre "existência" e "realidade". A relação diádica entre o termo referencial e seu objeto é uma relação existencial, que, é certo, reflete o *"outward clash"* [choque externo] de uma confrontação com a realidade, mas não a própria realidade. O estado de coisas real é representado apenas por uma proposição completa.

O primeiro lance no jogo de uma gênese lógica da proposição é a conhecida diferenciação entre símbolo, índice e ícone. Independentemente de símbolos representativos, isto é, aptos à verdade (isto é, proposições), há signos que estão em uma relação denotativa, uma relação de semelhança com aspectos correspondentes da realidade. Disso, Peirce conclui que a expressão-sujeito e a expressão-predicado, que devem ser vinculadas a proposições para cumprir uma função representativa explícita, repousam sobre uma camada mais antiga de signos indiciais e icônicos, que já são capazes, *cada um por si mesmo*, de assumir uma relação com o objeto e encontrar um interpretante.[18]

Esse primeiro passo na arqueologia dos símbolos linguísticos é seguido pela ampliação dos signos simbólicos e não simbólicos, mas ainda convencionais, que consideramos até aqui, em três classes de signos não convencionais ou naturais. Enquanto os argumentos, as proposições e os termos, assim como os índices e as representações figurativas, que aparecem independentemente, ainda mantêm uma relação convencional com seus objetos, aqueles signos naturais ou signos expressivos, que Peirce apresenta como *"sin-signs"* ou *"quali-signs"*, dependem sempre de um nexo causal, isto é, de semelhanças formais já encontradas.[19] Mais tarde, Peirce diferenciou, mais uma vez, essas classes de signos, sem chegar a um sistema definitivo. Isso é consequente apenas quando se trata da comprovação de

---

18 Oehler, Idee und Grundriß des Peirceschen Semiotik, *Semiotik*, p.9 et seq.

19 Cf. a introdução das dez classes de signos em: Peirce, *Phänomen und Logik der Zeichen*, p.64 et seq., especialmente p.121 et seq. Sobre isso: Pape, *Erfahrung und Wirklichkeit als Zeichenprozeß*.

que as raízes da árvore genealógica semiótica de proposições predicativas simples se ramificam infinitamente e atingem profundidades onde, por fim, escapam aos olhos da reconstrução realizada privadamente.

Do mesmo modo, os processos da experiência podem, então, se enraizar em camadas pré-conscientes de estímulos sensoriais e sentimentos, sem perder o caráter discursivo de processos de inferência mediados por signos.

(b) Essa reflexão, certamente, só pode fundar uma pretensão de objetividade da experiência no fato de que as fases iniciais infinitesimais das nossas experiências pré-predicativas evitam o controle de uma elaboração consciente, isto é, de uma elaboração explicitamente discursiva; de certo modo, elas se impõem a nós. No entanto, essas fontes de informação, dotadas de evidência sensitiva, que Peirce chama de "perceptos" (*percepts*), não são, por isso mesmo, menos falíveis do que os juízos de percepção que são obtidos a partir deles.[20] Mesmo os "perceptos" não podem assumir o papel de "primeiras premissas"; mesmo eles se devem apenas àqueles casos-limite das inferências abdutivas, que nos atingem como intuições repentinas e que, por isso, simplesmente ocultam sua falibilidade: "*If the percept or perceptual judgement were of a nature entirely unrelated to abduction, one would expect, that the percept would be entirely free from any characters that are proper interpretations, while it can hardly fail to have such characters*" (5.184).[21]

---

20 Hookway, *Peirce*, p.149 et seq.

21 "Se os perceptos ou juízos perceptivos tivessem uma natureza completamente desvinculada da abdução, poder-se-ia esperar que o percepto fosse completamente livre de quaisquer características que são próprias às interpretações, enquanto ele dificilmente pode deixar de ter tais características." (N. T.)

Jürgen Habermas

É certo que tais "perceptos" e juízos perceptivos, que sempre transitam pelas eclusas da práxis e se tornam assim habituais, podem, juntamente com as suposições teóricas de pano de fundo e com os princípios morais, se adensar em um contexto inquestionável de certezas do mundo da vida. Mas nenhuma dessas convicções tornadas habituais pela prática está, por si mesma, imune a uma problematização; o contato com a realidade estabelecido através do agir fornece um bom critério de avaliação das opiniões mobilizadas nos planos de ação apenas para aqueles casos de fracassos, isto é, de experiências negativas.[22]

Mas se a objetividade da experiência não puder ser assegurada por meio de uma base indubitável, resta, em todo caso, a esperança em um método de aquisição de conhecimentos e de sua verificação racional que garanta a verdade. Peirce considera as regras do pensamento inferencial como o cerne de tal racionalidade procedimental. Como se sabe, ele reconstruiu essa *logica utens* sob a forma de uma doutrina das inferências sintéticas. Não posso entrar nisso aqui.[23] Um resultado dessas investigações lógicas, no entanto, é importante em nosso contexto. O processo circular entre a construção de hipóteses, a generalização indutiva, a dedução e a nova construção de hipóteses, apenas coloca no horizonte uma elaboração autocorretiva das experiências e um aumento cumulativo do saber se a abdução for corretamente manejada. A figura da inferência abdutiva

---

22 Durante muito tempo, Peirce considerou que "não há um conjunto definitivo e fixo de opiniões que sejam indubitáveis, mas que a crítica gradualmente empurra para trás cada um dos indubitáveis de um indivíduo, modificando a lista, mas ainda deixando a ele crenças indubitáveis no momento presente" (5.509).

23 Hookway, *Peirce*, p.208 et seq.

é o elemento verdadeiramente ampliador do conhecimento, mas está, ao mesmo tempo, longe de ser *impositivo*. No que concerne à indução, Peirce acredita poder mostrar, por meio de considerações teórico-probabilísticas, que podemos *"in the long run"* [a longo prazo] confiar nela. Mas apenas uma construção racional de hipóteses poderia fechar o círculo da generalização indutiva e da dedução.

A questão sobre como a objetividade da experiência é possível se coloca agora como a questão sobre como se pode explicar o fato quase-transcendental dos processos de aprendizado universais. Ou a doutrina das inferências sintéticas exige uma fundamentação objetiva da realidade, de tal modo que seja possível mostrar como a própria natureza orienta nossas construções de hipóteses. O velho Peirce retorna a essa alternativa. Ou o ônus da prova, que a experiência – incluindo a experiência do fracasso prático – e o pensamento inferencial não podem assumir por si sós, tem de ser *repartido* e *deslocado* para um elo ulterior na cadeia do processo semiótico – a saber, para a argumentação. Peirce tinha desde sempre colocado a discussão como "pedra de toque da verdade" (Kant): *"Upon most subjects at least sufficient experience, discussion and reasoning will bring men to an agreement"* (CE 3, 8).[24] Com isso, ele não entende de modo algum a discussão como uma competição (5.406), em que uma parte procura dominar retoricamente a outra, mas como uma procura cooperativa pela verdade por meio da troca pública de argumentos. Só assim ela pode servir como "teste de verificação dialética" (5.392).

---

24 "Na maior parte dos assuntos, ao menos, a experiência suficiente, a *discussão* e o raciocínio levarão os homens ao acordo." (N. T.)

Jürgen Habermas

(c) Peirce fundamenta *historicamente*, em "The fixation of belief" [A fixação da crença], o fato de que uma racionalidade procedimental, atuante na prática cotidiana e altamente elaborada na ciência, pode se desenvolver apenas sob as condições de discursos racionais: na modernidade, a autoridade racional do aprendizado, guiado pela experiência e mediatizado discursivamente, se impôs contra o poder do costume, contra o controle do pensamento e contra o apriorismo que satisfaz desejos. Mas o fato de que a elaboração inferencial da informação depende da troca pública e livre de argumentos exige uma explicação para além de referências históricas. Peirce tenta explicar o fato de que o processo de conhecimento mediado por signos só funciona sob essas condições operacionais, a partir da estrutura triádica do próprio signo.

Um signo só é capaz de desempenhar sua função de representação se estabelecer, simultaneamente à referência ao mundo objetivo das entidades, uma referência ao mundo intersubjetivo dos intérpretes; consequentemente, a objetividade da experiência não é possível sem a intersubjetividade do entendimento. Esse argumento pode ser reconstruído em quatro passos:

— Em uma longínqua analogia com o argumento da linguagem privada de Wittgenstein, Peirce enfatiza a relação interna entre a experiência privada e a comunicação pública. Há sempre algo privado que adere à experiência, pois cada um dispõe de um acesso privilegiado às vivências; ao mesmo tempo, o caráter semiótico dessas vivências aponta para além dos limites da subjetividade. Um signo, na medida em que representa algo, expressa algo universal.

Textos e contextos

Ele não pode, por isso, encontrar um interpretante que permaneça na posse exclusiva de uma consciência individual. O indivíduo toma consciência dessa participação suprassubjetiva do interpretante no momento em que, confrontado com a opinião de outro, percebe de repente um erro.

— Esse confronto de opiniões deve assumir a forma racional de uma argumentação, pois mesmo nessa forma de comunicação pode-se tornar explícito o que já está implícito em cada proposição. A força ilocucionária do ato de enunciação significa, precisamente, que o falante propõe a um destinatário apoiar seu enunciado em um argumento, Peirce diz: desenvolver um argumento a partir de uma proposição. O discurso racional, no qual um proponente defende pretensões de validade contra as objeções de oponentes, é a forma reflexiva mais desenvolvida dos processos semióticos em geral.

— Uma vez que as regras da inferência sintética não garantem, por si mesmas, resultados impositivos, ou seja, não podem figurar, a um nível semântico, como algoritmos, a elaboração argumentativa de informações tem de assumir a forma de uma prática intersubjetiva. É certo que nas argumentações as tomadas de posição sim e não dos participantes devem ser exclusivamente reguladas por boas razões; mas é na própria argumentação que deve ser decidido o que, em cada caso, pode contar como uma "boa razão". Não há uma instância superior à concordância do outro produzida no interior do discurso e que, nessa medida, é racionalmente motivada.

Jürgen Habermas

— Evidentemente, a objetividade do conhecimento não pode se tornar dependente da concordância — por mais racional que seja — de uma quantidade aleatória de participantes, isto é, de qualquer grupo *particular*. Em outros contextos, com base em outras experiências, podem aparecer melhores argumentos, podendo enfraquecer o que é aqui e agora considerado por mim e por você como verdadeiro. Com o conceito de realidade, ao qual toda apresentação necessariamente se refere, pressupomos algo transcendente. Essa referência transcendente não é acolhida pela aceitabilidade racional de um proferimento enquanto nós nos movemos no interior de uma comunidade linguística particular ou de uma forma de vida. Como não podemos de modo algum sair da esfera da linguagem e da argumentação, podemos estabelecer a referência à realidade, que não se dissolve na "existência", apenas na medida em que projetamos uma "transcendência de dentro". Para isso serve o conceito contrafactual de uma *"final opinion"* [opinião final] ou de um consenso alcançado sob condições ideais. Peirce torna a aceitabilidade racional e, consequentemente, a verdade de uma afirmação dependentes de um acordo que *poderia* ser obtido sob as condições comunicativas de uma comunidade de investigadores idealmente alargada no espaço social e no tempo histórico. Se entendermos a realidade como a soma de todas as afirmações verdadeiras neste sentido, pode-se, com isso, fazer jus à sua transcendência, sem precisarmos abandonar a relação interna entre objetividade do conhecimento e intersubjetividade do entendimento.

Textos e contextos

The real, then, is that which, sooner or later, information and reasoning would finally result in, and which is therefore independent of the vageries of me and you. Thus, the very origin of the conception of reality shows that this conception essentially involves the notion of a Community, whitout definite limits, and capable of definite increase of knowledge. (5.311)[25]

(3) Desse modelo semiótico do conhecimento resulta a imagem de um processo de interpretação racionalmente regulado, no qual "homens e palavras se educam reciprocamente" (CE I, 497: *men and words reciprocally educate each other*). O mundo dos homens, apreendido semioticamente, se reproduz e se desenvolve através do *medium* dos signos. Em um dos polos, a experiência e a ação dirigida a um fim asseguram um contato, mediado por signos, com a realidade: *"The elements of every concept enter into logical thought at the gate of perception and make their exit at the gate of purposive action"* (5.212).[26] No outro polo, a troca de argumentos se faz tendo em vista e antecipando as condições de uma comunicação ideal pressupostas de modo contrafactual. Nessa ponta, os processos de aprendizado, que são orientados por problemas e que se realizam de forma mais ou menos natural entre os dois polos segundo as regras da inferência sintética,

---

25 "O real, pois, é aquilo em que, cedo ou tarde, a informação e o raciocínio resultarão, e que é, portanto, independente das minhas e tuas idiossincrasias. Assim, a origem mesma da concepção de realidade mostra que essa concepção envolve a noção de uma comunidade, sem limites precisos e capaz de um aumento definido de conhecimento." (N. T.)

26 "Os elementos de todo conceito entram no pensamento lógico pela porta da percepção e saem pela porta da ação dirigida a um fim." (N. T.)

Jürgen Habermas

tornam-se reflexivos. Eles são regulados por uma comunidade de investigadores que controla a si mesma de forma consciente. Ela está submetida a uma lógica, *"whose essential end is to test the truth by reason"* (CE I, 329).[27] Experiência e argumentação se situam na tensão entre "privado" e "público". O agir cotidiano e a argumentação se situam na tensão entre a certeza do senso comum e a consciência de uma falibilidade radical.[28]

Tanto o senso comum quanto a ciência operam com a suposição de uma realidade independente de nós. Mas o que consideramos incontornável e indubitável na prática possui o estatuto de uma certeza acrítica (*acritical*), embora não seja de modo algum *a priori* imune a objeções. No domínio do saber argumentativamente confirmado, somos conscientes da falibilidade de qualquer intelecção. Contudo, a fim de podermos confiar na verdade, precisamos aqui do ponto de referência compensatório da *"final opinion"*. São verdadeiras apenas aquelas afirmações que puderem ser sempre confirmadas no horizonte de uma comunidade de comunicação ilimitada (5.311).

Dessa compreensão semiótica do conhecimento, da realidade e da verdade, resultam consequências para os conceitos de signo e da própria interpretação. Até aqui, partimos do fato

---

27 "Cujo fim essencial é testar a verdade pela razão." (N. T.)

28 "*Crença completa* é a disposição para agir segundo a proposição em crise vital, opinião é a disposição para agir segundo ela em assuntos relativamente insignificantes. Mas a ciência pura não tem nada a ver com a ação [...]. O homem de ciência não está, no pormenor, preso a essas conclusões [...]. Ele está pronto a abandonar uma ou todas tão logo a experiência se opuser a elas. Algumas delas, é verdade, ele tem o hábito de chamar de *verdades estabelecidas*; mas isso significa apenas proposições que nenhum homem competente objeta hoje" (1.634).

de que um signo consegue exercer seu efeito na mente de um intérprete, de que o interpretante reproduz, de certo modo, o objeto representado pelo signo. Em uma interpretação estrita, isso significaria

> that a representation is something which produces another representation of the same object, and in this second or interpreting representation the first representation is represented as representing a certain object. This second representation must itself have an interpreting representation and so on ad infinitum, the whole process of representation never reaches a completion. (CE 3, 64 et seq.)[29]

Evidentemente, tal regressão infinita surgiria apenas se, por assim dizer, o processo de interpretação circulasse *em si mesmo*, sem uma estimulação contínua do exterior e sem elaboração discursiva. Mas essa descrição diz respeito apenas à fase inicial, em que o interpretante, evocado antes mesmo de qualquer experiência atual, se refere àquele "objeto imediato", que é praticamente inerente ao signo enquanto seu significado. A utilização factual de um signo em uma determinada situação exige, porém, um interpretante que se refere ao "objeto dinâmico" em um horizonte específico de experiências (*collateral experience*). Esse objeto é exterior ao signo e exige do intérprete uma experiência sensível e prática, um conhecimento do con-

---

29 "Que uma representação é algo que produz outra representação do mesmo objeto, e nessa segunda representação ou representação interpretante a primeira representação é representada como representando um certo objeto. Essa segunda representação deve, ela própria, ter uma representação interpretante e assim por diante *ad infinitum*, o processo completo da representação nunca chega a termo." (N. T.)

texto, bem como uma elaboração discursiva da informação. Mas a interpretação de um signo ainda não se esgota nisso. Na medida em que visa uma representação explícita, isto é, capaz de ser verdadeira, ela antecipa a possibilidade de um interpretante definitivo. Este se refere ao objeto tal como ele se apresentaria à luz de um consenso ideal – ao *"final object"* [objeto final]. Apenas uma orientação pela verdade faz jus ao sentido de expressões simbólicas que "representam" algo, no sentido de que os intérpretes podem se valer delas para *se entenderem uns com os outros sobre algo no mundo*. Compreensão, entendimento e conhecimento remetem, reciprocamente, uns aos outros.[30]

A interpretação dos signos está entrelaçada à representação da realidade; apenas assim o fluxo de interpretações ganha uma direção. O texto original da natureza não submerge no turbilhão dos significantes. Na estrutura do primeiro signo, já está inscrito o *telos* de uma apresentação *completa* da realidade. No entanto, disso resulta uma consequência que desde o início inquietou Peirce: no final, os processos de aprendizado não podem, devido a sua constituição semiótica, desprender-se do círculo dos signos que interpretamos. No fim, os limites da nossa linguagem permanecem sendo os limites do mundo.

Esse círculo semiótico fecha-se sobre si mesmo de modo ainda mais inexorável quando se estende a análise *lógica* da linguagem de Peirce a aspectos *linguísticos*. Vê-se, então, justamente que a abdução realizada exige igualmente em casos-limite uma transformação inovadora da própria linguagem – a saber,

---

30 D. Savan, Questions concerning certain classifications claimed for signs, *Semiotica*, p.179 et seq.; Ransdell, Some leading ideas of Peirce's semiotic, *Semiotica*, p.157 et seq.

da perspectiva da nossa maneira de ver o mundo. Em casos extremos, nos lançamos contra os limites da nossa compreensão; e as interpretações que se desgastam em vão sobre problemas persistentes cessam de imediato. Elas só retomam seu fluxo quando os fatos conhecidos reaparecem de modo *diferente* à luz de um *novo* vocabulário, de tal forma que os problemas recalcitrantes possam ser colocados de um modo totalmente novo e promissor. Peirce negligenciou essa função de *desvelamento* do mundo presente nos signos.

Ela não significa, de modo algum, que a força universalizante dos processos de aprendizado deveria irromper dos limites de uma linguagem particular ou de uma forma de vida concreta. Todas as linguagens são porosas e qualquer aspecto do mundo desvelado de maneira nova permanece uma projeção vazia enquanto a sua fecundidade não for *confirmada* em processos de aprendizado tornados possíveis pela perspectiva transformada do mundo. Mas essa interação entre uma constituição linguística do mundo e uma solução intramundana de problemas ilumina ainda mais profundamente a questão que inquietou Peirce.

Se os limites da semiose significam os limites do mundo, os sistemas dos signos e a comunicação entre os diferentes usuários de signos adquirem um estatuto transcendental. Na estrutura da linguagem, na qual os sujeitos representam a realidade, não se reflete a estrutura da própria realidade. Essas consequências nominalistas, que Peirce combateu energicamente durante sua vida, parecem poder ser evitadas apenas se o círculo semiótico compreendesse não apenas o mundo dos sujeitos capazes de falar e agir, mas a natureza como um todo — a própria natureza — e não somente a nossa interpre-

Jürgen Habermas

tação da natureza. Apenas nesse momento o *topos* do "livro da natureza" perderia seu caráter metafórico, e cada fenômeno natural transformar-se-ia, se não em uma letra, ao menos em um signo, que define a sequência de seus interpretantes. E naquela imaginação criadora de hipóteses, que opera em cada abdução bem-sucedida, tomaríamos consciência apenas daquilo que anteriormente fora pensado na evolução da natureza. As inferências sintéticas obteriam um *fundamentum in re*.

Esse idealismo semiótico[31] exige evidentemente uma naturalização da semiose. O preço que Peirce tem de pagar para tanto consiste na anonimizaçao e despersonalização daquele espírito em que os signos evocam seus interpretantes. O velho Peirce sobrecarrega a sua própria semiótica com esse fardo metafísico.

Vejo o grande feito da semiótica peirciana na consequente expansão do mundo das formas simbólicas para além das formas de expressão linguísticas. Peirce não apenas contrastou nossa linguagem proposicionalmente diferenciada com a linguagem dos signos. Ele não apenas analisou aqueles tipos de índices e figurações (*icons*) utilizados intencionalmente, que adquirem autonomia em um nível inferior dos signos linguísticos. Ele mostrou como interpretamos índices causais e gestos expressivos espontâneos, bem como semelhanças morfológicas prévias, como signos linguísticos. Com isso, ele abriu novos campos para a análise semiótica: por exemplo, o mundo extraverbal dos signos, em cujo contexto nossa comunicação linguística está inserida; as formas estéticas da apresentação e as

---

31 McCarthy, Semiotic idealism, *Transactions of the Ch. S. Peirce Society*, p.395 et seq.

Textos e contextos

formas de expressão das artes não proposicionais; finalmente, a descodificação abdutiva de um mundo social construído simbolicamente, do qual se alimenta nossa prática comunicativa cotidiana, mas também figuras como Sherlock Holmes[32] ou romances como *O nome da rosa*, de Umberto Eco.

O mundo da vida, por natureza simbolicamente estruturado, forma uma rede de contextos de sentido implícitos, que se sedimentam em signos não linguísticos, mas acessíveis à interpretação linguística. As situações nas quais os participantes da interação se orientam estão saturadas de pistas, indicações e vestígios enganadores; ao mesmo tempo, estão impregnadas de traços estilísticos e caracteres expressivos intuitivamente perceptíveis, que refletem o "espírito" de uma sociedade, a "tintura" de uma época, a "fisionomia" de uma cidade ou classe social. Quando aplicamos a semiótica de Peirce a essa esfera produzida pelos homens, mas de modo algum *dominada* por eles com vontade e consciência, torna-se igualmente claro que a descodificação dos contextos de sentido implícitos, isto é, a compreensão do sentido, é um modo da experiência — experiência é experiência comunicativa. K.-O. Apel, em particular, chamou a atenção para isso.[33]

Se atentarmos para esse caso paradigmático de um complexo de sentido não articulado linguisticamente, que se objetiva em signos pré-simbólicos, inclusive pré-convencionais, uma circunstância se torna cada vez mais nítida, a saber, mesmo que aos signos naturais faltem os autores que lhe dariam significado, ainda assim eles encontram um significado apenas para

---

32 Sebeok, Umiker-Sebeok, *Ch. S. Peirce und Sherlock Holmes.*
33 K.-O. Apel, *Die Erklärenl/Verstehen-Kontroverse.*

intérpretes que dominam uma linguagem. Como poderiam eles encontrar seus interpretantes se não houvesse intérpretes que pudessem discutir suas interpretações com razões? Mas é exatamente isso que deveria exigir um idealismo semiótico, um idealismo que projeta a semiose na natureza e supõe que o processo de formação de novos hábitos de comportamento, regulado pela interpretação de signos, se estende para além do mundo humano, chegando ao dos animais, das plantas e dos minerais.

(4) Peirce está convencido *"that habit is by no means exclusively a mental fact. Empirically, we find that some plants take habits. The stream of water that wears a bed for itself is forming a habit"* (5.492).[34] Uma natureza que se desenvolve à maneira de um processo de aprendizado semiótico abre os olhos e se torna um participante virtual do diálogo mantido entre os seres humanos. Essa ideia venerável retira seu encanto da ideia de que estabelecemos um diálogo com a natureza e de que podemos dar voz às criaturas não redimidas. Desse modo, como Marx supunha, à naturalização do homem corresponde uma humanização da natureza. Dessa concepção semiótica, cuja herança Peirce atribui à mística judaica e protestante, à filosofia na natureza romântica e ao transcendentalismo, resulta evidentemente uma consequência totalmente diferente: o diálogo dos seres humanos perderia, com isso, aquilo que lhe é mais característico, pois é absorvido pelo contexto da comunicação englobante. Isso se manifesta

---

34 "Que o hábito não é, de modo algum, um fato mental. Empiricamente, vemos que algumas plantas adquirem hábitos. O veio d'água que forma o leito para si próprio está formando um hábito." (N. T.)

em um conceito de pessoa[35] que determina apenas de forma negativa tudo aquilo que faz de uma pessoa um indivíduo, a partir da diferença em relação ao universal, mais precisamente a partir da distância do erro em relação à verdade, do afastamento do egoísta em relação à comunidade. O individual é o puramente subjetivo e egoísta: *"The individual man, since his separate existence is manifested only by ignorance and error, so far as he is anything apart from his fellows, and from what he and they are to be, is only a negation"* (5.317).[36]

Desse modo, acaba por se impor mesmo ao Peirce antiplatônico a má herança do platonismo. O realismo dos universais posto em movimento faz da evolução cósmica a portadora de uma irresistível tendência à universalização, uma tendência à organização cada vez maior e a um controle cada vez mais consciente. A consequência que tenho em vista não se explica, no entanto, *per se* pelo realismo dos universais, mas apenas pela concepção semiótica do universal enquanto representação mediada por signos, bem como pela interpretação da evolução enquanto processo de aprendizado. Em ambos, a comunicação, na qual se impõe a tendência à universalização, se deixa ver apenas de *um* lado: ela não vale para o entendimento entre *ego* e *alter* sobre algo no mundo; antes, o entendimento existe em virtude da representação e da representação cada vez mais abrangente da realidade. Esse privilégio da referência ao mundo

---

35 Muoio, Peirce on the person, *Transactions of the Ch. S. Peirce Society*, p.169 et seq.

36 "O homem individual, uma vez que sua existência separada é manifestada apenas pela ignorância e pelo erro, na medida em que ele é algo diferente de seus companheiros e do que ele e eles devem ser, é apenas uma negação." (N. T.)

do signo representacional em relação à referência ao intérprete dos signos comunicáveis põe o intérprete em um segundo plano diante do interpretante.

Isso parece tanto mais plausível ao velho Peirce, pois a doutrina das inferências sintéticas tem sua fundamentação nas leis da evolução da natureza. Se os processos de aprendizado da espécie humana seguirem de modo meramente reflexivo os da natureza, a argumentação, isto é, aquilo que um tem a dizer a outro, também a força persuasiva do melhor argumento, perde seu peso próprio e seu valor próprio. Aquilo que a argumentação, por assim dizer, deveria realizar por si mesma, isto é, o acordo livre de coerção entre indivíduos que se colocam em diálogo e se confrontam com as suas opiniões sempre diferentes, sucumbe à força niveladora de um universalismo inferido da própria realidade. A multiplicidade das vozes do entendimento intersubjetivo torna-se um epifenômeno.

De modo interessante, Peirce consegue, por fim, conceber o entendimento entre um intérprete e outro exclusivamente apenas no quadro de uma fusão emocional de *ego* e *alter*: "*When I communicate my thoughts and my sentiments to a friend with whom I am in full sympathy, so that my feelings pass into him and I am conscious of what he feels, do I not live in his brain as well as in my own — most literally?*" (CE I, 498).[37] Desse modo, a universalização de um consenso não significa apenas a dissolução de contradições, mas a extinção da individualidade daqueles que podem se con-

---

37 "Quando comunico meus pensamentos e meus sentimentos a um amigo por quem tenho completa simpatia, de tal modo que meus sentimentos passam a ele e estou consciente do que ele sente, não vivo em seu cérebro assim com ele no meu — e isso do modo mais literal?" (N. T.)

tradizer – sua dissolução em uma representação coletiva. Como Durkheim, Peirce entende a identidade dos indivíduos como a imagem refletida da solidariedade mecânica de um grupo: *"Thus every man's soul is a special determination of the generic soul of the family, the class, the nation, the race to which he belongs"* (CE 1, 499).[38] Somente G. H. Mead, um pragmatista da segunda geração, compreenderá a linguagem como o *medium* que socializa a ação comunicativa apenas na medida em que, ao mesmo tempo, a individualiza.[39] As identidades coletivas de família, classe e nação mantêm uma relação complementar com a identidade do indivíduo; a identidade pessoal não pode ser superada na identidade coletiva pela generalização. *Ego* e *alter* podem concordar quanto a uma interpretação e *partilhar* as mesmas ideias apenas enquanto não ferirem as condições da comunicação linguística e mantiverem uma relação intersubjetiva que os obriga a adotar uma atitude recíproca como uma primeira pessoa diante de uma segunda pessoa. Mas isso não significa que cada um tem de se diferenciar do oposto do modo como ambos na primeira pessoa do plural podem se diferenciar em comum de outros enquanto terceiras pessoas. Na medida em que, ao contrário, a dimensão de possibilidade de contradição e diferença se fecha, a comunicação linguística reduz-se a um tipo de *comunhão* que já não necessitaria da linguagem como meio de comunicação.

Peirce censurou certa vez os hegelianos – exatamente no sentido de Feuerbach – por negligenciar o momento da se-

---

38 "Assim, a alma de qualquer homem é uma determinação específica da alma genérica da família, da classe, da nação, da raça a que ele pertence." (N. T.)

39 Habermas, Individuierung durch Vergesellschaftung. Zu G. H. Meads Theorie der Subjektivität, p.187-241.

cundidade, que se manifesta na resistência externa de objetos existentes (8.39 et seq.). Ele próprio negligencia aquele momento de secundidade que nos confronta na comunicação como contradição e diferença, como o sentido próprio do *outro* indivíduo. Caso se trata de um grande filósofo, sua individualidade pode evidentemente se expressar em sua filosofia. Desse modo, os participantes desta conferência não vão querer contradizer Peirce quando ele diz:

> *Each man has his own peculiar character. It enters into all he does; but as it enters into all his cognition, it is a cognition of things in general. It is therefore the man's philosophy, his way of regarding things — that constitutes his individuality.* (CE 1, 501)[40]

---

40 "Cada homem tem seu próprio caráter peculiar. Este penetra em tudo que ele faz; mas ao penetrar em toda sua cognição, o caráter é uma cognição das coisas em geral. É, portanto, a filosofia do homem, seu modo de ver as coisas, que constitui sua individualidade." (N. T.)

Edmund Husserl sobre o mundo da vida, a filosofia e a ciência

I

Desde o século XVII, a filosofia teve que estabelecer relação com uma forma do saber que evitava a alternativa, até então em vigor, entre saber e opinião. É certo que a física de Newton se elevou acima do domínio da *doxa*, mas ela não alcançou a forma rigorosa da *episteme* e permaneceu, apesar de seu nome e de sua pretensão epistêmica, como algo diferente da filosofia. Até a metade do século XIX, a filosofia podia continuar segura de sua supremacia — como enciclopédia de todas as ciências ou, ao menos, como teoria do conhecimento que legitima as ciências em suas possibilidades. A filosofia detinha a licença para o conhecimento em geral. Mesmo naquele momento, a filosofia procurava no *commom sense* um aliado.[1] Em relação a ele,

---

1 Falo aqui de *"common sense"* no sentido de um saber cotidiano, adquirido na prática e pelo hábito, e sedimentado nas tradições, uma vez que os equivalentes alemães levam a conotações enganosas: o *"gesund Menschverstand"* lembra a apatia tacanha da sensibilidade do povo, enquanto *"Gemeinsinn"* está quase que limitado ao político.

a filosofia se mantivera, ao mesmo tempo, próxima e distante; ela analisa precisamente aquilo que, sem saber explicitamente, conhecemos desde sempre e mantém com o saber intuitivo cotidiano uma relação, no mínimo, ambivalente. Por isso, os antípodas de outrora também puderam encontrar pontos em comum diante do desafio levantado por aquele saber contraintuitivo por meio do qual as ciências modernas enterravam o que é evidente *prima facie*. Em todo caso, as investigações de Descartes e Kant sobre a crítica do conhecimento encontraram um eco complementar na atitude de crítica da ciência de um Vico ou de um Shaftesbury, que apostavam no poder de orientação do *sensus communis* redescoberto no humanismo.[2]

Quando Husserl, no século XX, converteu o mundo da vida em tema,[3] a posição da filosofia entre ciência e *common sense* não constituía, de modo algum, uma nova constelação. Tampouco é nova a intenção de Husserl de garantir, em relação aos dois lados, a posição dominante da filosofia. Mas a partir da segunda metade do século XIX, a tarefa se tornou mais difícil. Por um lado, a psicologia e as ciências humanas também tinham se autonomizado, por outro lado, conceitos cotidianos, como linguagem, cultura e forma de vida, narrativa e práxis, história e tradição, tinham adquirido o estatuto de conceitos fundamentais da teoria do conhecimento. Não obstante, a fim de preservar a primazia da filosofia (mesmo sob a impressão de

---

Cf. Kleger, Common sense als argument, *Archiv für Begriffsgeschichte*, p.129 et seq.

2 Gadamer, *Wahrheit und Methode*, p.16-25.

3 Isso já em 1913: cf. Husserl, *Ideen*, p.52 e 56. Para uma pré-história do *topos* "mundo da vida", cf. Fellmann, *Gelebte Philosophie in Deutschland*.

Textos e contextos

uma história obscurecida de modo totalitário), Husserl fazia naquele momento uma jogada original. Ele explicava o mundo da vida como o fundamento de sentido das ciências que fora esquecido. A divisão do mundo em ser corporal e ser psíquico deve apenas espelhar a autocompreensão objetivista das ciências, que ocultam a si mesmas seu contexto de surgimento no mundo da vida. O mundo da vida, como prática natural e como experiência do mundo, constitui o conceito contrário àquelas idealizações às quais se devem os domínios objetuais das ciências. A idealização da medição, a hipótese da casualidade, a matematização etc. explicam também a tendência da imagem científica do mundo para uma tecnização, isto é, para uma formalização da prática cotidiana.

Husserl mata três coelhos com uma só cajadada: ele considera de maneira crítica a autonomia das ciências; com um mundo da vida que funda as ciências, o *common sense* ganha uma dignidade inaudita; simultaneamente, a filosofia conserva sua pretensão apriorística tanto no que diz respeito a uma fundamentação teórica última, quanto no que diz respeito a uma orientação prática. Pois, com a análise fenomenológica do mundo da vida, ela deve realizar duas coisas. Deve revelar os fundamentos das ciências no mundo da vida e elucidar em sua totalidade os fundamentos do nosso saber do mundo; ao tornar transparente a opacidade do mundo da vida, também deve, ao mesmo tempo, superar a autocompreensão objetivista das ciências europeias, por meio da qual lhes escapa o "próprio sentido racional da vida" e levam o mundo a uma crise, isto é, "a uma hostilidade contra o espírito e à barbárie".[4]

---

4 Husserl, *Die Krisis der europäischen Wissenschaft*, p.269 et seq.

Jürgen Habermas

Com os dois primeiros temas, Husserl abriu o caminho para uma crítica da ciência que traz sempre novas evidências para o fato de que as nossas capacidades cognitivas estão enraizadas na prática do nosso trato pré-científico com os objetos e as pessoas. (A isso pertencem não apenas as concepções vindas do círculo de Husserl, como, por exemplo, a sociologia do saber de Scheler, a antropologia de Sartre ou Merleau-Ponty ou o marxismo fenomenológico, mas também a filosofia hermenêutica, o pragmatismo, o construtivismo de Erlangen, a teoria dos interesses cognitivos etc.). Interessa-me o terceiro motivo, a defesa da pretensão filosófica de fundamentação última. Com a descoberta do mundo da vida, Husserl ironicamente se enreda nos paradoxos de uma subjetividade que dá a si mesma plenos poderes; justamente esse tema enseja uma crítica da filosofia do sujeito que, em Heidegger, leva apenas à transformação da concepção fundamentalista em seu contrário abstrato.

II

O conceito de mundo da vida solapa a arquitetônica transcendental, pois difere de modo característico do conceito tradicional de mundo (*mundus, katholon*). Husserl examina o caso elementar da percepção de uma cor ou de um objeto dirigindo a atenção menos para o próprio objeto do que para o "como" da sua doação, o contexto em que aparece ao observador. O objeto percebido se apresenta ao observador, visto da perspectiva frontal, em tonalidades gradativas de cores; ele se destaca com contornos mais ou menos precisos de um pano de fundo assombreado e é posto em um horizonte de relações implícitas ou dadas de modo não tematizado às perspectivas colaterais do entorno imediato. A partir de tais posicionamentos, de tais contextos pré-categoriais e pré-predicativos concomitantes, se constrói o mundo, no qual o observador mundano, e com ele o próprio fenomenólogo, se encontra desde sempre presente. Husserl explora esse solo familiar da prática cotidiana da vida e da experiência do mundo sob o título mundo da vida.

Ele é dado na forma de um saber pré-reflexivo, dotado de uma certeza não problemática, como um saber de fundo holístico, em que convicções descritivas, avaliativas, normativas e expressivas confluem em uma síndrome, e que constrói em torno de nós o mundo da vida, com suas coordenadas espaçotemporais, como um todo não objetivado. Até então, o mundo fora concebido da perspectiva de um observador *contraposto a ele* — como o ente no seu todo, como a totalidade dos objetos representáveis, como tudo que é o caso. Mas um mundo da vida se desvela apenas da perspectiva interna da subjetividade, sempre centrada no meu corpo, localizada aqui e agora, compartilhada com outros sujeitos e marcada por tradições comuns. Essa diferença entre o mundo em sua totalidade e um mundo da vida, no qual estou situado, é decisiva para a compreensão correta daquela dificuldade com a qual o fenomenólogo se vê confrontado quando pretende tornar transparente o mundo da vida em sua totalidade como o resultado de operações transcendentais. Ele tem de assimilar o conceito fenomenológico de mundo da vida ao conceito transcendental do mundo.

Em Kant, o sujeito assume uma dupla posição: o eu transcendental está contraposto ao mundo em sua totalidade, constituído por ele, enquanto o eu empírico aparece como uma entre muitas coisas presentes no mundo e permanece estranho ao eu transcendental tanto quanto qualquer outro fenômeno.

Jürgen Habermas

Diferentemente, o eu transcendental e o eu empírico estão, em Husserl, em uma relação íntima. O mundo da vida se revela ao fenomenólogo apenas da perspectiva interior; por isso, o seu próprio eu mundano é a única fonte a partir da qual ele pode fazer suas observações. E como cada pessoa, por assim dizer, porta em si mesma o seu próprio eu transcendental, despertado pela *epoché*, o sujeito transcendental só existe no plural. Em suma, a perspectiva na qual o observador transcendental de Husserl tem de se colocar é a perspectiva de um sujeito *situado no mundo*, inserido nos horizontes móveis do mundo. Mas ao mesmo tempo ele deve aprender a perceber toda a existência da sua vida mundana natural como um contexto de sentido e validade constituído pelo eu transcendental.

A esses dados intramundanos, que têm que ser apontados como algo produzido, pertencem também o próprio corpo, a própria pessoa contingentemente socializada, suas relações com outras pessoas, o que é comum entre cultura e história, inclusive as realizações culturais do próprio empreendimento fenomenológico. Mas, com isso, se coloca a questão de saber como a finitude do *ego cogito*, que já sempre se encontra no seu mundo da vida, pode ser conciliada com a soberania de um *Ur-Ich* [eu-originário], que constitui o mundo da vida no seu todo. Essa "subjetividade que realiza as operações últimas" deve ter produzido *anteriormente* o sentido de tudo aquilo que encontra o eu mundano enquanto sujeito corporalmente encarnado, individual e socializado com outros. Mas, então, devem ser retirados dela todos os atributos de finitude, aos quais ela deve a relação interna com o próprio eu situado no mundo da vida. O problema é evidente: um sujeito transcendental não pode ocupar, ao mesmo tempo, as duas posições — a posição extramundana de um soberano, que constitui o mundo, e a perspectiva interna, criadora de horizontes, de um ser que abre os olhos no mundo já constituído. O próprio Husserl formula a pergunta para a qual tem dificuldade em encontrar uma resposta: "o que ocorre com a humanidade enquanto subjetividade constituidora do mundo, mas inscrita no próprio mundo?"[5]

Husserl não pode nem quer voltar a encenar mais uma vez o drama hegeliano da autodeterminação recuperadora de uma subjetividade que no início inconscientemente se exterioriza em seus produtos. Ao final, ele não consegue conciliar o aprisionamento do eu mundano ao mundo com a posição extramundana do eu originário transcendental. Como se sabe, o Heidegger de *Ser e tempo* tira suas conclusões disso.

III

Renunciando a um eu transcendental, confrontado com o mundo em sua totalidade, Heidegger eleva o "ser no mundo" [*In-der-Welt-Sein*] do eu mundano ao plano de uma constituição transcendental. Heidegger pretende solucionar a tarefa paradoxal de instalar no mundo os processos da constituição do mundo com o auxílio da figura de pensamento existencial do "projeto lançado" – portanto, nas dimensões do tempo. Ele liberta os sujeitos da morada da subjetividade nas suas referências ao mundo, nos contextos de conjunção e remissão, e submete-os, sem prejuízo de sua espontaneidade que projeta o mundo, às condições da existência intramundana

---

5 Ibid., p.5.

e da facticidade histórica. No lugar da diferenciação entre transcendental e empírico aparece agora a diferenciação entre ser e ente, isto é, entre aquele projeto de abertura do mundo, que abre o horizonte de sentido para possíveis encontros com aquele horizonte intramundano, e este mesmo, isto é, o contingente que nos sucede no mundo.

Com essa diferenciação, Heidegger, apesar de tudo, preserva a pretensão filosófica de fundamentação última. Enquanto as ciências se encarregam do ôntico, a filosofia administra o próprio ser. Como Husserl, Heidegger joga contra as ciências a prática pré-teórica da vida enquanto fundamento de sentido, a fim de garantir à filosofia, diante de ambos, um acesso privilegiado à verdade. Ele desvenda a constituição categorial dos domínios dos objetos científicos retrocedendo à compreensão pré-ontológica do ser daquele ente que se diferencia de todos os entes restantes, uma vez que já na sua existência cotidiana se *relaciona* com outros entes e consigo mesmo: "as ciências são modos-de-ser do ser-aí".[6] Heidegger chama de existenciais as estruturas desta vida mundana natural; e como estas se encontram *preordenadas* nas categorias dos domínios do ser, aos quais as ciências se reportam de um modo objetivado, a analítica do ser-aí recebe o nome de uma ontologia fundamental. Até aqui, a argumentação de Heidegger segue paralelamente a de Husserl.

No entanto, falta agora o ponto de referência de uma subjetividade transcendental, que ainda se encontra subjacente ao mundo da vida. Embora o ser-aí mantenha a autoria do seu projeto biográfico do mundo, ele exerce essa autoria apenas sob as condições factuais da sua existência intramundana. Ao

---

6 Heidegger, *Sein und Zeit*, p.13.

ser-aí resta uma potência desveladora do mundo apenas sob a dedução de sua posição extramundana. Por isso, a estrutura ontológica do "ser-no-mundo" em sua totalidade não pode ser esclarecida a partir da perspectiva ôntica do ser-aí individual que se projeta existencialmente em suas possibilidades. Para poder, porém, resgatar a fixa pretensão transcendental de fundamentação, Heidegger tem de preencher o espaço vago de uma subjetividade originariamente fundadora. Por isso, ele se vê mais tarde obrigado a aceitar um poder originário historicizado, um acontecer transcendental sem sujeito, que autoriza a mudança epocal da interpretação do mundo. Esse acontecer vai, ao final, envolver o quadro fixo de uma constituição existencial do ser-aí no redemoinho da história anônima do ser. O motivo fundamentalista fica a salvo disso. Dos escombros da arquitetônica transcendental, salva-se uma filosofia que fica responsável pelo ser, desligada do que é ôntico. Este ser assume apenas a forma histórica de uma verdade fatalmente mediatizada e "levada a cabo" por dirigentes [*Führern*] e poetas.

Apesar das premissas modificadas, Heidegger também faz valer a crítica da ciência de Husserl, mas com outra intenção. Husserl pretendia ainda recorrer à força da autorreflexão fenomenológica, a fim de recuperar novamente as ciências no mundo da vida, através do esclarecimento de seu fundamento esquecido de sentido. Para Heidegger, tanto o pensamento científico quanto a investigação exercida metodicamente *não são mais* do que a expressão de um destino do ser orientado para a dominação técnica do mundo. Enquanto sintomas do esquecimento do ser, as ciências modernas obtêm seu lugar em uma fatídica história da metafísica, que se consuma como a mudança epocal de imagens linguísticas do mundo e on-

Jürgen Habermas

tologias. Com esses acontecimentos latentes, só a filosofia mantém, no diálogo do pensador com os poetas, uma relação tão íntima quanto devota.

IV

Partimos da posição da filosofia entre a ciência e o *common sense*. Aquilo que já estava presente na surpreendente interpretação de Husserl dessa constelação se manifesta inequivocamente na concepção de Heidegger: o motivo fundamentalista põe as duas outras formas de saber na sombra da filosofia. Além disso, a grande descoberta de Husserl, isto é, a especificidade pragmática e a "função de solo" do mundo da vida, perde-se quase completamente; e as ciências, que se encontram aprisionadas na armadura da técnica e que apenas desdobram o programa prescrito da interpretação moderna do mundo, perdem a especificidade cognitiva dos processos de aprendizado.

Quando se leva a sério o primado ôntico-ontológico do mundo da vida, obtém-se uma imagem totalmente diferente. Nesse momento, o privilégio da filosofia em relação à ciência e ao *common sense* consiste unicamente em que a filosofia domina mais linguagens — tanto a linguagem cotidiana que circula no mundo da vida quanto as linguagens especializadas das culturas de especialistas, que foram diferenciadas do mundo da vida. De resto, a filosofia — assim como a crítica literária e a crítica de arte — concede a si mesma um acesso à linguagem extracotidiana da poesia. Graças a essa vocação genuína, a filosofia pode tranquilamente renunciar à pretensão, herdada da filosofia transcendental, de uma fundamentação do mundo da vida. Ao invés de *fundamentar* o mundo da vida na instituição primordial de uma subjetividade produtora ou no acontecimento de uma interpretação do mundo que prejulga tudo, a filosofia pode agora concentrar-se na reconstrução do saber de fundo associado às nossas intuições gramaticais. O objetivo de tal análise é menos rastrear fundamentos ocultos e mais explicar algo que desde sempre já se pode e é sabido. Esse trabalho de explicação habilita igualmente uma filosofia *poliglota* para o papel de intérprete entre ciência, arte e mundo da vida. Não posso desenvolver aqui o conceito de um mundo da vida que sustenta e reproduz a si mesmo através da ação comunicativa.[7] Gostaria, porém, de explicá-lo ao menos indiretamente, criticando duas suposições que não são compatíveis com esse conceito.

Trata-se, inicialmente, da suposição de Husserl de que o mundo da vida poderia ser entendido a partir da sua contraposição àquelas idealizações que são constitutivas dos âmbitos objetuais das ciências. Com efeito, as evidências do mundo da vida gozam da certeza de um saber pré-reflexivo e não temático, no qual facticidade e validade se fundem de modo peculiar. Elas se apresentam no modo de uma certeza imediata e infalível, que caracteriza ao mesmo tempo o saber de fundo como forma potencializada e deficiente do saber — como deficiente, pois parece ser, por natureza, imune contra a possibilidade de uma crítica. Em sentido estrito, ela não apresenta nenhum saber, mas uma síndrome de convicções não problemáticas que entram em choque no momento da sua tematização. Ocorre que esse limiar da tematização entre o saber de fundo implícito e o saber em sentido estrito — que sabemos que possuímos e

---

7 Habermas, *Nachmetaphysisches Denken*, p.87 et seq.

conseguimos explicitar caso seja exigido – já está inserido *dentro* do campo da práxis natural e da experiência do mundo; ele não coincide com aquele limiar entre o saber pré-teórico e o saber cientificamente objetivado. Por isso, o próprio mundo da vida já está atravessado por idealizações.

O mundo da vida forma tanto o horizonte como o pano de fundo para a comunicação cotidiana e a experiência cotidiana. Enquanto pano de fundo e contexto não temático concomitante, ele é o polo oposto a um saber tematizado, que figura *dentro de seu horizonte*, e está sempre exposto ao risco do dissenso da possibilidade de dizer não. Já na comunicação cotidiana, associamos a nossos proferimentos pretensões de validade criticáveis, que, enquanto pretensões, transcendem todos os padrões provincianos. Com isso, porém, a tensão entre as limitações contingentes e as pressuposições idealizantes da prática do entendimento irrompe no *próprio* mundo da vida – idealizações estas que figuram evidentemente apenas nas formas comunicativas da argumentação *enquanto tal*. O jogo mútuo de contraposições entre aquele saber explícito, remetido às idealizações, e aquele saber de fundo, que absorve os riscos, não se consuma, tal como Husserl julgava, na concorrência entre o saber empírico-científico dos especialistas e as certezas pré-teóricas. O mundo da vida permanece, antes, como pano de fundo e horizonte, vinculado a uma prática cotidiana cujas pressuposições comunicativas já dependem de idealizações.

Igualmente problemática é a suposição de Heidegger de que a interpretação ontológica do mundo determinaria de modo soberano o sentido do acontecer ôntico no mundo. É certo que toda linguagem comum abre, com a ontologia que está inscrita em sua gramática, um horizonte de interpretações possíveis

Textos e contextos

para a comunidade linguística. Saber se as possibilidades linguisticamente projetadas de um mundo se confirmam neste mundo é uma outra questão. Os proferimentos gramaticalmente possíveis só encontram *seu lugar* em jogos de linguagem em funcionamento, no momento em que se verifica na prática que as condições de validade semanticamente fixadas também podem ser cumpridas factualmente. Isso não depende do poder de abertura do mundo da linguagem, mas do êxito das práticas intramundanas tornadas possíveis por ela. A prática no mundo, que se orienta por pretensões de validade e que conduz a processos de aprendizado, se sedimenta em resultados que, por sua vez, retroagem sobre o saber de fundo que abre o mundo. Certamente, o pano de fundo, que abre um mundo à prática intramundana, modifica-se graças à força inovadora doadora de sentido; mas esta perde o seu mero caráter de acontecimento quando se observa como tais inovações são desencadeadas pela pressão dos problemas que se acumulam no mundo. A abertura do mundo e as crises epistemológicas no mundo formam um processo circular. Este toma das transformações da interpretação do mundo o seu caráter global e inexorável de criador de cesuras — e da filosofia, o seu papel de vigia do destino.

V

Uma filosofia que, através do mundo da vida e da ciência, não mais se agarra a fundamentos últimos e acontecimentos iniciais permanece em *correspondência* com as ciências: antes de criticar as ciências, ela precisa aprender com elas. Entretanto, as ciências sociais se apoderaram à sua maneira da temática do mundo da vida. Desse modo, tornou-se mais difícil para a filosofia um acesso direto àquela "tecnicização" do mundo da vida, do qual partiu a crítica da ciência de Husserl. A partir dos exemplos do trato com os aparelhos técnicos na vida cotidiana e com os riscos desencadeados pela grande ciência, gostaria de, ao menos, ilustrar a contribuição da análise sociológica, da qual a filosofia tem de tomar conhecimento.

a) *Técnica dos aparelhos no cotidiano*. No cotidiano, encontramos os produtos da ciência e da técnica inicialmente na forma familiar de aparelhos domésticos e ferramentas, de aparelhos de rádio e televisão, pequenos computadores e assim por diante. Além disso, a iluminação elétrica, o aquecimento e o automóvel nos tornam conscientes do fato de que, através da habitação, do consumo e das atividades no tempo livre, estamos conectados às grandes redes de tecnologia, a serviços profissionais, a uma infraestrutura além do nosso alcance. Nesses domínios de experiências, uma racionalidade encarnada em aparelhos técnicos encontra a especificidade de mundos da vida simbolicamente estruturados. Mas as regras para usar e conectar, pré-programadas pela estrutura de um aparelho, não surgem de modo algum *sem mediação* nas estruturas de expectativa e nas rotinas de ação da vida cotidiana. As restrições formais da técnica são mediatizadas pelos *media* dinheiro e poder – portanto, inicialmente pelos mercados que regulam, pela oferta e procura, a implementação, a configuração e a difusão dos produtos, assim como pelas realizações organizacionais de um Estado que torna o uso possível por meio de infraestruturas e o orienta graças a uma densa rede de disposições jurídicas. Do ponto de vista sociológico, a tecnicização do cotidiano se apresenta como uma variável no jogo entre exigências funcionais do sistema de ação econômico e administrativo, por um lado, e as pretensões do mundo da vida orientadas pelo valor de uso, por outro.[8] A crítica filosófica da técnica, que se fixa *diretamente* na razão instrumental ou em uma subjetividade autodominadora, negligencia a especificidade da mediação social da técnica.

Obtém-se igualmente uma imagem diferenciada em relação à questão central de saber se a tecnicização do cotidiano deveria ser entendida como uma intervenção desintegrante, como *colonização* ou como um processo de *liberação* da apropriação autodeterminante e criativa. Essas tendências opostas se entrecruzam. Em alguns casos, abrem-se novos campos de ação para um uso autodeterminado da técnica, de tal forma que estilos de vida antes implantados conseguem se afirmar contra as coerções de ação inerentes aos aparelhos e dispositivos. Em muitos casos, chega-se, às vezes apenas em gerações posteriores, a adotar hábitos de manuseio e estilos de comportamento prescritos. Considerando os complexos técnicos opacos, embora performativamente familiares no cotidiano, Max Weber falou de uma "tradicionalização secundária". Em outros casos, ao contrário, a evolução técnica sistemicamente mediatizada desenvolve uma violência objetiva, diante da qual a força de interpretação e o poder de definição do mundo da vida, de fato, falham. Ela não oferece, então, "aos atores mais nenhuma possibilidade de orientarem os processos sistêmicos da tecnicização por seus modelos culturais".[9] Em meados do século XIX, as novas ferrovias e os palácios de cristal das exposições universais revolucionaram, por exemplo, as experiências de espaço e tempo dos contemporâneos. De outro modo, a relação com os compu-

---

8 Biervert; Monse, Technik und Alltag als Interferenzproblem, p.96.

9 Rammert, Technisierung im Alltag, p.177.

tadores poderia hoje intervir na gramática profunda do pano de fundo do mundo da vida e modificar os modos de ver paradigmáticos e, inclusive, os modelos de interpretação do mundo.

b) *Sociedade do risco*. Talvez o olhar sobre a técnica ainda seja algo muito preso ao concreto. Mais abstratas são as consequências da técnica atômica ou genética, da sobrecarga dos recursos naturais pela indústria. Esses perigos ecológicos são "abstratos" em sentido lato, pois em muitos casos eles se furtam a uma percepção cotidiana, e primeiro precisam ser apreendidos por meio de teorias e instrumentos de medição, e ser mediados por controvérsias públicas. Ulrich Beck analisou de forma notável esse tipo de risco provocado técnica e cientificamente, deslocado para o exterior pelo sistema econômico e minimizado pelo sistema político.[10] Eles são de uma magnitude incalculável, não podem ser certificados; eles não podem ser responsabilizados segundo as regras existentes de causas singulares ou de fatores causais identificáveis; eles não são delimitáveis local, temporal e socialmente. Como se pôde sentir e observar após a catástrofe de Chernobyl, tais perigos desencadearam ainda mais medos vagos e indefinidos do que temores concretos. Devido ao seu caráter simultaneamente global e inapreensível, esses riscos afetam as evidências que, com os parâmetros de nosso ambiente natural, se converteram em carne e osso; eles rompem igualmente as certezas que funcionavam inconscientemente. Mas, por outro lado, ganhou-se muito pouco com a figura de pensamento da autonomização, da filosofia do sujeito de Husserl, segundo a qual a ciência e a técnica se dissociaram dos seus fundamentos de sentidos do

---

10 Beck, *Risikogesellschaft*.

mundo da vida. Com uma visão desarmada, a filosofia pode contribuir muito pouco para esclarecer aqueles mecanismos da economia e da administração que controlam as intervenções da grande técnica nos nossos fundamentos naturais da vida – e sobre as quais podemos exercer influência política, ainda que somente de modo indireto.

VI

Evidentemente, a filosofia mantém uma tarefa de crítica da ciência em relação às ciências sociais, que tomaram empresta-do, frequentemente de modo ingênuo, o conceito do mundo da vida de Husserl e o talharam para fins empíricos.[11] Ela pode se reportar indiretamente à relação entre ciência e mundo da vida, na medida em que critica as ciências que fazem do mundo da vida seu tema. Desse modo, ela pode investigar, por exemplo, os paradoxos de um construtivismo que simplesmente traduz a análise fenomenológica do mundo da vida em um pretenso programa de pesquisa de teoria da cognição e que chega, por meio da aplicação dos seus modelos, à conclusão de que os valores de verdade de seus próprios enunciados têm que ser substituídos por algo como aqueles valores de orientação para a reprodução da vida humana.[12]

---

11 Eu próprio notei que a diferenciação metodológica entre a introdu-ção pragmático-formal (realizada a partir da atitude de uma segunda pessoa) do conceito do mundo da vida e a utilização objetivante de um conceito do mundo da vida transformado sociologicamente se presta à incompreensão.

12 Knorr-Cetina, Spielarten des Konstruktivismus, *Soziale Weit*, p.86 et seq.

Também merece atenção o fato de que a fenomenologia social e a teoria dos sistemas estabelecem os marcos para a análise do mundo da vida em direções opostas. Uma ainda quer comprimir as sociedades complexas na forma de uma totalidade centrada no mundo da vida; a outra entende o mundo da vida como atavismo, como um resíduo do passado anterior das sociedades descentralizadas que se desintegram em múltiplos sistemas funcionais separados uns dos outros. Essas unilateralidades complementares aguçam o olhar para questões importantes, que não se deixam decidir previamente em um nível analítico pela escolha de conceitos fundamentais. Por exemplo, as sociedades modernas "sem limite nem centro" (Luhmann) podem formar, contra suas forças centrífugas, um contexto de comunicação para toda a sociedade que não esteja fixado em um código específico e que permita reações à pressão de problemáticas de toda a sociedade? Sem tal solo da esfera pública política capaz de ressoar, a promessa de uma auto-organização democrática da sociedade, ainda que mediatizada, deveria permanecer vã.

Uma vez que os paradigmas das ciências sociais estão enraizados no mundo da vida de modo particularmente flagrante, impõe-se, por fim, a questão de saber se, e como, as conjunturas pré-teóricas de humor e as experiências se imiscuem na escolha de estratégias conceituais fundamentais. O estruturalismo e a teoria dos sistemas, por exemplo, ocultaram os sujeitos agentes da sua visão da sociedade e eliminaram tudo aquilo que lembra mundos da vida intersubjetivamente partilhados. Talvez tais decisões teórico-políticas também sejam reflexo daquelas experiências desencorajadoras e paralisantes que os membros intimidados da sociedade do risco têm ao lidarem com uma complexidade que ultrapassou o horizonte do mundo da vida, e que já não é possível recuperar de forma narrativa. Em sentido contrário, as interpretações das ciências sociais, por sua vez, reagem ao mundo da vida através de meios de comunicação e de práticas profissionais cientificizadas.[13] Na medida em que as descrições objetivistas são, desse modo, reconhecidas pelos concernidos como autodescrições, os sujeitos são privados das suas intuições do mundo da vida. Tomemos como exemplo as experiências atuais de um processo de individualização ambíguo.

Muitos sociólogos interpretam esse processo como uma consequência da "inclusão": o sujeito isolado, enquanto pessoa, é cada vez mais excluído por sistemas parciais e empurrado para os entornos desses sistemas, de modo a participar neles, a partir do exterior, com contribuições funcionais específicas enquanto consumidor, contribuinte, eleitor, membro do serviço militar, assegurado e assim por diante. Quem aceita, para si mesmo, essa proposta de interpretação como descrição auto-objetivante, passa a se compreender menos como um ser individualizado e mais como um ser singularizado, que perde as ligações tradicionais e troca "ligaduras" por crescentes "possibilidades de escolha" (*Dahrendorf*); ele sente a pressão diante do dever de tomar decisões racionais em margens de escolha alargadas. Mas, na verdade, o processo de progressiva individualização da sociedade sobrecarrega o sujeito isolado com um tipo totalmente diferente de realizações próprias; ela ou ele precisa aprender a criar, por si só, formas de vida integra-

---

13 Beck; Bonß, Zum Strukturwandel von Sozialwissenschaft und Praxis, *Soziale Welt*, p.196 et seq.

Jürgen Habermas

das socialmente. E isso não pode acontecer pela via de decisões dirigidas a fins que se orientam por preferências próprias, mas apenas pelo fato de que os participantes se reconhecem mutuamente como sujeitos autônomos capazes de ação e confirmam-se, uns aos outros, como indivíduos que assumem a responsabilidade sobre a sua própria biografia.[14]

Falsas autodescrições provocam dissonâncias. Graças ao seu caráter poliglota, a filosofia pode curar tais intuições do mundo da vida danificadas, e fazê-las valer contra modelos científicos que ignoram essas mesmas intuições. Uma filosofia que permanece consciente da sua própria dependência em relação ao mundo da vida e não passa, de maneira imperial, sob ou sobre ele, pode simultaneamente emprestar ao mundo da vida a sua voz de crítica da ciência, de forma que essa voz não seja somente subordinada às descrições das ciências sociais, mas também consiga responder a elas.

---

14 Habermas, *Nachmetaphysisches Denken*, p.234-241.

II

Martin Heidegger –
obra e visão de mundo
Prefácio a um livro de Victor Farías

I

Em sua primorosa bibliografia comentada dos escritos de Heidegger, W. Franzen introduz a seção "Heidegger e o nacional-socialismo" com as seguintes palavras:

> Existe atualmente na República Federal da Alemanha toda uma série de contribuições dedicadas ao "caso Heidegger" [...]. Mas não houve até hoje uma discussão realmente aberta e despreocupada, principalmente no "campo" da própria escola heideggeriana.

Isso fora em 1976.[1] Essa situação se alterou. As anotações publicadas em 1983 (juntamente com o reimpresso discurso do reitorado), nas quais Heidegger justifica, do ponto de vista de 1945, seu comportamento político de 1933-34, ensejam

---

1 Franzen, *Martin Heidegger*, p.78.

Jürgen Habermas

uma discussão renovada.[2] Acima de tudo, os trabalhos do historiador Hugo Ott[3] e do filósofo Otto Pöggeler,[4] próximo a Heidegger durante décadas, e também o relato de Löwith (redigido em 1945) a respeito de um encontro com Heidegger em Roma em 1936,[5] trouxeram à luz novos fatos. Além disso, a publicação em curso da obra completa de Heidegger permite ter uma ideia melhor das conferências e escritos dos anos 1930 e 1940, ainda não totalmente publicados.[6] Ainda assim, foram necessários os esforços de um colega chileno para que, em uma tradução do espanhol (por intermédio da edição francesa), fosse acessível em alemão uma biografia política de Heidegger. O distanciamento do olhar de um estrangeiro é provavelmente a resposta adequada à preocupação observada por Franzen na Alemanha. O distanciamento que se explica por tal circunstância pode justificar minha tentativa de relacionar este trabalho, que deve falar por si mesmo, ao contexto alemão atual.

Na perspectiva de um leitor alemão contemporâneo, é importante fazer uma consideração prévia. O esclarecimento da postura política de Martin Heidegger não pode e não deve

---

2 Heidegger, *Die Selbstbehauptung der deutschen Universität. Das Rektorat 1933/34.*

3 Ott, Martin Heidegger und die Universität Freiburg nach 1945, *Historisches Jahrbuch*, p.95 et seq.; Id., Martin Heidegger und der Nationalsozialismus, p.64 et seq.

4 Pöggeler, Den Führer führen? Heidegger und kein Ende, *Philosophische Rundschau*, p.26 et seq.; Id., Heideggers politisches Selbstverständnis, p.17 et seq.

5 Löwith, *Mein Leben in Deutschland vor und nach 1933. Ein Bericht*, p.57.

6 Cf. Tertulian, Heidegger oder: Die Bestätigung der Politik durch Seinsgeschichte. Ein Gang zu den Quellen. Was aus den Texten des Philosophen alles sprudelt, *Frankfurter Rundschau*.

Textos e contextos

servir aos fins de uma difamação sumária. Na condição de uma personalidade da história contemporânea, Heidegger está, como qualquer um, sujeito ao juízo do historiador. No livro, também são tratados atos e comportamentos que sugerem uma avaliação distanciada de seu caráter. Entretanto, enquanto indivíduos nascidos posteriormente, que não podem saber como teriam se comportado sob as condições de uma ditadura política, agimos bem quando moderamos na avaliação moral de ações e omissões durante o período nazista. Karl Jaspers, amigo e companheiro de geração, estava em outra situação. Em um parecer pedido a ele pela "Comissão de apuração política" da Universidade de Freiburg, no final de 1945, Jaspers condena a "forma de pensar" de Heidegger: pareceu-lhe "conforme sua natureza, não livre, ditatorial e sem comunicação".[7] Esse veredito caracteriza Jaspers tanto quanto Heidegger. Como se pode verificar em seu livro sobre Schelling, Jaspers se deixa guiar em tais julgamentos pela máxima estrita segundo a qual o conteúdo de verdade de uma teoria filosófica deve se refletir na mentalidade e no estilo de vida de um filósofo.[8] Essa concepção

---

7 Ott, Martin Heidegger und der Nationalsozialismus, p.65.

8 A reserva na avaliação político-moral do comportamento naquele momento deveria incluir a recusa de comparações que são adotadas tão facilmente quanto o gesto de prestar contas. Um exemplo preocupante é dado até mesmo pelo prudente Otto Pöggeler, que não só compara o engajamento de Heidegger a favor de Hitler com a preferência de E. Bloch e G. Lukács por Stalin, mas cita nesse contexto uma resenha na qual Theodor Adorno, totalmente equivocado sobre a situação, acreditava conseguir sobreviver aos rumores que eram ouvidos naquele momento na Alemanha (Pöggeler, Den Führer führen? Heidegger und kein Ende, p.28). Quando Adorno, em 1963 (no jornal de estudantes de Frankfurt, *Diskus*), foi

Jürgen Habermas

rigorosa da unidade entre a obra e a pessoa não parece fazer jus à autonomia do pensamento e, sobretudo, à sua história dos efeitos. Com isso, não nego de modo algum a relação interna entre uma obra filosófica e o contexto biográfico de seu surgimento – também não nego o peso de responsabilidade que um autor carrega, o qual, ainda assim, pode reagir durante sua vida a consequências não intencionais das suas formulações.

Mas a obra de Heidegger se separou há muito tempo de sua pessoa. Com razão, Herbert Schnädelbach inicia sua apresentação da filosofia na Alemanha com a indicação de que "nosso filosofar atual [está] essencialmente determinado por impulsos que partiram naquele momento do *Tractatus logico-philosophicus* de Ludwig Wittgenstein (1921), de *Geschichte und Klassenbewußtsein* [História e consciência de classe], de Georg Lukács (1923) e de *Ser e tempo*, de Martin Heidegger (1927)".[9] Com *Ser e tempo*, Heidegger havia como que se colocado, da noite para o dia, enquanto um pensador de primeiro escalão. Mesmo colegas distantes, como Georg Misch, reconheceram imediatamente o "fôlego profundo" e a "capacidade artesanal" de um filósofo capaz de dar as coordenadas. Com efeito, Heidegger fundiu e refundiu as correntes de pensamento da hermenêutica de Dilthey e da fenomenologia husserliana de tal modo que conseguiu integrar os motivos pragmáticos de um Max Scheler e propor

---

confrontado com a sua recensão, de 1934, ele reage com uma carta aberta, cujas palavras não poderiam contrastar de um modo mais flagrante com o silêncio de Heidegger. Cf. o posfácio do editor de R. Tiedemann, in: Adorno, *Gesammelte Werke*, Bd.19, p.635 et seq.; cf. também, no mesmo volume, a carta de Adorno e uma tomada de posição de Max Horkheimer.

9 Schnädelbach, *Philosophie im Deutschland 1831-1933*, p.13.

uma superação historicizante da filosofia do sujeito.[10] Essa nova mobilização do pensamento era mais surpreendente na medida em que parecia permitir substituir o questionamento clássico da metafísica de Aristóteles pelos motivos virulentos da dialética existencial de Kierkegaard. Visto de hoje ainda, esse novo início representava provavelmente a mais profunda ruptura na filosofia alemã desde Hegel.

Enquanto a *destranscendentalização* do eu constitutivo do mundo levada a cabo em *Ser e tempo* não tinha precedentes, a *crítica da razão* inspirada em Nietzsche, que a substituiu posteriormente, representou o equivalente idealista, como se podia esperar, para uma crítica materialista da razão reificante ou instrumental, ainda presa a Hegel, mas que combina produtivamente Marx com Weber. O preço pela riqueza das análises particulares, que esclarecem, entre outras coisas, as pressuposições ontológicas do pensamento moderno, foi pago por Heidegger com o estreitamento do olhar sobre a dimensão de uma história da metafísica estilizada em seu todo sem constrangimentos. Essa abstração dos contextos sociais de vida tinha consequências para o acesso de Heidegger – acesso não filtrado pela ciência social – às interpretações de época então em voga. Quanto mais a história real desaparecia por trás da "historicidade", tanto mais facilmente Heidegger podia se envolver na utilização ingênua e pretensiosa de diagnósticos do presente recolhidos *ad hoc*.

Com seu movimento destranscendentalizante de pensamento e de crítica da metafísica, Heidegger, cuja obra foi certamente criticada, mas cuja posição permaneceu incontestada durante os anos 1930 e 1940, exerceu uma influência *ininter-*

---

10 Sobre os motivos pragmáticos em Heidegger, cf. C. F. Gethmann, Vom Bewußtsein zum Handeln, p.202 et seq.

rupta nas universidades alemãs. Fazendo escola, essa reação se prolongou até o final dos anos 1960. Seu peso está bem documentado em uma coletânea reunindo *Perspektiven zur Deutung seines Werkes* [Perspectivas para a interpretação da sua obra], que O. Pöggeler editou por ocasião do octogésimo aniversário de Heidegger.[11] Durante o longo período de latência da República Federal da Alemanha até o início dos anos 1960, a escola de Heidegger manteve uma posição dominante; o fato de que hoje a filosofia analítica da linguagem (com Wittgenstein, Carnap e Popper) e o marxismo ocidental (com Horkheimer, Adorno e Bloch) tenham novamente fincado os pés nas universidades alemãs significa apenas uma normalização atrasada da situação.

Ainda mais significativa do que a influência acadêmica sobre diversas gerações de alunos é a irradiação inspiradora da obra de Heidegger sobre intelectuais independentes, que retomam motivos isolados e os tornam sistematicamente férteis nos próprios contextos. Desse modo, o primeiro Heidegger influenciou, antes de tudo, a filosofia da existência e a antropologia fenomenológica de Sartre e Merleau-Ponty. Na Alemanha, algo semelhante vale para a hermenêutica filosófica de Hans-Georg Gadamer. Houve desenvolvimentos produtivos também na minha geração, por exemplo, em Karl-Otto Apel, Michael Theunissen e Ernst Tugenhat.[12] A crítica da razão de

---

11 Pöggeler (Org.), *Heidegger. Perspektiven zur Deutung seines Werkes.*

12 A dedicação intensa ao primeiro Heidegger também deixou vestígios nos meus trabalhos *Conhecimento e interesse* (1968). Cf. as indicações bibliográficas em Franzen, *Martin Heidegger*, p.127; fascinou-me o marxismo heideggeriano do jovem Marcuse, cf. Schmidt, Existential-Ontologie und historischer Materialismus bei Herbert Marcuse, p.17 et seq.

Heidegger foi retomada com mais força na França e nos EUA, por Jacques Derrida, Richard Rorty e Hubert Dreyfus.

A postura política duvidosa de um autor lança certamente uma sombra sobre sua obra. Mas a obra heideggeriana, principalmente *Ser e tempo*, tem uma posição tão eminente no pensamento filosófico do século XX que é absurda a suposição de que a substância dessa obra possa ser, mais de cinco décadas depois, desacreditada pela avaliação política do engajamento fascista de Heidegger.

Que interesse pode suscitar, então, desconsiderando o propósito científico historicamente distanciado, uma preocupação com o passado político de Heidegger, precisamente aqui, na República Federal da Alemanha? Acho que essas coisas merecem nosso interesse, sobretudo, sob dois pontos de vista. *Por um lado*, a atitude de Heidegger *depois* de 1945 em relação a seu próprio passado é exemplar de um estado de espírito que marcou profundamente a história da República Federal da Alemanha até o final dos anos 1960. Como mostra a chamada "controvérsia dos historiadores", sua força formadora de opinião chega até nossos dias.[13] A fim de entender o que é sintomático na recusada mudança de sentido, na prática obstinada da negação,[14] é preciso saber o que Heidegger reprimiu, embe-

---

13 Wehler, *Entsorgung der deutschen Vergangenheit?*. Ainda é importante para Hillgruber, em 1986, a comparação entre os crimes alemães e a expulsão dos territórios alemães no leste, com a qual Heidegger confronta Marcuse em 1949.

14 Em 1945, Karl Jaspers e o arcebispo Gröber exigiam ou esperavam de seu amigo Heidegger "um verdadeiro renascimento", ou seja, uma "reviravolta intelectual". Cf. Ott, Martin Heidegger und der Nationalsozialismus, p.65.

lezou e falsificou até sua morte. *Por outro lado, toda* tradição cega ao regime nacional-socialista precisa, na Alemanha, de uma apropriação crítica e inclusive desconfiada. Isso vale certamente para uma filosofia que, inclusive em seus meios retóricos de expressão, absorveu os impulsos ideológicos do seu tempo. Assim como o conteúdo de verdade de uma teoria não pode ser desacreditado por ser associado a algo que lhe é exterior, tampouco uma figura do espírito objetivo, poderosa em relação à tradição e complexa, pode e deve ser colocada, no seu todo, sob proteção natural e já ser imunizada contra a questão de saber se de fato os motivos objetivos e ideológicos se confundiram nela.[15] O que aqui na Alemanha sempre se admitiu em relação ao stalinismo deve valer em relação ao fascismo.

Manfred Frank expressou recentemente, referindo-se às variantes hoje difundidas na França da crítica heideggeriana da razão, a opinião de que a questão do desfecho de uma síndrome ideológica de origem alemã, mais precisamente de origem neoconservadora, não foi de modo algum resolvida:

> As novas teorias francesas são consideradas por muitos dos nossos estudantes como autênticas mensagens de salvação. [...] Parece-me que, aqui, os mais jovens alemães, sob pretexto da abertura internacional francesa, absorvem de modo ávido novamente a sua própria tradição irracionalista interrompida depois do Terceiro Reich.[16]

---

15 R. Rorty também ignora que o problema não é a relação entre o autor e a obra, mas a confusão entre filosofia e visão de mundo: Rorty, Taking philosophy seriously, *The New Republic*, p.31 et seq.

16 Frank, Philosophie heute und jetzt, *Frankfurter Rundschau*. A recepção de Heidegger pela *Nouvelle Droite* na França podia ser um aviso.

Textos e contextos

Com algumas observações que completam as investigações de Farías, gostaria de retomar uma questão que já formulei em outro lugar:[17] se houve uma ligação *interna* entre a filosofia de Heidegger e a percepção política de Heidegger da situação histórica contemporânea.[18]

II

Em 1963, Otto Pöggeler havia exposto o "caminho de pensamento de Heidegger" em uma versão autorizada pelo próprio Heidegger, refletindo a autocompreensão do autor. É este fiel amigo que vinte anos mais tarde começa a duvidar: "Não foi um certo direcionamento de seu pensamento que levou Heidegger – não apenas por acaso – para perto do nacional-socialismo, sem que jamais tenha saído dessa proximidade?".[19] Pöggeler assume, desde então, uma perspectiva que aproxima, mais do que fora visto até então, a história da obra e as crises biográficas.

Ele diferencia, inicialmente, a crise religiosa, em que Heidegger caiu pessoalmente por volta de 1917, da atmosfera de crise

---

Para Pierre Krebs, radical de direita e iniciador dos Seminários de Thule, Heidegger serve, por exemplo, como autor de referência, que é citado com maior frequência do que A. Gehlen, K. Lorenz, A. Moeller van den Bruck, O. Spengler etc. (Krebs, *Unser inneres Reich*, p.9 e seq.).

17 Habermas, *Der philosophische Diskurs der Moderne*, p.184 et seq.

18 Lamentavelmente, não tive conhecimento naquele momento das investigações importantes de Franzen, *Von der Existentialontologie zur Seinsgeschichte*, Dritter Teil, p.69 et seq., e o posfácio à segunda edição de Pöggeler, *Der Denkweg M. Heideggers*, p.319 et seq.

19 Pöggeler, *Der Denkweg M. Heideggers*, p.335.

Jürgen Habermas

geral de 1929, na qual Heidegger foi arrastado politicamente. Quando, em 1919, Heidegger decide abandonar a formação filosófica para teólogos católicos, ele justifica esse passo pelo fato de que "ideias da teoria do conhecimento [...] tornaram o sistema do catolicismo problemático e inaceitável – mas não o cristianismo e a metafísica (entendida, aliás, em um novo sentido) [...]".[20] Se acrescentarmos a ocupação subsequente com a Reforma Luterana e com Kierkegaard, assim como o encontro posterior com Bultmann em Marburg, torna-se plausível ver por quais motivos e de qual perspectiva o problema da mediação do pensamento histórico com a metafísica se colocou para Heidegger; a atitude de um ateísmo metodológico não fechara de modo algum o horizonte de experiência propriamente cristão. Heidegger persegue uma "fenomenologia da vida" que se apoia em experiências-limite da existência pessoal. A experiência da história surge da autocertificação do indivíduo concreto em sua situação própria. Ela leva (a) à reinterpretação hermenêutica do método fenomenológico de Husserl, obriga (b) a uma interpretação da pergunta metafísica pelo ser a partir do horizonte da experiência temporal, e impõe (c) a transformação, prenhe de consequências, dos atos constitutivos do eu transcendental no projeto de vida historicamente situado de um ser-aí que se encontra facticamente no mundo. A vinculação de (b) e (c) explica, por fim, porque o interesse de Heidegger permaneceu dirigido para a constituição da existência humana *em geral* e exigiu uma separação clara da ontologia existencial dos empreendimentos contemporâneos da filosofia existencial (Jaspers). A analítica existencial realizada em *Ser e*

---

20 Citado por Pöggeler, *Der Denkweg M. Heideggers*, p.327.

tempo permaneceu, ainda que ancorada existencialmente, uma *teoria* do "ser no mundo" em geral. Isso explica o contraste sempre observado entre a pretensão de um pensamento histórico radical e a persistente abstração da historicidade (enquanto condição para a experiência histórica em geral) em relação ao próprio processo histórico.

A realização inovadora de *Ser e tempo* consiste no fato de que Heidegger dá um passo argumentativo decisivo em direção à superação da filosofia da consciência.[21] Essa realização pode ser *iluminada* pelo pano de fundo motivacional de uma crise pessoal, mas não é *afetada* por esse contexto de surgimento. Naturalmente, espelha-se nessa obra central um espírito do tempo ao qual o autor estava preso. Uma crítica da burguesia culta à cultura de massa se expressa em especial no tom de diagnóstico do tempo da análise do "impessoal" (*Man*); a queixa elitista da "ditadura da esfera pública" era moeda corrente entre os mandarins alemães dos anos 1920 e se encontra sob uma forma semelhante em Karl Jaspers, E. R. Curtius e outros. A ideologia que estava inscrita no *hidden curriculum* [currículo oculto] alemão do ensino médio impregnou gerações inteiras — de esquerda, assim como de direita. A autocompreensão elitista dos acadêmicos pertence a essa ideologia, assim como o fetichismo do espírito, a idolatria da língua materna, o desprezo a tudo que é social, a falta de uma perspectiva sociológica, já consolidada na França e nos EUA há muito tempo, a polarização entre ciências humanas e ciências naturais etc. Todos

---

21 Habermas, *Der philosophische Diskurs der Moderne*, p.169 et seq. Sobre a controversa pré-história de *Ser e tempo*, cf. as contribuições de Gadamer, Gethmann e Kisiel em: *Dilthey-Jahrbuch* 4 (1986/87).

Jürgen Habermas

esses motivos se encontram, sem reflexão, em Heidegger. Mais específicas são as conotações curiosas que ele atribuiu naquele momento a conceitos como "destino" [*Schicksal*] e "destino coletivo" [*Geschick*].* O *pathos* do niilismo heroico liga Heidegger aos revolucionários-conservadores com afinidade espiritual, a Spengler, aos irmãos Jünger, a Carl Schmitt e ao círculo *Tat*. Mas é com razão que Pöggeler data a irrupção desses motivos ideológicos na autocompreensão de Heidegger como filósofo, e inclusive nas suas ideias filosóficas essenciais, no ano de 1929, época da crise econômica mundial, de modo geral, e do declínio da República de Weimar.

Se entendermos a ideologia dos mandarins alemães no sentido de F. K. Richter,[22] é preciso ver ligações entre a consciência dos mandarins do professor alemão Heidegger e as *barreiras* que a argumentação de *Ser e tempo* não conseguiu transpor. Mesmo uma investigação sociológica não conseguiria mostrar mais do que a crítica filosófica já mostrou. Com o foco na compreensão invariante do ser-aí, Heidegger fechou antecipadamente o caminho para passar da historicidade à história real.[23] Com o estatuto meramente derivado do "ser-com", Heidegger perde a dimensão de socialização e intersubjetividade.[24] Com a interpre-

---

* Habermas menciona os conceitos de *"Schicksal"* e *"Geschick"*, ambos vertidos normalmente para "destino" pelos tradutores de Heidegger. (N. T.)

22 Ringer, *The Decline of the German Mandarins*; sobre isso, cf. minha recensão in: Habermas, *Philosophisch-politische Profile*, p.458 et seq.; cf. também H. Brunkhorst, *Der Intellektuelle im Land der Mandarine*.

23 Franzen, *Von der Existentialontologie zur Seinsgeschichte*, p.47 et seq. De resto, Adorno já notava isso em sua aula inaugural de 1930: Adorno, Die Aktualität der Philosophie, p.325 et seq.

24 Theunissen, *Der Andere*, p.182 et seq.

Textos e contextos

tação da verdade como desvelamento, Heidegger ignora também o momento de incondicionalidade de uma pretensão de validade que, *enquanto pretensão*, transcende todos os padrões simplesmente locais.[25] Enfim, seu solipsismo metodológico o impede de levar a sério a pretensão de validade normativa e o sentido das obrigações morais.[26] Já por essas críticas fica evidente por que "a filosofia de *Ser e tempo* abertamente não parecia oferecer nem a Heidegger, nem a uma série de seus colegas e alunos mais próximos, um potencial crítico contra o fascismo".[27] Desse modo, W. Franzen também chega à conclusão de que "muito do que Heidegger escreveu em 1933-34 não se seguia necessariamente de *Ser e tempo*, mas podia, ao menos, ser inferido sem força".[28]

Gostaria de fechar a lacuna aberta por essa explicação negativa com a tese de que, por volta de 1929, houve uma *ideologização* da teoria. Desde então, motivos de um obscuro diagnóstico de época jovem-conservador penetram no íntimo da filosofia. Só então é que Heidegger se abre totalmente ao pensamento antidemocrático que havia encontrado na direita dos porta-vozes proeminentes da República de Weimar e que havia inclusive atraído mentes originais.[29] Aqueles déficits que se mostraram imanentes a *Ser e tempo* não podiam ser percebidos por Heidegger como déficits, pois ele compartilhava os sentimentos antioci-

---

25 Tugendhat, Die Idee von Wahrheit, p.286; cf. também Apel, *Transformation der Philosophie*, Bd.I, Zweiter Teil.

26 Gethmann, Heideggers Konzeption des Handelns in *Sein und Zeit*, p.140 et seq.

27 Ibid., p.142.

28 Franzen, *Von der Existentialontologie zur Seinsgeschichte*, p.80.

29 Sontheimer, *Antidemokratisches Denken in der Weimarer Republik*; Krockow, *Die Entscheidung*.

Jürgen Habermas

dentais difundidos em seu meio e considerava o pensamento metafísico como mais originário que o universalismo superficial do esclarecimento. A história concreta permanecia para ele um mero acontecimento ôntico, o contexto da vida social, uma dimensão do inautêntico, a verdade dos enunciados, um fenômeno derivado, e a moralidade, apenas uma outra expressão para valores reificados. Tais prejuízos podem explicar as manchas cegas na realização da proposta inovadora de *Ser e tempo*. Mas, apenas depois de *Ser e tempo*, a corrente subterrânea anticivilizatória da tradição alemã (Adorno) minou essa mesma proposta.[30]

III

Pöggeler sublinha, com razão, o corte biográfico de 1929. Três coisas convergem. Em primeiro lugar, Hölderlin e Nietzsche passam a ser vistos, naquele momento, como os autores que deveriam dominar as próximas décadas. Com isso, pavimenta-se a *virada neopagã* que vai colocar os motivos cristãos em segundo plano em virtude de uma volta mitologizante ao arcaico. Até no final de sua vida, Heidegger coloca sua esperança em "um" Deus que poderá nos salvar. Pöggeler se questiona:

> Não houve [...] o caminho de Nietzsche para Hitler? Não tentava Heidegger, desde 1929, reencontrar-se com Nietzsche,

---

30 Os apologistas franceses de Heidegger invertem as coisas quando pretendem explicar a opção de Heidegger pelo nacional-socialismo pelo fato de que o pensamento de *Ser e tempo* ainda estava muito enraizado no "pensamento metafísico" e muito preso ao destino do niilismo. Cf. Lacoue-Labarthe, *La fiction du politique*. Criticamente, sobre isso, Ferry; Renaut, *Heidegger et les modernes*.

por meio da criação dos grandes criadores, o caminho para a experiência trágica do mundo e, assim, para a grandeza histórica, [a fim de], com isso, retomar aos alemães os primórdios do pensamento grego e um horizonte transformado por mitos?[31]

Em segundo lugar, a autocompreensão do filósofo se altera. Durante seu encontro com Cassirer, em Davos, Heidegger formula recusas intransigentes ao mundo de Goethe e do idealismo alemão. Isso foi em março de 1929. Poucos meses depois, em julho, após a aula inaugural em Freiburg, consuma-se o rompimento com o professor Husserl. Heidegger recorre, ao mesmo tempo, a um tema que tratara pela última vez dez anos antes; ele ministra um curso sobre a "essência da universidade e do estudo acadêmico". Ele parece ter realizado conscientemente o rompimento com a filosofia acadêmica, a fim de, a partir de então, filosofar em um sentido diferente, não profissional – em uma confrontação imediata com os problemas da época, que lhe pareciam prementes. A universidade, como o discurso do reitorado de 1933 revela, se apresenta a Heidegger como o local institucional privilegiado para uma renovação intelectual a ser realizada de modo não convencional.

Em terceiro lugar, Heidegger se abre, mesmo na cátedra, para diagnósticos do presente feitos pelos jovens conservadores.[32] No curso do semestre do inverno de 1929-30 sobre

---

31 Pöggeler, Den Führer führen? Heidegger und kein Ende, p.47.

32 Uma das análises mais agudas ainda se encontra no ensaio do jovem Herbert Marcuse, Der Kampf gegen den Liberalismus in der totalitiiren Staatsauffassung, *Zeitschrift für Sozialforschung*, p.161 et seq., referindo-se ao artigo de Heidegger no jornal dos estudantes de Freiburg, de 10/11/1933.

"Grundbegriffe der Metaphysik" [Conceitos fundamentais da metafísica], Heidegger se refere a autores como Spengler, Klages e Leopold Ziegler e evoca o heroísmo do ser-aí corajoso contra a normalidade desprezada da miséria burguesa: "O *segredo* falta em nosso ser-aí e, com isso, permanece fora o pavor interior, que todo segredo traz consigo e que dá ao ser-aí sua grandeza".[33] Nos anos seguintes, Heidegger estuda os escritos de Ernst Jünger, *Krieg und Krieger* [Guerra e guerreiros] (1930) e *Der Arbeiter* [O trabalhador] (1932).

Mas o processo da ideologização da filosofia de *Ser e tempo* não se explica apenas a partir de uma crise de consciência, que torna Heidegger receptivo à crítica da metafísica de Nietzsche, que sugere a uma filosofia livre da prisão acadêmica e a seu lugar, a universidade, o papel de salvador na necessidade extrema, e que abre as portas à crítica da civilização em curso. Os motivos ideológicos que penetram seu pensamento se encontram com uma problemática que resultara da obra *Ser e tempo*, a qual permanecera inacabada.

A ontologia existencial tinha seguido a tal ponto o empreendimento transcendental que as estruturas descobertas por ela tinham de ser atribuídas ao ser-aí *em geral*, isto é, tinham mantido um caráter supra-histórico. A pretensão de uma temporalização radical dos conceitos metafísicos fundamentais não fora realizada por Heidegger.[34] Dois trabalhos dos anos

---

33 Heidegger, *Gesamtausgabe*, p.244. Sobre a análise do §38, cf. Franzen, Die Sehnsucht nach Härte und Schwere, p.78 et seq.

34 Em *Ser e tempo*, Heidegger realiza a destranscendentalização do eu constitutivo do mundo ainda dentro de uma arquitetônica determinada pela filosofia transcendental. Cf. Habermas, *Nachmetaphysisches Denken*, p.49 et seq.

1930-31 (acessíveis, aliás, apenas em uma versão posterior retrabalhada) tentam agora realizar tal pretensão.

Nas duas conferências, "Vom Wesen der Wahrheit" [Sobre a essência da verdade] e "Platons Lehre von der Wahrheit" [A doutrina platônica da verdade], os existenciais se transformam no resultado de um processo vindo de longe a partir da estrutura fundamental do ser-aí. Elas provêm de uma história sublimada de modo idealista, que deve ter se consumado *por trás* e *acima* da história real por meio da transformação de conceitos metafísicos fundamentais. A dialética da desocultação e da ocultação não é mais pensada como o entrelaçamento de possibilidades do ser invariantes, que ainda assim deixam abertas ao indivíduo as perspectivas do ser-autêntico, mas como uma história da decadência, que se inicia com o pensamento metafísico de Platão e se completa, em cada época, nas "humanidades". Heidegger ganha com isso uma dimensão a partir da qual a análise do ser-aí pode se certificar das suas próprias condições de surgimento. A teoria se torna reflexiva de um modo semelhante ao marxismo hegeliano de um Lukács – evidentemente, com a diferença essencial de que a teoria da sociedade se entende a partir de um contexto histórico concreto, acessível à investigação sociológica, enquanto o pensamento existencial-ontológico ascende a um domínio originário sublime, anterior e subtraído de toda apreensão empírica (em última instância, também de toda apreensão argumentativa). Nesse campo, domina exclusivamente a filosofia; ela pode, sem dificuldade, entrar em uma relação obscura com diagnósticos de época não comprovados cientificamente. A reconstrução, referida ao presente, que Heidegger faz do desdobramento da metafísica, anterior a toda história, é guiada pela consciência de crise do momento histórico sempre evocado, isto é, por uma interpretação conservadora-revolucionária da situação alemã dos anos 1930.

Os especialistas seguem hoje a interpretação retrospectiva de Heidegger sobre si próprio, segundo a qual ele teria realizado com os dois textos de 1930-31 a virada da ontologia existencial em direção ao pensamento da "história do Ser". Isso não é completamente exato; pois apenas se toma aqui o caminho que, passando por diversas fases, conduz finalmente à *Carta sobre o humanismo*, de 1946. O *pathos* da sujeição e do deixar-ser, a compreensão quietista do homem enquanto pastor do ser, a tese da linguagem enquanto "casa do ser, e nela morando o homem existe, na medida em que, guardando a verdade do ser, a esta pertence"[35] — tudo isso é apenas o resultado mais tardio de uma sujeição do pensamento filosófico a um "destino do mundo" que, entre 1930 e 1945, prescreve suas mudanças àquele filósofo disposto a se adaptar.

No início dos anos 1930, falta não apenas a expressão, mas também o conceito de "história do Ser". O que muda naquele momento na concepção filosófica ainda não é de modo algum a imposição ativista da decisão e do projeto; muda apenas a orientação segundo o padrão da autenticidade da própria biografia assumida com responsabilidade. O que é eliminado é aquele momento crítico de *Ser e tempo*, que ainda assim se encontrava contido na herança *individualista* da filosofia existencial. Naquele momento, o conceito de verdade é transformado de tal modo que o desafio histórico assume o comando por meio de um destino *coletivo*. Agora, é uma "huma-

---

35 Heidegger, *Wegmarken*, p.330.

nidade histórica", e não mais o sujeito isolado que "ek-siste". Não somos nós na condição de sujeitos individuais, mas nós com um "N" maiúsculo que nos vemos expostos à "indigência do constrangimento" e ao "reino do mistério". Com isso, a decisão não é de modo algum tirada de nós:

> A errância domina o homem enquanto o leva a se desgarrar. Pelo desgarramento, porém, a errância também contribui para fazer nascer essa possibilidade que o homem pode tirar da ek--sistência e que consiste em não se deixar levar pelo desgarramento, se ele mesmo é capaz de provar a errância enquanto tal e de não desconhecer o mistério do ser-aí.[36]

Depois de 1929, consumou-se uma "virada", por ora apenas no sentido de que Heidegger (a) relaciona reflexivamente a analítica do ser-aí com um movimento do pensamento metafísico interpretado como a história do declínio; que ele (b) deixa entrar os motivos ideológicos de um diagnóstico de crises, cientificamente não filtrado, por meio dessa reconstrução relativa ao presente; e que ele (c) desconecta a dialética entre verdade e não verdade do cuidado individual pelo próprio ser-aí e a interpreta como um acontecimento que desafia a confrontação resoluta com um destino histórico desde sempre comum.[37] Com isso, estão dadas as premissas para uma interpretação

---

36 Id., *Vom Wesen der Wahrheit*.

37 Alguns dos intérpretes de Heidegger tendem a compreender os últimos capítulos de *Ser e tempo*, em particular, o que fala em "destino", em um sentido coletivista. No entanto, essa leitura apenas repete a autoestilização retrospectiva de Heidegger. Cf. a minha referência, em Habermas, *Der philosophische Diskurs der Moderne*, p.187, n.36.

Jürgen Habermas

político-revolucionária da autoconsciência e da autoafirmação existencialmente traçadas em *Ser e tempo*. Desse modo, Heidegger, que já tinha se decidido a favor do NSDAP* antes de 1933, pode entender a "tomada do poder" por meio dos conceitos fundamentais *preservados* de sua analítica do ser-aí. Uma coisa se acrescenta a isso: a diferenciação nacionalista do destino *alemão*, a ocupação da categoria de "ser-aí", reinterpretada em termos coletivistas, com o ser-aí do povo alemão, e a introdução das figuras mediadoras de "chefes e protetores do destino alemão", que irão inverter a miséria e instituir o novo, contanto que os seguidores se deixem controlar.

Os dirigentes são agora os grandes criadores que põem a verdade em funcionamento.[38] Contudo, a relação dirigentes-seguidores apenas concretiza, como sempre, a decisão formal "se todo o povo quer ou não o seu próprio ser-aí". Na propaganda de Heidegger a favor do *Führer* e "na revolução total do nosso ser-aí alemão", é possível reconhecer a semântica de *Ser e tempo* embelezada de forma obscena. Por exemplo, no discurso que Heidegger pronuncia na "manifestação eleitoral da ciência alemã", em 11 de novembro de 1933, em Leipzig:

apenas na obediência unânime à exigência incondicionada da autoimputabilidade surge a possibilidade de tomarmos a sério

---

* Partido Nacional Socialista dos Trabalhadores Alemães, o partido nazista. (N. E.)

38 Essa figura de pensamento está no centro do curso "Einführung in die Metaphysik", de 1935; cf. igualmente, Schwan, *Politische Philosophie im Denken Heideggers*. Após a conclusão do meu manuscrito, A. Schwan deu-me a conhecer o seu acréscimo informativo e extremamente crítico à segunda edição do seu livro (1988).

uns aos outros a fim de, com isso, conseguir afirmar igualmente uma comunidade [...]. Mas que tipo de acontecimento é esse? O povo reconquista a verdade do seu querer-ser-aí, pois a verdade é a manifestação daquilo que torna um povo seguro, lúcido e forte no seu agir e saber. De tal verdade surge o verdadeiro querer-saber.[39]

Diante *desse* pano de fundo, a aceitação e o discurso do reitorado não apenas se seguem de forma natural, mas também *de modo necessário* a partir da despedida de Heidegger da filosofia acadêmica, "a serviço do pensamento sem solo e impotente", com sua compreensão elitista da universidade alemã, inteiramente inserida na tradição dos mandarins, e a partir de uma feitichização desenfreada do espírito e da autoavaliação missionária, que só permite ver o papel do próprio filosofar no contexto de um destino escatológico do mundo. Foi, certamente, uma ilusão professoral especificamente alemã que fez Heidegger querer comandar o próprio *Führer*. Hoje não há mais quaisquer controvérsias sobre esses assuntos.

IV

Os cursos e escritos que caracterizam a evolução filosófica de Heidegger durante o período nacional-socialista ainda não foram totalmente publicados. Entretanto, basta uma leitura atenta dos dois volumes sobre Nietzsche para mostrar que, até o fim da guerra, Heidegger não se despojou de modo al-

---

39 Schneeberger, *Nachlese zu Heidegger*, p.149 et seq.; as relações entre o discurso do reitorado e *Ser e tempo* são investigadas por Harries, Heidegger as a political thinker, p.304 et seq.

gum da sua opinião política inicial. Os trabalhos de Franzen (1975/76) e Pöggeler (1983/85/88) confirmam a impressão "de que o próprio Heidegger colocou, nos anos 1930, a decisão sobre a verdade do ser, tal como a procurava, em um contexto político".[40] A direção do seu pensamento, por meio da qual ele "se aproxima do nacional-socialismo", impede-o de "conseguir realmente sair dessa proximidade alguma vez".[41] O movimento do pensamento filosófico entre 1935 e 1945 se apresenta como o processo de uma superação, particularmente pouco visível, do desapontamento, que *continua* aquela "virada" introduzida com os textos de 1930-31. Três aspectos devem ser distinguidos nesse processo: a) o desdobramento histórico-metafísico da crítica da razão; b) a avaliação nacionalista, essencialmente inalterada, do povo alemão como o "coração dos povos"; c) a atitude diante do nacional-socialismo. Apenas sob esse terceiro aspecto que se produz aquele rearranjo, repleto de consequências e por meio do qual a concepção da história do Ser ganha a sua forma definitiva.

a) Estimulado por uma discussão cada vez mais intensa com Nietzsche – a figura que era a autoridade de referência inclusive da filosofia nacional-socialista oficial –, Heidegger desenvolve os pontos de vista sob as quais se cumpre a fusão completa de uma "destruição da metafísica", que ele tinha em vista desde cedo, com os conhecidos motivos de sua crítica do presente. O pensamento de Platão, que se esquece do ser e teoricamente objetificante, se enrijece (sob múltiplas etapas) nos tempos modernos em um pensamento da subjetividade.

---

40 Pöggeler, *Der Denkweg M. Heideggers*, p.343

41 Pöggeler formula isso – ainda que retoricamente – como uma pergunta (Ibid., p.335).

Textos e contextos

Clarificadoras nos detalhes, as análises desse pensamento "representativo" apontam para uma interpretação do mundo de cujo horizonte surgem as forças espirituais determinantes da modernidade, a ciência natural e a técnica. Nessa perspectiva ontológica, a "técnica" é expressão para uma vontade de vontade [*Willen zum Willen*], que se impõe de forma prática nos fenômenos desde sempre criticados da ciência positivista, da evolução técnica, do trabalho industrial, do Estado burocrático, da condução da guerra mecanizada, do serviço cultural, da ditadura da esfera pública, sobretudo, da civilização de massas urbanizada. Nesse modelo da época de massas, integram-se os traços totalitários da política, inclusive da política racial nacional-socialista. No entanto, Heidegger não era racista, apesar de sua relação prolongada com um importante teórico racial nacional-socialista; seu antissemitismo, do qual ainda há testemunhos no período pós-guerra, era marcado pela cultura tradicional. Seja como for, nos anos *a partir de* 1935, Heidegger sintetizou muito depressa a práxis política e social sob algumas palavras-chave estereotipadas, sem sequer tentar uma descrição diferenciada, para não falar de uma análise empírica. O discurso ontológico "da" técnica como um destino, que deve ser ao mesmo tempo mistério, garantia e perigo, atravessa rapidamente e com fortes conceitos essencialistas a superfície do ôntico. A esse olhar inovador sobre a história da metafísica abrem-se, mesmo no interior desse quadro ideológico, ideias para uma crítica da razão que ainda hoje não foram superadas.

b) O nacionalismo grosseiro, do qual Heidegger também foi publicamente partidário desde 1933, permanece, sob as formas mais ou menos sublimadas de Hölderlin, um elemento invariante em seu pensamento. O esquema de interpretação foi fixado desde 1935. Na *Einleitung zur Metaphysik* [Introdução à metafísica], o povo alemão é caracterizado, sucedendo os gregos, como o povo metafísico, como único povo do qual se deve esperar uma transformação das fatalidades do planeta. No rastro de uma ideologia do "país do centro" elaborada há muito tempo, a posição geográfica central é a chave para a determinação histórico-mundial dos alemães: Heidegger espera apenas que "nosso povo do centro ocidental assuma a missão histórica" de "domar o perigo de obscurecimento do mundo".[42] Assim, Heidegger "relaciona a questão do ser com o destino da Europa, onde o destino da terra é decidido e o *nosso* ser-aí histórico mostra ser o centro".[43] E: "A Europa está na confluência entre a Rússia e a América, que são o mesmo em termos metafísicos, mais concretamente em relação ao seu caráter mundano e na sua relação com o espírito".[44] Heidegger vê no bolchevismo, pelo fato de ter nascido do marxismo ocidental, como uma variante – pior – do americanismo. Pöggeler relata acerca de uma passagem manuscrita que Heidegger, de bom gosto, não reproduziu. Ela se refere a Carnap, que havia emigrado nesse meio tempo, cuja

filosofia mostra "a trivialização patente e o desenraizamento da doutrina tradicional do *juízo*, sob a aparência de uma cientificidade matemática" [...]; não é por acaso que esse tipo de filosofia se encontra "em uma relação interior e exterior" com o "comunismo russo" e que festeja seu "triunfo" na América.[45]

---

42 Heidegger, *Einführung in die Metaphysik*, p.38.
43 Ibid., p.32.
44 Ibid., p.34.
45 Pöggeler, *Der Denkweg M. Heideggers*, p.340 et seq.

Heidegger repete sua interpretação, mais uma vez, no curso sobre Parmênides de 1942-43 e no curso sobre Heráclito do semestre de verão de 1943, quando o planeta já está "em chamas" e "o mundo sai dos trilhos": "Apenas dos alemães, desde que eles encontrem e preservem 'a germanidade', pode provir a consciência histórico-mundial".[46]

c) Após a renúncia do reitorado em abril de 1934, Heidegger se desilude. Ele está convencido de que esse momento histórico se encontrava como que destinado a ele e à sua filosofia; ele continua convencido do peso histórico-mundial e do significado metafísico do nacional-socialismo até o triste fim. Em um curso sobre Hölderlin, ainda no verão de 1942, ele fala inequivocamente da "unicidade histórica do nacional--socialismo".[47] Ele é caracterizado justamente por manter uma relação particularmente íntima com o niilismo da época – e assim permanece quando Heidegger aprende a avaliar de outra maneira o *estatuto* do nacional-socialismo na história do Ser, provavelmente apenas sob o ímpeto dos acontecimentos da guerra.

Inicialmente, em 1935, o discurso da "verdade interior e grandeza" do movimento nacional-socialista[48] revela um distanciamento de certas formas fenomênicas e de práticas que não devem ter nada em comum com o próprio espírito do tema. De qualquer forma, o filósofo sabe disso melhor; *ele* conhece o estatuto metafísico da revolução nacional. Ainda

---

46 Heidegger, *Gesamtausgabe*, Bd.55, p.123; para confirmar passagens semelhantes, cf. Pöggeler, *Der Denkweg M. Heideggers*, p.340-4.

47 Heidegger, *Gesamtausgabe*, Bd.53, p.106.

48 Ibid., *Einführung in die Metaphysik*, p.152.

assim, nem tudo está perdido, ainda que, por enquanto, os dirigentes políticos se deixem enganar por falsos filósofos, como Krieck e Bäumler, sobre sua *verdadeira* missão. Walter Bröcker, que naquele tempo ouvira o curso, recorda-se que Heidegger falou de verdade e grandeza interior "do" e não, como se encontra escrito no texto, "deste" movimento: "e os próprios nazistas e apenas eles designavam o nacional-socialismo de 'o movimento'. Por isso, o 'do' de Heidegger era inesquecível para mim".[49] Se for assim, a identificação ainda não podia ter sido muito quebrada em 1935. Em seguida, Pöggeler[50] relata acerca de uma passagem do curso sobre Schelling do verão de 1936, que foi suprimida da versão oficial de 1971 (supostamente sem o conhecimento de Heidegger):

> os dois homens, Mussolini e Hitler, que introduziram o contra-movimento ao niilismo, cada um de um modo diferente, aprenderam com Nietzsche de um modo essencialmente diferente. Mas o verdadeiro domínio metafísico de Nietzsche ainda não se impôs com isso.

Mais uma vez, tem-se o mesmo quadro que também concorda com o relato de Löwith sobre um encontro em Roma na mesma época. Os dirigentes do fascismo sabem da sua vocação; evidentemente, eles tinham de ouvir o filósofo para reconhecer o significado preciso dessa missão. Apenas ele podia iluminá-los sobre o que significa superar, em termos histórico-metafísicos, o niilismo e realizar a verdade. Ele, ao menos,

---

49 Pöggeler, Heideggers politisches Selbstverständnis, p.59, n.11.
50 Ibid., Den Führer führen? Heidegger und kein Ende, p.56 et seq.

Textos e contextos

vê com precisão a meta à sua frente: do mesmo modo que os dirigentes fascistas, contanto que estes consigam despertar a vontade do ser-aí heroico dos seus povos e possam superar o niilismo do "furor desesperado da técnica desenfreada e da organização sem fundo do homem normal".

Eu não sei ao certo quando se iniciou o próximo estágio da elaboração da desilusão. Provavelmente depois do início da guerra, talvez só depois do deprimente conhecimento da derrota inevitável. Nas notas *Zur Überwindung der Metaphysik* [Para a superação da metafísica] (dos anos posteriores a 1936, sobretudo do período da guerra), Heidegger é atingido com cada vez mais força pelos traços totalitários de uma época que mobiliza cruelmente todas as reservas de força. Só agora o ponto de partida messiânico de 1933 se transforma numa expectativa de salvação *apocalíptica*: *apenas* na maior miséria surge aquilo que salva. Só com a catástrofe histórico-mundial soa a hora da superação da metafísica: "Só depois desse declínio se dá, no curso de um longo intervalo, repentinamente o começo".[51] Com essa mudança de humor, a avaliação do nacional-socialismo transforma-se mais uma vez. O distanciamento depois de 1934 tinha levado a uma diferenciação entre as formas fenomênicas da práxis nacional-socialista e seu verdadeiro conteúdo. Heidegger procede agora a uma revalorização radical que diz respeito à própria "verdade interior" do movimento nacional-socialista. Ele procede a uma redistribuição dos papeis históricos do ser. Enquanto a revolução nacionalista, com os seus dirigentes à frente, representava até agora uma *contrarrevolução* ao niilismo, Heidegger acreditava que ela era uma *expressão* particularmente

---

51 Heidegger, *Vorträge und Aufsätze*, p.69.

Jürgen Habermas

característica e, portanto, um mero sintoma daquele destino fatal da técnica, contra o qual aquela revolução queria, naquele tempo, atuar. A técnica, que se tornou o símbolo marcante da época, manifesta-se no totalitário "movimento circular da utilização pelo consumo". E:

> "naturezas de dirigentes" são aquelas que, em virtude de sua segurança instintiva, se deixam empregar por esse processo como órgãos reguladores. Eles são os primeiros funcionários no curso do negócio da utilização incondicional do ente para assegurar aquele vazio do abandono do ser.[52]

Permanece por isso intocada a caracterização nacionalista dos alemães enquanto "humanidade" que é capaz de "realizar historicamente o niilismo absoluto".[53] Isso representa agora a "singularidade" do nacional-socialismo, enquanto as "autoridades nacional-socialistas [...] são, por assim dizer, estilizadas como funcionários supremos do abandono do ser".[54]

No que diz respeito à relação *interna* entre o engajamento político de Heidegger e sua filosofia, parece-me ser de grande significado o fato de que apenas o abandono hesitante do regime (e surpreendentemente *atrasado*, se comparado com outros intelectuais precursores do regime) e a reavaliação do movimento nacionalista-socialista é que conduzem a uma revisão fundamentadora, pela primeira vez, daquele conceito da história do ser, com o qual Heidegger se apresenta depois

---

52 Ibid., p.92.
53 Ibid., p.87.
54 Franzen, *Von der Existentialontologie zur Seinsgeschichte*, p.99.

Textos e contextos

da guerra. Enquanto Heidegger podia se convencer de que a revolução nacional conseguia encontrar uma resposta para o desafio objetivo da técnica, com o projeto de um novo ser-aí alemão, a dialética entre pretensão e correspondência ainda podia ser pensada em consonância com a tendência essencialmente ativista de *Ser e tempo*, justamente de um modo político-revolucionário. Só depois de Heidegger ter sido obrigado a abandonar essa esperança, de desvalorizar o fascismo e os seus dirigentes como sintoma da doença que deveriam ter curado outrora – só depois desta mudança de atitude, a superação da subjetividade contemporânea obtém a importância de um acontecimento, que *somente* cabe suportar. Até então, o decisionismo do ser-aí que se afirma a si mesmo preservou uma função descobridora do ser, não apenas na versão existencialista de *Ser e tempo*, mas também na versão político-revolucionária dos escritos dos anos 1930 (com certas modificações acentuadas). Apenas na última fase do tratamento da desilusão, o conceito da história do Ser adquire sua forma fatalista.[55]

V

O fatalismo da história do Ser ganhou contornos claros, por exemplo, em 1943, no posfácio a *Was ist Metaphysik?* [O que é metafísica?]. Depois do fim da guerra, o tom apocalipticamente escurecido evidentemente transformou-se mais uma vez. Um apocalipse é determinado pela expectativa das catástrofes que se aproximam. Ele fora evitado no início com a entrada das tropas francesas em Freiburg ou, ao menos, adiado

---

55 Cf. Habermas, *Der philosophische Diskurs der Moderne*, p.189.

Jürgen Habermas

por um tempo indeterminado. Quem venceu foram as forças essencialmente aparentadas, para Heidegger, da Rússia e dos Estados Unidos, que repartem entre si o domínio do mundo. Aos seus olhos, a Segunda Guerra Mundial não tinha decidido nada de essencial. Por isso, o filósofo prepara-se para, depois da guerra, resistir de forma quietista àquela sombra de um destino incontrolável. Em 1945, restava a ele apenas retirar-se da decepcionante história universal. Mas ele insiste na convicção de que a história do Ser se manifesta na palavra dos pensadores essenciais — e que esse pensamento do ser acontece por si mesmo. Ao longo de uma década e meia, os acontecimentos políticos tinham dado o fôlego ao pensamento de Heidegger. A *Carta sobre o humanismo*, de 1946, resume esse movimento de pensamento, mas apenas na medida em que ao mesmo tempo deturpa o contexto político da sua gênese e se liberta — tornando-se historicamente sem localização — de todas as referências a uma realidade histórica imediata.

Na *Carta sobre o humanismo*, os vestígios do nacionalismo foram apagados. O espaço do ser-aí do povo sublima-se na pátria: "Essa palavra é pensada aqui em um sentido essencial, não patriótico, não nacionalista, mas a partir da história do Ser".[56] A missão histórico-mundial do povo no coração da Europa é mantida apenas no plano gramatical; ela sobrevive no privilégio metafísico da língua alemã, na qual, como antes, Heidegger vê como a única herdeira legítima do grego. A entrevista à revista *Spiegel* deixa evidente o seguinte: é preciso falar alemão para poder entender Hölderlin. Mas o reino intermediário dos "semideuses", dos dirigentes criadores, desaparece sem vestígios.

---

56 Heidegger, Brief über den Humanismus, *Wegmarken*, p.334.

Textos e contextos

Os grandes criadores sublimam-se em poetas e pensadores; o filósofo entra em contato direto com o Ser. Aquilo que, outrora, fora considerado fidelidade política é agora generalizado para todos como obediência diante da providência do Ser: "Somente esse destino [*Fügung*] possibilita suportar e unir".[57]

Com o auxílio de uma operação que se poderia chamar de "abstração por meio da essencialização", a desvinculação da história do Ser em relação ao evento político-histórico se efetua com êxito. Ela permite, por sua vez, uma notável autoestilização do próprio desenvolvimento filosófico. A partir de agora, Heidegger sublinha a continuidade de seu questionamento e se esforça para purificar o conceito de história do Ser dos elementos ideológicos comprometedores, através da projeção retrospectiva sobre a obra *Ser e tempo*, que ficou incompleta. A virada supostamente já realizada em 1930 "não é uma alteração do ponto de vista de *Ser e tempo*".[58]

Heidegger trata o tema do humanismo em um momento em que as imagens de horror, que haviam sido descobertas pelos aliados em Auschwitz e em outros lugares, tinham chegado até a aldeia alemã mais longínqua. Se o discurso do "evento essencial" tivesse tido em geral um sentido determinado, então o acontecimento singular da exterminação dos judeus teria de chamar para si a atenção do filósofo (se não, ao menos como participante contemporâneo). Mas Heidegger se detém, como sempre, em generalidades. Trata-se para ele do

---

57 Ibid., p.357. Cf. Schwan, *Politische Philosophie im Denken Heideggers*, p.246 et seq.

58 Sobre essa discussão, que não posso retomar aqui, cf. Franzen, *Von der Existentialontologie zur Seinsgeschichte*, p.152 et seq.

Jürgen Habermas

fato de que o homem é "o vizinho do Ser" – não o vizinho do homem. Ele se volta impassível contra "as interpretações humanistas do homem como animal racional, como 'pessoa', como ser composto de espírito, alma e corpo", pois "as mais elevadas determinações humanistas da essência do homem ainda não exprimem a verdadeira dignidade do homem".[59] A *Carta sobre o humanismo* explica também a razão pela qual as apreciações morais têm, em geral, que permanecer abaixo do nível do pensamento essencial. Hölderlin já tinha, de fato, ido além do "simples cosmopolitismo de Goethe". E o filosofar de Heidegger, que se tornou devoto, passa por cima da "ética" e interpreta, em seu lugar, o "conveniente"[das Schickliche]: "Na medida em que o pensar, pensando historicamente de maneira retrospectiva, volta sua atenção para o destino do ser, ele já se ligou ao que é conveniente e adequado ao destino".[60] Nesta frase, o filósofo deve ter confrontado a recordação do "inconveniente" do movimento nacional-socialista; pois ele acrescenta, logo de seguida: "Ousar entrar na discórdia para dizer o mesmo" – o ser é sempre ele mesmo – "é o perigo. A ambiguidade e o mero dissenso é que ameaçam".

Heidegger nada mais tem a dizer sobre seu próprio equívoco. Isso nem sequer é inconsequente. Pois a atitude de todo o pensamento essencial em relação ao acontecimento do ser conduz o pensador ao erro. Ele está suspenso de toda responsabilidade pessoal, pois o erro lhe acomete objetivamente. Apenas um intelectual ou um pensador não essencial poderia ser responsabilizado subjetivamente por um erro. Naquele

---

59 Heidegger, Brief über den Humanismus, p.327.
60 Ibid., p.359.

"caso do reitorado de 1933-34 em si mesmo insignificante", Heidegger vê, mesmo depois da guerra, apenas "um indício do estado essencial metafísico da ciência".[61] Ele considera "infrutífero" "remexer nas tentativas e medidas passadas, que são muito insignificantes dentro do movimento geral da vontade de poder planetária, que nem sequer podem ser denominadas como minúsculas".[62]

Tatsachen und Gedanken [Fatos e pensamentos], que Heidegger anotou em 1945, e também uma entrevista à revista *Spiegel* (n.23, 1976, p.193-219), só postumamente publicada e na qual ele repete, no essencial, as declarações de 1945, oferecem um olhar sobre a avaliação retrospectiva do próprio comportamento. O caráter eufemístico desta autorrepresentação deve assustar, justamente sob a suposição de uma irresponsabilidade objetiva do pensamento essencial e da indiferença moral dos envolvimentos pessoais. Heidegger passa a si próprio um atestado de não comprometimento político, em vez de prestar contas sobriamente sobre os fatos. Ele já entende o discurso do reitorado como "oposição", e a filiação ao partido, realizada sob circunstâncias espetaculares, como "formalidade". Sobre os anos seguintes, ele afirma "que a rivalidade que se institui, em 1933, se manteve firme e se fortaleceu".[63] Ignorado no seu próprio país, ele se sentia como vítima de uma "caçada". Fala-se também de uma "ação de limpeza", que ocorreu durante seu reitorado, "que ameaçou ultrapassar, inúmeras vezes, as metas

---

61 Ibid., *Die Selbstbehauptung der deutschen Universität. Das Rektorat 1933/34*, p.39.

62 Ibid., p.40.

63 Ibid., p.30, 33, 41-2.

e as barreiras"; mas de "culpa" fala-se apenas uma única vez, mais precisamente da culpa dos outros, "os quais, já naquele tempo, tinham a vocação profética de antever tudo aquilo que iria acontecer" e, mesmo assim, "tinham esperado quase dez anos para se insurgirem contra o mal".[64] De resto, Heidegger opõe-se à atribuição de um sentido totalmente falso às suas palavras militantes daquele momento: "Mas não mencionei o 'serviço militar' em um sentido militar, nem em um sentido agressivo, mas pensei em legítima defesa".[65] As investigações de Hugo Ott e Victor Farías não deixam muito por investigar acerca dos detalhes dificultosos. Heidegger, certamente, não é apenas culpado pelos erros cometidos nessas justificações postumamente publicadas.

Em 1953, Heidegger publicou seu curso de 1935 sobre a "Einfuhrung in die Metaphysik" ["Introdução à metafísica"]. Naquele momento, enquanto estudante, eu estava de tal modo impressionado por *Ser e tempo*, que me chocou a leitura desse curso, impregnado de termos fascistas até mesmo nos seus pormenores estilísticos. Em um artigo de jornal (*Frankfurter Allgemeine Zeitung*, de 25/7/1953)[66] exprimi essa impressão — e me referi àquela frase da "verdade e grandeza interior do movimento". O que mais me chocou foi o fato de Heidegger, em 1953, ter publicado um curso de 1935 sem fazer nenhum comentário e, como eu devia supor, sem modificação. Inclusive o prefácio não continha uma única frase sobre aquilo que acontecera no meio tempo. Por isso, dirigi a Heidegger a questão:

---

64 Ibid., p.32, 26.

65 Ibid., p.27.

66 Reimpresso em Habermas, *Philosophisch-politische Profile*, p.65 et seq.

Textos e contextos

É possível explicar, em termos da história do Ser, inclusive o assassinato planejado de milhões de pessoas, de que hoje nós todos sabemos, como um erro imposto pelo destino? Não se trata do crime factual daqueles que o cometeram com responsabilidade – e a má consciência de um povo inteiro?

Não foi Heidegger, mas Christian E. Lewalter quem respondeu (no *Die Zeit*, de 13/8/1953). Ele leu o curso com olhos totalmente diferentes dos meus. Ele o entendeu como testemunho de que Heidegger tinha compreendido o regime de Hitler não como "indício de uma nova salvação", mas como "mais um sintoma da decadência" na história de decadência da metafísica. Para isso, Lewalter se apoiava em uma adição ao texto, posta entre parênteses, que caracteriza o movimento nacional-socialista como o "encontro da técnica, planetariamente determinada, com o homem ocidental". Lewalter leu isso do seguinte modo: "O movimento nacional-socialista representa um sintoma do embate trágico entre a técnica e o homem, e tem 'grandeza' enquanto tal sintoma, pois a sua ação estende-se a todo o Ocidente e ameaça arrastá-lo à ruína".[67]

---

67 Mais uma frase de Lewalter merece ser reproduzida: "O quanto o acusador de Heidegger ficou sujeito à mania da perseguição é evidenciado numa anotação particularmente odiosa da sua crítica. Habermas diz que uma 'inteligência fascista enquanto tal não existiu, apenas porque a mediocridade da guarnição da direção fascista não conseguia aceitar a oferta dos intelectuais. As forças estavam de fato presentes. Só que o formato medíocre dos funcionários políticos as empurrou para a oposição'. Em outras palavras: Heidegger se ofereceu a Hitler, mas este, no entanto, na sua 'mediocridade', recusa a oferta e empurra Heidegger para a oposição. Assim, escreve Habermas [...]". Lewalter não podia suspeitar que Heidegger iria confirmar,

Jürgen Habermas

Surpreendentemente, Heidegger ainda se pronuncia, em uma carta de leitor,[68] sobre o artigo de Lewalter:

A interpretação de Christian E. Lewalter da frase extraída do curso (p.152) é acertada em todos os sentidos [...]. Teria sido fácil apagar do manuscrito impresso a frase extraída, juntamente com as outras frases mencionadas por você. Eu não fiz tal coisa, e também não vou fazer no futuro. Pois, por um lado, as frases pertencem historicamente ao curso, por outro lado, estou convencido de que o curso suporta inteiramente as frases mencionadas para um leitor que aprendeu o ofício do pensar.

Podemos suspeitar que, mais tarde, Heidegger de modo algum procedeu dessa maneira, mas que apagou frases politicamente ofensivas sem mencionar as omissões. Ou será que ele não sabia dessa prática de publicação? Digno de nota é o fato de que Heidegger aprovou, expressamente, a interpretação de Lewalter, que falsamente projeta para 1935 uma autocompreensão posterior, embora esta se apoiasse apenas em um acréscimo que o próprio Heidegger tinha introduzido no manuscrito em 1953. Embora esse acréscimo entre parênteses tenha sido expressamente qualificado por Heidegger, como se depreende da "Nota preliminar" do livro de 1953, como uma parte integrante do curso original, e tenha insistido, inclusive

---

pessoalmente, a minha observação, mais clarividente do que odiosa: "O nacional-socialismo caminhou na direção (correta, J. H.); mas essas pessoas eram muito ignorantes para conseguir estabelecer uma relação realmente explícita com aquilo que acontece hoje e que há três séculos está em movimento" (*Der Spiegel*, n.23, 1976, p.214).
68 *Die Zeit*, 24/9/1953.

na entrevista da *Spiegel*, nessa versão enganadora, a verdade veio pouco a pouco a lume. A partir de minuciosas análises do texto, W. Franzen corroborou a dúvida sobre "se Heidegger pensou, de fato, aquilo que, em 1953, afirmou ter pensado".[69] Em 1983, O. Pöggeler informa que a página do manuscrito com aquela passagem controversa falta no arquivo. Ele também considerava aquilo posto entre parênteses como um acréscimo posterior, mas ainda não contava com uma manipulação premeditada.[70] Após a publicação da versão francesa do livro de Victor Farías, Rainer Marten escreveu, por fim, que os acontecimentos em torno de Heidegger mostram que em 1953 ele não seguiu o conselho dos seus três colaboradores, isto é, de riscar a frase insidiosa, mas que acrescentou, em parênteses, aquele comentário controverso no qual se puderam então apoiar a interpretação de Lewalter e a exposição cronologicamente enganadora de Heidegger.[71]

É interessante notar que na controvérsia de 1953 a verdadeira questão desapareceu na disputa filosófica de opiniões. À pergunta "qual é a sua posição quanto aos crimes em massa dos nazistas?", Heidegger não deu uma resposta, nem naquele momento, nem mais tarde. Podemos presumir, com boas razões,

---

69 Franzen, *Von der Existentialontologie zur Seinsgeschichte*, p.93.

70 Pöggeler, *Der Denkweg M. Heideggers*, p.341 et seq.

71 Marten, Ein rassistisches Konzept von Humanität, *Badische Zeitung*. A pedido, R. Marten me confirmou o conteúdo de uma carta de 28 de janeiro de 1988: "Naquele momento, corrigimos provas para Heidegger: a preparação da reimpressão de *Ser e tempo* (Tübingen, 1953) e precisamente a primeira publicação do curso de 1935. Segundo me recordo, a passagem não estava entre parênteses explicativos, mas a monstruosidade do seu conteúdo chamou a atenção de nós três".

Jürgen Habermas

que a resposta seria bastante geral. Tudo se torna uma mesma coisa sob a sombra do "domínio universal da vontade de poder no interior da história vista em termos planetários": "Nessa realidade, encontra-se hoje tudo, quer se chame comunismo, fascismo ou democracia mundial".[72] Assim constava em 1945 e assim repetia Heidegger, sempre de novo: abstração por meio da essencialização. Sob o olhar nivelador do filósofo do Ser, o extermínio dos judeus aparece como um acontecimento arbitrariamente substituível, seja o aniquilamento dos judeus ou a expulsão dos alemães – uma coisa é igual à outra. Em 13 de maio de 1948, Herbert Marcuse responde a uma carta de Heidegger afirmando precisamente o seguinte:

> Você escreve que tudo aquilo que eu digo sobre o extermínio dos judeus vale para os aliados como se no lugar de "judeus" estivesse escrito "alemães do leste". Com essa frase, você não se coloca fora da dimensão na qual ainda é possível um diálogo entre os homens – fora do *logos*? Pois apenas completamente fora dessa "dimensão lógica" é possível explicar, equiparar e "compreender" um crime, dizendo que os outros também já cometeram algo semelhante. Mais do que isso: como é possível comparar a tortura, a mutilação e o extermínio de milhões de pessoas com uma transplantação forçada de grupos étnicos durante o qual não ocorreram quaisquer maus-tratos semelhantes a estes (talvez, exceto alguns casos excepcionais)?[73]

---

72 Heidegger, *Die Selbstbehauptung der deutschen Universität. Das Rektorat 1933/34*, p.25.

73 *Pflasterstrand*, 17/5/1985, p.42-44. A carta de Heidegger é citada em Sheehan, Heidegger and the Nazis, *The New York Review of Books*, p.42.

Textos e contextos

VI

Uma coisa é o envolvimento de Heidegger no nacional-socialismo, envolvimento este que podemos confiar ao juízo histórico moralmente sóbrio dos indivíduos nascidos posteriormente, outra coisa é o comportamento apologista de Heidegger depois da guerra, seus retoques e manipulações, sua recusa de se distanciar publicamente do regime, do qual ele tinha se declarado publicamente partidário. Isso diz respeito a nós, contemporâneos. Na medida em que partilhamos com outros um contexto de vida e uma história, temos o direito de exigir explicações uns aos outros. Aquela carta na qual Heidegger faz um tipo de balanço, que é difundida até hoje nos círculos acadêmicos, era uma réplica a uma provocação de Marcuse, um antigo aluno: "Muitos de nós esperaram muito tempo por uma palavra sua, uma palavra que iria libertá-lo clara e definitivamente dessa identificação, uma palavra que expressasse a sua verdadeira atitude atual em relação àquilo que aconteceu. Você não proferiu tal palavra – ao menos, ela nunca saiu da sua esfera privada".[74] Nesse sentido, Heidegger permaneceu preso à sua geração e ao seu tempo, ao meio ambiente da época de Adenauer, marcado pela repressão. Ele não se comportou de um modo diferente dos outros – foi mais um entre muitos. As desculpas que se proferem no seu entorno são dificilmente convincentes: que Heidegger deveria ter se defendido contra as calúnias, que cada confissão teria sido entendida como sinal de um novo conformismo, que Heidegger emudecera devido à inconveniência de cada explicação possível etc. O retrato moral que emerge pouco a pouco na esfera pú-

---

74 Ibid. p.46.

blica faz parecer mais plausível o relato de um amigo segundo o qual Heidegger não encontrara qualquer motivo para fazer um "caminho de Canossa", pois ele não tinha sido um nazista; além do mais, ele receava desencorajar com isso os mais jovens da leitura dos seus livros.[75]

Uma atitude autocrítica, uma relação aberta e escrupulosa em relação ao próprio passado, teria exigido de Heidegger algo que lhe seria penoso: a revisão de sua autocompreensão enquanto um pensador com acesso privilegiado à verdade. Desde 1929, Heidegger se afastara cada vez mais do círculo da filosofia acadêmica; depois da guerra, ele inclusive pretendia ascender às regiões de um pensamento *além* da filosofia, *além* da argumentação em geral. Já não era a autocompreensão elitista de uma classe acadêmica, era a transmissão da consciência moldada pela própria pessoa, com a qual teria sido difícil conciliar a admissão dos próprios erros ou até mesmo de uma culpa.

Enquanto contemporâneo, Heidegger está preso ao seu passado e posto em uma penumbra, pois não conseguiu se haver com aquele, quando tudo já tinha acabado. Seu comportamento permaneceu, segundo os padrões de *Ser e tempo*, também a-histórico. Mas o que caracteriza Heidegger como um fenômeno típico da época e de uma mentalidade muito difundida no pós-guerra diz respeito à sua pessoa e não à sua obra. As condições

---

75 Petzet, *Auf einen Stern zugehen. Begegnungen und Gespräche mit Martin Heidegger*, p.101. Na sua resposta a Marcuse, de 20 de janeiro de 1948, Heidegger explica que uma confissão teria sido impossível depois de 1945, já que ele não queria ter nada em comum com os partidários nazistas, que manifestavam da forma mais repugnante a sua mudança de convicção moral. Cf. igualmente Schwan, *Politische Philosophie im Denken Heideggers*, 2.ed., p.259.

de recepção de uma obra são, em grande parte, independentes do comportamento do autor. Isso vale, sem mais, para os escritos até 1929. Até *Kant und das Problem der Metaphysik* [Kant e o problema da metafísica], o trabalho filosófico de Heidegger segue o sentido próprio dos problemas de maneira que os elementos relacionados ao contexto de surgimento e explicáveis pela sociologia do conhecimento não prejudicam o contexto da justificação. Presta-se um favor a Heidegger quando se sublinha a autonomia do pensamento durante essa fase mais produtiva – Heidegger já tinha 40 anos em 1929 – contra a autoestilização posterior de Heidegger e contra uma ênfase exagerada de continuidades.

Mesmo após o início de um processo de ideologização, primeiro latente e depois um fenômeno espetacular, Heidegger permaneceu naturalmente o filósofo produtivo que já era. Mesmo sua crítica da razão, que começa com a interpretação de Platão em 1931 e se desenvolve entre 1935 e 1945, sobretudo na confrontação com Nietzsche, nos deixou conhecimentos *duradouros*.[76] Essas intuições, que atingem um ápice na interpretação de Descartes, cheia de consequências, tornaram-se um ponto de partida para interessantes prolongamentos e um impulso para novas propostas extremamente produtivas. A hermenêutica filosófica de Hans-Georg Gadamer, uma das mais significativas inovações filosóficas do pós-guerra, é um exemplo disso. A fenomenologia do último e a análise das formas de saber de Foucault, na França, a crítica de R. Rorty do pensamento representativo ou a investigação da práxis do mundo da vida de Hubert L. Dreyfus, nos Estados Unidos, são

---

76 Heidegger, *Nietzsche*, Bd. 1 e 2.

Jürgen Habermas

testemunhos amplamente perceptíveis de um efeito ideologicamente isento da crítica heideggeriana da razão.[77]

Não se pode estabelecer uma relação imediata entre obra e autor. A obra filosófica de Heidegger, tal como a obra de outros filósofos, deve sua autonomia à força de seus argumentos. Assim, uma associação produtiva pode resultar apenas se aceitarmos os seus *argumentos* – e os *destacarmos* do seu contexto ideológico. Quanto mais a substância argumentativa mergulha na concepção de mundo, tanto maior é a exigência sobre a força crítica de uma apropriação *seletiva*. Essa obviedade hermenêutica perde sua trivialidade precisamente quando os receptores de uma geração posterior estão situados mais ou menos nas mesmas tradições das quais a própria obra emprestou seus motivos. Na Alemanha, a apropriação crítica do pensamento infectado ideologicamente pode, por isso, ser bem-sucedida apenas se nós, que aprendemos com Heidegger, nos dermos conta das relações *internas* que persistem entre o engajamento político de Heidegger e a mudança de atitude em relação ao fascismo, por um lado, e o fio argumentativo de uma crítica da razão motivada politicamente, por outro.

É contraproducente transformar, indignado, esse questionamento em um tabu. Devemos nos libertar da autocompreensão, do gesto e da pretensão que Heidegger vinculou ao seu *papel* antes de penetrarmos no cerne da questão. Uma clausura defensiva da autoridade do grande pensador – apenas quem pensa grande, pode errar grande[78] – poderia simplesmente fazer

---

77 Dreyfus, Holism and hermeneutics, *Review of Metaphysics*, p.3 et seq.
78 E. Nolte conclui nesse sentido seu ensaio sobre a filosofia e o nacional-socialismo com a seguinte frase: "Eu acredito que o engajamento

Textos e contextos

que fosse negligenciada a apropriação crítica de argumentos em favor da socialização em um jogo de palavras obscuro. As maneiras pelas quais *nós* podemos aprender com Heidegger são incompatíveis com uma mentalidade antiocidental profundamente enraizada na Alemanha. Felizmente, rompemos com ela depois de 1945. Essa mentalidade também não deveria renascer com um Heidegger apropriado mimeticamente. Eu me refiro, sobretudo, ao gesto de Heidegger "de que existe um pensamento que é mais rigoroso do que o conceitual". A esse gesto vincula-se, primeiramente, a *pretensão de que uns poucos podem ter um acesso privilegiado à verdade, dispor de um saber infalível e evitar a argumentação pública.* Ao gesto autoritário vinculam-se, em segundo lugar, *conceitos de moral e verdade que desconectam o saber válido da verificação e do reconhecimento intersubjetivo.* A ele vinculam-se, em terceiro lugar, a *separação do pensamento filosófico da operação igualitária da ciência,* o desenraizamento do extracotidiano enfático em relação à base empírica da *prática comunicativa cotidiana* e a *destruição do respeito igual a todos.*

A reação à publicação francesa do presente livro foi calorosa. O próprio Victor Farías enfrenta as múltiplas reações. Na Alemanha, a corporação dos filósofos se absteve de uma tomada de posição.[79] Com certa razão, fez-se alusão ao fato de que o

---

de Heidegger em 1933 *e* a consciência de seu erro em 1934 eram mais filosóficos do que a justeza da atitude invariavelmente distanciada e extremamente respeitosa de Nicolai Hartmann" (Nolte, Philosophie und Nationalsozialismus, p.355).

79 Uma exceção constitui (ao lado de Schwan) Marten, Heideggers Geist, *Allmende,* p.82 et seq. De resto, ele relata que Heidegger, na presença dele e da sua mulher, "no final dos anos 1950, conta nos

Jürgen Habermas

tema "Heidegger e o nacional-socialismo" foi frequentemente tratado na República Federal da Alemanha, de Georg Lukács e Karl Löwith, passando por Paul Hühnerfeld, Christian von Krockow, Theodor W. Adorno e Alexander Schwan, até Hugo Ott, enquanto Heidegger foi rapidamente desnazificado na França e até mesmo promovido a oposicionista.[80] Mas também entre nós o efeito da crítica foi pequeno. Nem a exposição crítica que W. Franzen fez da evolução filosófica de Heidegger, nem as descobertas mais recentes de H. Ott e O. Pöggeler sobre o engajamento político de Heidegger saíram do círculo dos especialistas. Portanto, a edição alemã deste livro se justifica não apenas por oferecer a primeira exposição completa da carreira política de Heidegger sobre uma base documental ampliada. A publicação da edição francesa na Alemanha comprova, muito mais, que a apologia de Heidegger, que Hugo Ott julga ser magistral e portar traços estratégicos, deixou igualmente certa necessidade de esclarecimento entre nós.

Com a reimpressão do estudo cuidadoso de Nicolas Tertulian, apenas o *Frankfurter Rundschau* (de 2/2/1988) contribuiu com algo para esse esclarecimento. Com a edição alemã do livro, seria de se esperar uma segunda discussão, que não seja dominada por uma apologia atenuadora,[81] por uma planificação

---

dedos, preocupado, a quantidade de cátedras filosóficas que são na Alemanha novamente ocupadas por judeus".

80 Cf., sobre isso, Ott, *Wege und Abwege, Neue Zürcher Zeitung*, p.39; esse ensaio contém também referências críticas de um especialista no livro de Farías.

81 Bernath, Martin Heidegger und der Nationalsozialismus, *Süddeutsche Zeitung*.

Textos e contextos

ideológica panorâmica,[82] por um gesto imitador[83] ou até mesmo por rancor delirante.[84]

Na discussão atual, recebeu menos atenção a parte do livro que se refere à juventude de Heidegger até a sua crise religiosa. Essas partes podiam dar, a longo prazo, uma ocasião fértil à discussão. A principal obra de Heidegger, *Ser e tempo*, denuncia a confrontação intensiva do autor com Agostinho, Lutero e Kierkegaard. Com seus traços protestantes, insere-se na principal corrente da tradição filosófica alemã desde Kant. Por trás deste perfil ficou oculta, para muitos de nós, a origem católica do processo de formação de Heidegger. Farías revela, energicamente, o pano de fundo da mentalidade de um catolicismo austríaco e do sul da Alemanha, cujas variantes transmontanas provêm da luta cultural do fim do século XIX. Com isso, lança-se uma nova luz sobre a filosofia tardia. De fato, esta encontra-se sob a égide de um novo paganismo, oficializado nos anos 1930. Mas o conteúdo político e o diagnóstico de

---

82 Ritter, Bruder Heidegger, *Frankfurter Allgemeine Zeitung*; Fellmann, Ein Philosoph im trojanischen Pferd, *Frankfurter Allgemeine Zeitung*. Aqui, o filósofo de Münster toma um ensaio italiano acerca de Karl Löwith como pretexto para se voltar a Farías. Ele procede a uma redistribuição dos papéis que, no seu tempo, se encontravam distribuídos de uma forma bastante clara: "Do ponto de vista filosófico, a tentação que se esconde por trás de uma exigência absoluta de Husserl de uma fundamentação última da cientificidade é mais interessante do que a tentação evidente de Heidegger pela barbárie nazista". Husserl não ocultou apenas sua origem judia da barbárie nazista, mas também seu humanismo – por que deveriam, do ponto de vista filosófico, ser os motivos filosóficos desinteressantes para a resistência ou adesão?

83 Baudrillard, Zu spät!, *Die Zeit*.

84 Busche, Also gut. Heidegger war ein Nazi, *Pflasterstrand*, jan.1988.

Jürgen Habermas

época da "destruição da metafísica", realizada sob essa égide, deixam renascer os estereótipos de um antimodernismo resoluto, dos quais o jovem Heidegger poderia ter se apropriado já no cenário marcado pela luta cultural no ambiente familiar e da escola.

As reações defensivas ao livro de Farías referem-se evidentemente à biografia política em sentido restrito. Esta confronta--nos, pela primeira vez, com os detalhes desconsoladores da história cotidiana nacional-socialista de um filósofo importante. Depois desse livro, já não é tão fácil separar o gesto radical do grande pensador das atividades surpreendentes e da ambição mesquinha de um professor alemão radicalizado da província. "O verdadeiro não é para todos, mas apenas para os fortes" — eu não saberia como este *pathos* fatalista poderia ser dessublimado de forma mais eficaz do que pela perspectiva que Farías oferece. Ele evidencia as consequências reiteradas daquelas práticas de nivelamento, daquelas confissões e encenações agitadoras, daquelas cartas privadas e intrigas, daqueles planos para a organização de quadros, daquelas lutas e rivalidades divisoras que se desenrolam no pequeno mundo acadêmico. Farías contrapõe as citações de Heidegger e Hitler de maneira quase ingênua; mas esse método questionável pode ter um efeito salutar e esclarecedor, ao iluminar a relação semântica entre os profundos textos filosóficos e as frases triviais da propaganda nacional--socialista. O antiamericanismo grosseiro, a aversão ao asiático, a luta contra a invasão dos elementos latinos na essência greco--alemã, xenofobia e lírica sentimental da pátria — esses elementos estúpidos mantêm a mesma força marcante, quer se apresentem agora nus ou disfarçados com Hölderlin.

Textos e contextos

Farías faz valer essa lição frente aos executores testamentários, que ainda são da opinião de que o estatuto intelectual de um autor obriga os seus seguidores a tomarem posse da herança enquanto um todo *indiviso*.

Ludwig Wittgenstein
como contemporâneo

I

Confesso que, durante a preparação da conferência,* duas questões, entre outras, me ocuparam: por que três dos seis conferencistas devem tratar de Wittgenstein *e* Heidegger? E por que a Faculdade de Filosofia de *Frankfurt* toma a iniciativa de promover um evento sobre Wittgenstein? Se essas duas questões prévias são pensadas em um sentido trivial, as respostas podem ser igualmente triviais. De um lado, basta o argumento do ponto de vista da história dos efeitos: Heidegger é o *outro* filósofo de língua alemã – nascido no mesmo ano que Wittgenstein – que, de outro modo, mas igualmente prenhe de consequências, direcionou para *novos* caminhos as discussões filosóficas deste século. E para justificar nossa iniciativa, pode-se observar o seguinte: tentamos praticar a filosofia em um espírito científico, isto é, imparcial. Além disso, nos mo-

---

* Observações introdutórias a uma conferência em Frankfurt por ocasião do centenário do nascimento de Ludwig Wittgenstein.

vemos em uma atmosfera aberta, que nos expõe, de um modo particular, pensamentos filosóficos com grande poder de diagnóstico do tempo.

Mas as duas questões também permitem uma leitura menos trivial. Por que Wittgenstein *e* Heidegger? O ano de nascimento, 1889, proíbe qualquer ingenuidade. É o ano de nascimento de Charlie Chaplin, que ridicularizou um ditador de maneira inesquecível. É o ano de nascimento justamente desse mesmo dirigente [*Führer*], responsável pelo extermínio em massa sem precedentes — e, com isso, determinou o destino de uma geração inteira. Isso também separa o percurso de vida dos dois companheiros de geração, Wittgenstein e Heidegger. A bifurcação política separa também seus caminhos de pensamento; não podemos ignorar isso. Um olhar ingênuo é ainda menos permitido após constatarmos, com pesar, como Wittgenstein permaneceu envolvido até ao fim de sua vida nas dolorosas autoincertezas do seu ambiente alemão-judeu, e isso, provavelmente, não apenas sob a influência de Otto Weininger.

Podemos também tomar filosoficamente a sério outra questão: por que celebramos o espírito de Wittgenstein em um local onde o espírito de Adorno permaneceu tão vivo? Com isso, não penso naquele muro de incompreensão que surgiu entre Wittgenstein e a Teoria Crítica; nosso amigo Herbert Marcuse prestou testemunho involuntário disso em um capítulo do seu *One-dimensional Man* [*O homem unidimensional*]. Penso muito mais em impulsos filosóficos que polarizam os espíritos. Enquanto a Teoria Crítica se dedica de modo obstinado a um materialismo histórico, no qual todos os motivos se transformam, em suas mãos, em filosofia da história e teoria da sociedade, o trabalho apaixonado de Wittgenstein de clarificação, por outro lado, aponta para esferas míticas para além da história e da sociedade. Em 1947, ele escreve:

> Quem conhece as leis segundo as quais a sociedade se desenvolve? Estou convencido de que mesmo o mais inteligente não faz ideia disso [...]. Podemos lutar, esperar e, inclusive, crer, sem acreditar de um modo científico.

É evidente aquilo que separa Wittgenstein de Heidegger e Adorno. Não obstante, na perspectiva distanciada de quem nasceu depois, os três fazem parte de uma constelação que permite também reconhecer afinidades. Gostemos ou não, esses três estão interligados por aquilo que levou Henrik von Wright a chamar Wittgenstein de um "centro-europeu" diante do pano de fundo do mundo anglo-saxão. Henrik von Wright reuniu, em 1977, a partir do espólio de Wittgenstein, *Vermischte Bemerkungen* [Observações misturadas] e as comentou em um livro próprio de modo esclarecedor. Com isso, surge uma nova luz sobre as motivações de crítica da cultura e sobre as raízes religiosas do pensamento de Wittgenstein. Sob essa luz, delineiam-se os contornos de um filosofar bastante alemão, que *também* aproxima Wittgenstein de Heidegger e Adorno.

II

Quero responder às duas questões colocadas por mim no início recordando algumas reflexões de Wittgenstein que dão a seu pensamento, aparentemente a-histórico, o índice de uma herança do contexto de tradições especificamente alemã e alemã-austríaca. O mais interessante não é a crítica spengleriana da cultura, que já perpassa os primeiros esboços de um prefácio às planejadas *Philosophische Bemerkungen* [Observações filosóficas], e também não é o confronto mais convencional de cultura e civilização, de estilo e técnica, gênio e talento, nem a crítica ao progresso da sociedade, nem o lamento sobre uma pedagogia permissiva, nem sequer o distanciamento do domínio da esfera pública ou do jornalismo filosófico. Nisso, se expressa apenas uma mentalidade que tanto Wittgenstein como Heidegger partilham com a cultura universitária alemã de seu tempo.

Mais específico é já aquele sentimento de isolamento, de viver em um ambiente incompreensível, como que categorialmente aprisionado: "Eu escrevo, pois, para amigos que estão dispersos pelos cantos do mundo". Horkheimer e Adorno também engarrafam os seus fragmentos a fim de atingirem, tal como uma garrafa lançada ao mar, uma posterioridade indefinida; e Heidegger se vê em postos de escuta elevados, onde recebe as mensagens cifradas do Ser. Todos eles, Wittgenstein, Heidegger e Adorno, endereçam aquilo que consideram suas verdadeiras ideias a indivíduos dispersos, que estão dispostos a se deixar iniciar em um novo pensamento, não para uma comunidade de comunicação dos pesquisadores ou para a comunidade de cooperação dos cidadãos. Eles se afastam da ciência institucionalizada e do domínio político. Em Wittgenstein, essa *autocompreensão esotérica* anda, na verdade, ao lado de uma grande modéstia pessoal e um engajamento discreto e de completa renúncia — ele escreve, inclusive, um dicionário para as escolas primárias. Em Adorno, o esotérico se vincula também com o esforço exotérico de uma pedagogia popular, exercida com desespero.

Textos e contextos

Em retrospectiva, esses três pensadores fazem parte de uma constelação comum apenas por sua crítica à ciência. A ciência é entendida no singular. Já no *Tractatus logico-philosophicus*, se diz que, mesmo quando todas as questões científicas possíveis forem respondidas, ainda não se terá tocado nos nossos problemas da vida. Na conferência sobre ética de Wittgenstein, o sentido crítico de uma análise da linguagem universal que representa fatos fica ainda mais evidente. Nós experimentamos as questões que nos pressionam existencialmente de um modo que não pode ser expresso na forma discursiva do discurso proposicional:

> Nossas palavras, utilizadas como na ciência, são recipientes que nada mais podem conter e comunicar além de um significado e um sentido naturais, ao passo que nossas palavras expressam apenas fatos, tal qual uma xícara de chá, onde somente cabe certo volume de água, por mais que litros sejam despejados nela.

O impulso de Wittgenstein não se dirige naturalmente contra a ciência e sua linguagem, mas contra um cientificismo que discrimina como sem sentido tudo aquilo que não pode ser expresso nessa linguagem, ou o molda em seu próprio formato e, com isso, o aniquila. Um filosofar que compreende isso se choca contra os limites da linguagem, a fim de exprimir, ao menos indiretamente, que os problemas da vida, ainda que indizíveis, são de uma importância infinita: "Isso é, creio eu, o impulso de todos os homens que alguma vez tentaram escrever ou falar sobre ética ou religião".

Heidegger e Adorno levam a cabo sua crítica ao pensamento representativo e identificador com meios respectivamente diferentes, mas visam a algo semelhante. Como no caso de Wittgenstein, também aqui o pensamento filosófico oscila, sem descanso, entre metafísica e ciência para abrigar, de um modo paradoxal, um conteúdo de verdade desprovido de lugar, que a primeira não consegue fixar e a última não consegue se apropriar. Wittgenstein, Heidegger e Adorno seguem o mesmo ideal intuicionista de conhecimento do deixar-ver silencioso. Eles fazem a fala discursiva voltar-se contra si mesma. Eles reviram os conceitos e as sentenças tantas vezes para cá e para lá até que o ouvinte perceba de repente aquilo que não se deixa expressar. A atividade do pensamento intervencionista e construtivo antecede essa passividade da intelecção que se ajusta: "Nada é mais importante do que a construção de conceitos fictícios, que nos permitem compreender os nossos próprios". Todavia, o *telos* não é a solução de problemas, mas o seu desaparecimento: "Não é preciso superar uma dificuldade do entendimento, mas da vontade", pois "a solução do problema que você tem na vida é uma forma de viver que faz desaparecer o problemático". Mesmo a rememoração instantânea de Heidegger deve se realizar no momento da ocorrência de um evento. E Adorno, na sua aula inaugural, já estava convicto de que a justeza de uma interpretação filosófica "se confirma na aniquilação da questão".

Seja a análise terapêutica da linguagem, a recordação do Ser ou a dialética negativa, o pensamento discursivo volta-se, a cada vez, contra a estrutura do próprio enunciado para permanecer no rastro daquilo que se furta ao discurso articulado proposicionalmente. Wittgenstein, Heidegger e Adorno querem obter efeitos que se assemelhem o máximo possível com as experiências estéticas. A filosofia não deve apresentar

Textos e contextos

novos fatos, mas permitir ver fatos conhecidos sob outra luz: "Você deve ver como uma nova luz atinge os fatos". Sem dispor da criatividade do artista, o filósofo deve confiar a si uma tarefa que se aproxima do desvelamento poético do mundo: "Questões científicas podem me interessar, mas jamais me cativar realmente. Apenas as questões conceituais ou estéticas conseguem fazê-lo". Heidegger escreveu isso em 1945. Ele já registrara uma década e meia antes: "Acredito ter resumido a minha posição em relação à filosofia ao dizer: os filósofos deveriam, na verdade, apenas fazer poesia". Os paralelos se impõem: "A libertação da linguagem em relação à gramática em um complexo mais originário do ser", diz Heidegger, "está guardada no pensar e no poetar". E Adorno transpõe o pensamento filosófico, que se sabe dependente do conteúdo das obras esotéricas da arte de vanguarda, em uma teoria estética. Os três filósofos estão no caminho da transformação estética da teoria.

Desse ponto de vista, descobre-se também o paralelo no desenrolar das histórias das obras. Elas se apresentam como movimentos intermitentes e viradas. Wittgenstein, Heidegger e Adorno estão, antes de tudo, comprometidos com uma filosofia que se entende como empreendimento científico, mas de uma maneira diferente. Seu pensamento se desenvolve sob a influência e na confrontação com a semântica lógica de Russell e Frege, a fenomenologia transcendental de Husserl, o marxismo hegeliano e a metapsicologia freudiana. Mas, depois, se distanciam desses pontos de partida. Desligam-se da autocompreensão de uma filosofia que pretende tratar de problemas científicos. Entre o *Tractatus* e as *Investigações filosóficas*, entre *Ser e tempo* e a *Carta sobre o humanismo*, entre *Kierkegaard* e

Dialética do esclarecimento, intervém sempre uma peripécia que não significa apenas o abandono das formas convencionais de argumentação e exposição, mas uma alteração radical da situação da consciência. O aforismo se torna modelo, o fragmento se torna confissão. A força propulsora é um desejo antiplatonista: "Aquilo de que me defendo é o conceito de uma exatidão ideal que nos seria dada, por assim dizer, *a priori*. Nossos ideais de exatidão são diferentes em momentos diferentes; e nenhum é o supremo". Wittgenstein se envolve com aquelas semelhanças de família que resultam da comparação horizontal e *recíproca*; ele se volta contra a incorreção de uma maneira de ver que "quer dar um apoio às notas características do modelo [*Urbild*]". Heidegger e Adorno compreendem, de qualquer modo, a doutrina platônica das ideias como a manifestação exemplar de um pensamento que esquece o ser ou de uma filosofia da origem. São motivos semelhantes que obrigam à inversão: seja se as ciências empíricas perdem a sua normatividade em favor de um pluralismo de jogos de linguagem, ou se uma subjetividade autoafirmadora é superada em favor da nova serenidade, ou a razão instrumental em favor da recordação mimética da natureza – é sempre aquela "semelhança peculiar de uma investigação filosófica com uma investigação estética" que deve ser trazida à consciência em suas diferentes tentativas: "Quem hoje ensina filosofia não oferece ao outro pratos porque eles os agradam, mas para modificar seu paladar".

Trata-se, tanto para Wittgenstein, como para Heidegger e Adorno, do esclarecimento que cura aquilo que está encoberto e enclausurado na presença profana, isto é, a análise de um pano de fundo que é indizível enquanto tal. Esse tipo de análise, que explica, desvela e transforma o mundo, não

Textos e contextos

dirige seu olhar para práticas *intra*mundanas. Esse olhar não se dirige a problemas que se colocam *no* mundo, não segue a direção de processos de aprendizado que respondem a desafios *no* mundo. O uso da linguagem por uma teoria científica, diz Wittgenstein, se apoia em fatos que ela explica, se confirma em problemas que ela soluciona; "na filosofia, porém, não é sobre opiniões verdadeiras ou falsas, sobre eventos naturais que [o uso da linguagem] se apoia. Nenhum fato o justifica, nenhum fato pode apoiá-lo". Assim, desaparece a dimensão da validade e da não validade no acontecer de uma mudança de perspectiva que *se realiza nos sujeitos*. Evidentemente, apenas Heidegger se deixa levar sem resistência por esse caminho de pensamento. Somente Heidegger tira disso consequências de um anti-humanismo declarado, que são tão pouco conciliáveis tanto com a concepção intersubjetivista de Wittgenstein, quanto com o materialismo da felicidade de Adorno.

Os debates contemporâneos mostram quais ideias devemos à concentração sobre a função da linguagem e da experiência estética formadora do mundo e que, ao mesmo tempo, desvenda e oculta. Vejo nisso uma contribuição especificamente alemã para a filosofia do século XX, que pode remontar a Humboldt e Hamann, passando por Nietzsche. Por mais que estejamos nessa tradição e nos sintamos comprometidos com ela, as experiências específicas deste século igualmente legaram em alguns de nós vestígios do ceticismo. Esse ceticismo se volta contra a abdicação do pensamento solucionador de problemas diante da força poética da linguagem, da literatura e da arte. Por isso, recomenda-se a recordação de determinadas ideias do pragmatismo, em geral as ideias de uma filosofia da práxis, que leva a sério a produtividade intramundana dos sujeitos

Jürgen Habermas

que agem. Do contrário, perdemos de vista a interação entre o desvelamento inovador de um mundo e os processos de aprendizado no mundo — a interdependência entre aquilo que ocorre e aquilo que temos de imputar a nós mesmos.

Ainda na nossa ressalva, confirma-se certamente a força marcante de um pensamento cujo autor seria relutante, de resto, a tudo o que diz respeito à comemoração de um aniversário.

III

Max Horkheimer:
sobre a história do desenvolvimento de sua obra

Horkheimer ocupa uma posição peculiar no círculo dos teóricos de Frankfurt, que se reuniram em estreita cooperação, formando uma escola em Nova York durante os anos 1930. Diretor do Instituto [Institut für Sozialforschung] e editor da revista [*Zeitschrift für Sozialforschung*], ele não só mantinha em suas mãos todas as rédeas em termos organizacionais – apesar de Pollock –, como também foi incontestavelmente reconhecido como o *spiritus rector* do programa de pesquisa comum. O reverso dessa posição central é notado com menos frequência: a obra filosófica do próprio Horkheimer pode ser desvinculada das realizações coletivas do grupo de intelectuais emigrados reunido ao seu redor menos do que a obra de qualquer um de seus colaboradores. Ele ficou mais fortemente preso que os outros participantes ao coletivo singular que mais tarde se chamou de "Escola de Frankfurt". Não recordo esse fato porque me interessam as questões de atribuição de méritos individuais, mas sim por razões objetivas e biográficas.

Entre 1932 e 1941, Horkheimer investiu, sem descanso, seus impulsos teóricos e suas energias intelectuais na realização interdisciplinar daquele programa de investigação materialista, que se delineia em *Autorität und Familie* [Autoridade e família] e na *Zeitschrift für Sozialforschung* [Revista de Pesquisa Social], até mesmo na parte dedicada a resenhas. O fato de que a filosofia de Horkheimer deveria se consumar nesse trabalho conjunto com economistas, psicólogos, juristas, historiadores e sociólogos, sobretudo com sociólogos da música e da literatura, tinha sua razão de ser em uma convicção filosófica que os outros colaboradores do instituto não partilhavam de modo algum — e que não era, de modo algum, o *primum movens* de seus trabalhos. É certo que todos partiam do princípio de que a teoria marxista da sociedade tinha de se libertar dos grilhões ortodoxos da Segunda e da Terceira Internacionais e assumir uma relação imparcial com as ciências sociais burguesas que tinham se estabelecido nesse meio tempo. Todos os colaboradores do instituto também concordavam que a perspectiva anterior, ainda fundada na perspectiva da filosofia da história de uma sociedade livre, estabeleceria uma conexão entre as disciplinas e forneceria ao trabalho das ciências particulares uma orientação diferente. Mas apenas Horkheimer associa ao programa desse materialismo interdisciplinar uma autocompreensão modificada da filosofia e ainda extremamente original. Ele pretendia continuar a filosofia com outros meios, a saber, com os meios das ciências sociais. Os cientistas sociais não estavam particularmente interessados nisso e os filósofos do círculo, Adorno e Marcuse, certamente não levavam tal proposição muito a sério. O conceito de "materialismo" sempre tivera uma conotação filosófico-*crítica* para Horkheimer; ele estava no lugar do *pensamento pós-metafísico*. Acompanhando Marx, Horkheimer achava que a figura do pensamento filosófico em geral tinha chegado ao fim com a filosofia de Hegel – que aquele idealismo, que pretendia manter a forma tradicional da filosofia além de Hegel, tinha se solidificado em ideologia e também servia para ocultar a miséria concreta e o sofrimento individual sob conceitos gerais deturpadores. Acompanhando Marx, Horkheimer tinha a convicção de que apenas uma realização prática da filosofia poderia salvar seu conteúdo de verdade. Mas Horkheimer, aliás, mais cético do que Marx, vivia uma situação em que as esperanças de uma transformação iminente tinham sido liquidadas historicamente. Por isso, a etapa mediadora da reconstrução e da continuação de uma teoria *científica* imune a uma transfiguração idealista adquiriu um peso específico – de fato, essa teoria da sociedade ganhou um novo significado em relação à conservação dos conteúdos essenciais de uma filosofia que chegou ao seu fim. Para Horkheimer, tratava-se da superação da filosofia na teoria da sociedade; a transformação em ciências sociais fornecia ao pensamento filosófico a única chance de sobrevivência. Hauke Brunkhorst examinou essa "desconstrução materialista da filosofia" em detalhe. Ele mostrou que Horkheimer fora, na fase mais produtiva da sua vida, um *antifilósofo*, diferentemente de Adorno e Marcuse.[1]

O fato de o trabalho filosófico de Horkheimer ter sido absorvido, naquele momento, pelo trabalho coletivo de seu círculo não se deve à decisão casual de assumir um papel de

---

[1] Brunkhorst, Dialektischer Positivismus des Glüks, p.353 et seq.; cf., também, Korthals, Die kritische Gesellschaftstheorie des frühen Horkheimer. Mißverständnisse über das Verhältnis von Horkheimer, Lukács und den Positivismus, p.315-329.

organização científica, mas a uma resposta original, em oposição a Heidegger, ao "fim da metafísica". Enquanto não puder ser realizada, a filosofia deve passar a um outro *medium* para não degenerar em ideologia – e, para Horkheimer, esse *medium* deveria ser aquele em que as ciências sociais são agrupadas, fundidas e, ao mesmo tempo, renovadas no espelho da teoria crítica da sociedade. Em função dessa ideia, a produção de Horkheimer estava associada ao papel do diretor do instituto e de editor da revista. A partir desse contexto *objetivo* de fundamentação, também se explicam as consequências *biográficas* e as consequências relativas à história da obra que o fim dessa cooperação teve para o próprio trabalho de Horkheimer. Pretendo me ocupar delas no que se segue. Não seríamos injustos em relação a Horkheimer se constatarmos que sua produção científica se concentra, durante os anos 1930, nas suas grandes contribuições para a *Zeitschrift für Sozialforschung*. Na colaboração que se segue com Adorno, entre 1941 e 1944, essa produção foi suficiente para realizar, com suas próprias forças, a mudança para uma filosofia negativista da história. Nas cerca de três décadas seguintes à guerra, porém, essa produção se exprimiu de forma particularmente inibida – em trabalhos de circunstância, como diz Alfred Schmidt, e em anotações publicadas postumamente, que Horkheimer redigiu entre 1950 e 1969.

Quem pretende hoje retomar os motivos do genuíno materialismo horkheimeriano, e torná-los válidos em contextos teóricos modificados, precisa se reportar ao cerne da sua obra, aos trabalhos publicados antes do fim da guerra. Caso sua obra deva ser apreciada, um autor tem o direito de exigir ser levado a sério com o que há de fundamental nela. Eu me permito, entretanto, tratar de algo mais secundário – uma questão relativa à história da obra: como se explica o disparate da filosofia tardia horkheimeriana, tal como ela se apresenta nas *Notizen* [Anotações]? Essas anotações são perpassadas por contradições. O tom ainda é dado pela filosofia da história, cunhada na *Kritik der instrumentellen Vernunft* [Crítica da razão instrumental], que vê o destino do mundo ocidental – a sua ideia de um convívio racional de indivíduos autônomos e não ofendidos – selado pelo triunfo de uma forma de vida totalitária; mas, ao mesmo tempo, o autor se agarra à herança liberal da época do esclarecimento com obstinação desesperada e, às vezes, inclusive com ingenuidade irrefletida.[2] Horkheimer corta sempre a palavra de si mesmo: "O retrocesso parece ser a única meta do progresso. Mas tal pensamento é perverso enquanto ainda houver um sofrimento que possa ser superado pelo progresso".[3] Por um lado, Horkheimer considera impossível a crítica quando falta a ela a base histórica. Ela teria, então, de pagar pela perda do seu momento pragmático "com um reles utopismo".[4] Por outro lado, ele reconhece nessa transformação utópica da crítica um sentido completamente afirmativo de um regresso de Hegel a Kant. Sob o título "Utopische Regression" [Regressão utópica], diz:

> Uma vez que o Ser, que não mais consegue realizar o próprio interesse transcendente progressivo na história da sociedade na qual ele [indivíduo] vive [...], se torna ao mesmo tempo mais

---

2 Cf., por exemplo, o elogio "a uma associação de clarividentes", em Horkheimer, Notizen 1950 bis 1969 und Dämmerung. Notizen in Deutschland, p.107.

3 Ibid., p.137.

4 Ibid., p.39.

Jürgen Habermas

concreto na medida em que ele percebe que a humanidade, e não somente uma parte dela, pode se pôr em ordem; e mais abstrato, na medida em que seu próprio trabalho é separado do objetivo por um caminho infinitamente longo a perder de vista. Ele é remetido a formulações gerais, como a formulação kantiana do objetivo final da história burguesa do mundo.[5]

À primeira vista, essas contradições que se revelam abertamente e não são de modo algum dialéticas, que Horkheimer sequer se propõe a eliminar, poderiam ser interpretadas como indício de uma tensão não resolvida na filosofia tardia, entre os motivos de duas fases distintas, como se os impulsos dos anos 1930, dirigidos mais fortemente para a prática, se contrapusessem à visão histórica da *Dialética do esclarecimento*. Essa explicação talvez não seja totalmente falsa — o ceticismo materialista permanece como uma atitude constante no pensamento do moralista Horkheimer —, mas ela é muito simplista. O único conceito coerente de que Horkheimer dispunha naquele momento era aquele do materialismo interdisciplinar — embora esse programa fosse coerente apenas sob duas condições. As ciências sociais falíveis efetivamente tinham de poder carregar o fardo das fortes pretensões teóricas, nas quais as intenções da grande filosofia deveriam sobreviver; e o transcurso histórico tinha de fornecer a garantia de que aquela atitude crítica, a única a partir da qual o trabalho interdisciplinar obtém sua perspectiva, se desdobrava objetivamente em conflitos sociais, se reproduzia e ampliava. Helmut Dubiel mostrou com detalhe como a confiança de Horkheimer em ambas as condições tinha

---

5 Ibid., p.79.

Textos e contextos

se esgotado até ao início dos anos 1940.[6] Desde então, falta a seu pensamento um vínculo que os unisse.

Pretendo acompanhar o desenvolvimento subsequente em três passos. Inicialmente, quero mencionar as razões que levaram Horkheimer a se aproximar da concepção de história de Benjamin e investigar a estreita colaboração com Adorno (1); em seguida, quero recordar, com breve referência a Adorno, que na *Dialética do esclarecimento* as intenções dos dois autores de modo algum se conjugam harmoniosamente (2); por fim, quero regressar à minha questão inicial e tratar daquelas contradições que permitem a Horkheimer, ainda na sua fase tardia, despedir-se igualmente da *Dialética do esclarecimento*; seja como for, ele se revolta com a inevitabilidade do destino de uma razão instrumental exacerbada em uma falsa totalidade (3).

I

Em abril de 1941, quando os exércitos de Hitler avançavam sem resistência, como parecia, Horkheimer se mudou para a Califórnia. Quão profundo foi esse corte biográfico é algo que se deixa ler já nos dados exteriores. Com o Instituto de Morning Side Heights, com o círculo estreito dos colaboradores do instituto, com os últimos números da revista, Horkheimer deixa para trás um mundo que mantivera coeso em termos organizacionais e inspirara intelectualmente. Abandona, assim, o quadro no qual as raras combinações do seu talento haviam se sobressaído. Naquele momento, Horkheimer precisava ser igualmente impressionante como pessoa, como mentor inte-

---

6 Dubiel, *Wissenschaftsorganisation und politische Erfahrung.*

149

lectual, como pensador original, filósofo e diretor científico, do contrário, ele não teria conseguido relacionar consigo e com seu programa, ao longo de anos, esses muitos cientistas, produtivos e altamente talentosos, diferentes no temperamento, na origem e na orientação.

Imediatamente antes do início de seu trabalho na *Dialética do esclarecimento*, em 1941 e no inverno de 1941-42, Horkheimer tinha escrito dois artigos, dos quais se depreendem as razões internas para sua despedida do instituto nova-iorquino e uma colaboração exclusiva com Adorno.[7] Em uma edição privada, dedicada a Benjamin, foram publicados "Autoritärer Staat" [Estado autoritário] e "Vernunft und Selbsterhaltung" [Razão e autoconservação], juntamente com as "Geschichtsphilosophische Thesen" [Teses sobre filosofia da história] de Benjamin, que Hannah Arendt resgatou em Paris e levou para Adorno em Nova York.

O artigo sobre o Estado autoritário faz parte dos estudos sobre o nacional-socialismo, realizados entre 1939 e 1942, e está manifestamente sob a influência da teoria do capitalismo de Estado de Pollock.[8] Nele, Horkheimer esboça uma perspectiva do futuro que explica por que os autores de *Dialética do esclarecimento* encaram como fato dado que a humanidade vai se afundar em uma nova barbárie. Se, até então, o fascismo

---

7 O fato de essa etapa parecer necessária retrospectivamente e ter sido acompanhada inicialmente por outras expectativas é mostrado por Rolf Wiggershaus, em Die Frankfurter Schule. Geschichte, theoretische Entwicklung, politische Bedeutung. Em seguida, irei me apoiar em meu posfácio para a reedição de Dialektik der Aufklärung.

8 Horkheimer; Pollock; Neumann; Kirchheimer; Gurland; Marcuse, Recht und Staat im Nationalsozialismus.

Textos e contextos

tinha sido compreendido, no instituto, de uma maneira ainda em certa medida ortodoxa, como transição do capitalismo monopolista para o capitalismo do Estado (e, nessa medida, como o futuro do liberalismo), o regime nacional-socialista aparece agora como uma forma mista instável, que se deteriora e substitui um socialismo estatal de conformação soviética pelo "estadismo integral". Isso representa "o tipo mais consequente do Estado autoritário" – e o stalinismo, o futuro do fascismo. Esse estadismo integral abdica da práxis do ódio racial, põe fim às lutas entre as facções e às disputas de poder, e, em geral, ao que resta de um mundo ainda não totalmente administrado. A rede burocrática do Estado se lança sem fissuras sobre a sociedade, o controle da polícia estatal secreta invade os últimos refúgios. Em 1941, Horkheimer antecipa a visão de Orwell:

> A seleção que se concentra nos campos de extermínio torna-se cada vez mais fortuita. Qualquer um poderia, na verdade, estar no campo de extermínio, mesmo se o número de ocupantes aumentar ou diminuir a cada vez, ou se for possível temporariamente não ocupar novamente os lugares vagos dos assassinados.[9]

O local no qual este artigo foi publicado não é de modo algum casual; Horkheimer se distancia da concepção materialista da história e se inclina para a linha de Benjamin. Ele considera agora igualmente possível que o aumento das forças produtivas tanto produza quanto liquide o socialismo. O que outrora foi chamado de "socialismo" parece ter perdido qualquer relação *interna* com o progresso histórico. A esperança revolucionária

---

9 Horkheimer, Autoritärer Staat, p.21.

não tem mais nenhuma ancoragem no mundo, é utópica no mau sentido, ou ao menos, ficou sem lugar. A esperança em uma tensão dialética *no interior* do processo histórico se tornou vazia.

Mas se agora só se trata de romper o contínuo da história, as tendências históricas observáveis perdem todo interesse mais sério. O que ainda vale a pena estudar são apenas os invariantes responsáveis pela continuidade da desgraça e da opressão. Merece interesse unicamente a estrutura de uma dominação que tomou conta do progresso na forma da razão instrumental. Já não é mais Marx quem indica o caminho, e sim Nietzsche. Não é a teoria da sociedade saturada historicamente, mas uma crítica radical da razão que denuncia o parentesco entre razão e dominação, que deve explicar "por que a humanidade, em vez de entrar em um estado verdadeiramente humano, está se afundando em um novo tipo de barbárie".[10] Este já era um tema do artigo "Razão e autoconservação", no qual Horkheimer dá uma nova e característica roupagem às velhas ideias.

Em seus trabalhos sobre a filosofia social e a filosofia da história burguesas, Horkheimer acompanhava há bastante tempo o processo de atrofia pelo qual a razão objetiva regredia em razão subjetiva. Desde sempre, interessou a ele como, sob as condições da sociedade burguesa emergente, o conceito de razão foi definido em função das relações de autoconservação individuais e "reduzido ao seu significado instrumental".[11] Ele estabeleceu uma vinculação entre a instrumentalização da razão em favor do interesse monádico próprio e o egoísmo burguês. Mas essa razão instrumental tinha surgido somente como um *produto derivado* da época burguesa; ela ainda remetia

---

10 Horkheimer; Adorno, *Dialektik der Aufklärung*, p.5.

11 Horkheimer, *Vernunft und Selbsterhaltung*, p.11.

a uma formação pós-burguesa da sociedade, que realizaria a promessa que outrora fez uma razão substancial, que se desfez no meio-tempo em termos nominalistas. Horkheimer já não tinha mais essa esperança.

Com o advento do fascismo e do futuro que é ensejado pelo estadismo integral, a ideia burguesa de razão aparece sob *outra* luz. A sociedade liberal caracteriza o último estágio ainda digno do homem em um processo, ao que parece, irreversível de autodestruição da razão. Poucos anos antes, em "Materialismo e moral", dizia-se que a ideia de uma sociedade digna do homem, na qual algo como uma moral autônoma perderia sua razão de ser e sua função, resultaria da própria filosofia moral de Kant. Agora, permanece apenas o lamento de que "a categoria do indivíduo, à qual, apesar de toda tensão, estava vinculada a ideia de autonomia, não resistiu à grande indústria".[12] Com o egoísmo do indivíduo burguês, desmorona também a consciência moral, a lei moral perde seus destinatários: "A instância a que ela se dirige está liquidada. O moralista deveria desaparecer, pois ele não satisfaz seu próprio princípio".[13] Horkheimer desenvolveu esse pensamento no excurso "Juliette ou esclarecimento e moral". Inconfundivelmente, estamos próximos mais uma vez da crítica do progresso de Benjamin, que apenas desmascara o traço totalitário no esclarecimento.

Mesmo que Adorno tenha colaborado na redação da versão para impressão de "Razão e autoconservação", os dois artigos publicados em homenagem a Benjamin atestam que Horkheimer, a partir de um impulso *próprio*, empreendeu um desenvolvimento que o dispôs ao trabalho conjunto com Adorno. Este último

---

12 Ibid., p.31.
13 Ibid., p.32.

Jürgen Habermas

tinha, desde o início, incorporado motivos benjaminianos, que só se tornaram virulentos para Horkheimer no começo dos anos 1940, sob pressão da experiência política.

II

O trabalho conjunto na *Dialética do esclarecimento* pertence à fase em que as biografias intelectuais de Adorno e Horkheimer se aproximaram mais intensamente. Naquele momento, as duas linhas da vida se *entrecruzaram*. Quando, depois da guerra, Horkheimer e Adorno afirmam reiteradamente que seus pensamentos seriam apenas "um", borram a especificidade da constelação entre novembro de 1941, quando Adorno, que aguardava impacientemente para encontrar com Horkheimer, muda-se para Santa Mônica, e maio de 1944, quando foi terminado o trabalho em um manuscrito dedicado aos 50 anos de Friedrich Pollock. Desse modo, eles obscurecem diferenças entre suas posições que haviam existido desde sempre e que diminuíram apenas naqueles anos de intenso trabalho conjunto. As razões internas para essa aproximação temporária se deveram, naquele momento, mais ao desenvolvimento de Horkheimer do que ao de Adorno. Para um, a *Dialética do esclarecimento* sela uma ruptura com o programa seguido na *Zeitschrift für Sozialforschung*, para o outro, ela se insere sem problemas na continuidade de um pensamento designado posteriormente de dialética negativa.[14] A política de publicação de Adorno nos

---

14 Cf. sobre isso: Bonß; Schindler, Kritische Theorie als interdisziplinärer Materialismus, assim como Martin Jay, Positive und Negative Totalität. Adornos Alternativenwurf zur interdisziplinären Forschung.

anos 1950 e 1960 poderia ignorar a história de surgimento dos textos, mesmo quando estes retrocedem ao período de Weimar, e como que sobrepõe todos os manuscritos em uma simultaneidade ideal, porque a obra ramificada brotava de fato *sem ruptura* a partir de raízes anteriores. Com efeito, sua filosofia tardia retira seus motivos essenciais dos escritos iniciais.[15]

O prefácio à *Dialética do esclarecimento* começa com uma confissão de ceticismo científico dos autores. Seus trabalhos até então teriam sido orientados pelas atividades científicas estabelecidas e tinham até mesmo seguido tematicamente disciplinas particulares; eles teriam se limitado "à crítica e ao desenvolvimento de temáticas especializadas" – "os fragmentos que aqui reunimos mostram, contudo, que tivemos de abandonar aquela confiança".[16] Na verdade, é apenas Horkheimer que, com essas palavras, revoga o programa de seu discurso inaugural como diretor do Instituto de Pesquisa Social, assim como o programa desenvolvido pela *Zeitschrift für Sozialforschung*. Adorno esteve desde sempre distante da confiança na sociologia e nas ciências especializadas. Já em sua aula inaugural (quase simultânea ao discurso inaugural de Horkheimer) como *Privatdozent* de Frankfurt, Adorno traçou uma clara linha de demarcação entre filosofia e ciência: "A ideia da ciência é investigação, a da filosofia, interpretação".[17] Se a

---

15 Adorno, Die Aktualität der Philosophie, p.325 et seq.; Id., Die Idee der Naturgeschichte, p.345 et seq. O próprio Adorno declara, na Dialética Negativa, que o capítulo "Weltgeist und Naturgeschichte" reelabora motivos do artigo anterior sobre a ideia da história da natureza.

16 Horkheimer; Adorno, *Dialektik der Aufklärung*, p.5.

17 Adorno, *Gesammelte Schriften*, Bd.I, p.334.

sociologia, contudo, porventura conseguisse ser o escalador de fachadas mais inteligente e resgatar, do edifício em ruínas da metafísica, coisas meio esquecidas e praticamente perdidas, ela mal conservaria o espólio, pois apenas a filosofia poderia reconhecer o verdadeiro valor do tesouro.

Também o fato de a *Dialética do esclarecimento* ter permanecido uma coleção de *fragmentos* não figurava na intenção original de Horkheimer; ele planejara uma obra sistemática e empregara até então formas de exposição convencionais. Em contrapartida, Adorno estava desde muito cedo convencido de que o caráter fragmentário da exposição é o único adequado ao pensamento filosófico. A filosofia não dispõe de nenhum método e também de nenhuma hermenêutica. Ela deve, antes, *decifrar* os vestígios e meandros impregnados de fantasia de uma realidade desfigurada, ela deve reagir com presença de espírito "aos indícios fugazes e evanescentes nas figuras enigmáticas do ente".

Além disso, o jovem Adorno já havia emprestado dois motivos de Benjamin: de um lado, a totalidade negativa e a história da natureza, de outro, a afinidade entre mito e modernidade. Na *Dialética do esclarecimento*, eles se vinculam à ideia horkheimeriana de uma razão reduzida às funções de autoconservação. Entretanto, esse texto não se apresenta de modo algum como um tecido sem fissuras. A autoria de cada um dos capítulos não é de maneira nenhuma indivisa. Gretel Adorno, por sua vez, me confirmou a suposição que ocorre ao leitor meticuloso: o ensaio-título e o capítulo sobre Sade remontam, na maior parte, a Horkheimer; os capítulos sobre Ulisses e sobre a indústria cultural remontam, sobretudo, a Adorno. Não se trata aqui apenas de diferenças estilísticas.

Textos e contextos

A diferença mais profunda pode ser reconhecida no modo como os dois autores reagem àquela aporia mencionada no prefácio. Se o esclarecimento é entendido como um processo irrefreável de autodestruição da razão, de onde, então, a crítica que faz tal constatação tira o direito para fazer esse diagnóstico? Desde Nietzsche, trata-se sempre da mesma coisa: a crítica radical da razão procede de modo autorreferencial; ela não pode ser, ao mesmo tempo, radical e deixar intactos os próprios critérios.

Horkheimer se incomodou com essa aporia. Ele recua diante da consequência segundo a qual inclusive o próprio ato do conhecimento esclarecedor se vê afetado pelo processo de autodestruição do esclarecimento diagnosticado e poderia ser despojado de seu efeito emancipador. Ele prefere se enredar em contradições a ter que renunciar à identidade do esclarecimento e ser vítima do nietzschianismo. No prefácio, as antigas convicções são mantidas obstinadamente: "O esclarecimento deve tomar consciência de si mesmo para que os homens não sejam completamente traídos".[18]

Mas no texto, curiosamente, os pontos de apoio para essa posição apenas são encontrados naqueles capítulos que revelam ser manuscritos de Horkheimer. Eu me refiro à insistência em um poder da teoria elevado escatologicamente;[19] à crença na tendência antiautoritária do esclarecimento;[20] e, finalmente, à

---

18 Horkheimer; Adorno, *Dialektik der Aufklärung*, p.9.

19 "O espírito dessa teoria intransigente seria capaz de inverter a direção do progresso impiedoso, ainda que este estivesse em vias de atingir sua meta" (Ibid., p.57).

20 "Que apenas subterraneamente, é verdade, comunica-se com aquela utopia implícita no conceito de razão" (Ibid., p.113).

Jürgen Habermas

promessa formal do esclarecimento que transcende a si mesmo.[21] É evidente que essas tendências afirmativas irrompem sem reservas apenas em *Eclipse da razão*, cuja responsabilidade é exclusiva de Horkheimer. Ali, o autor não hesita em fazer uma séria autocrítica da razão totalizante,[22] para não ter de tomar da própria *Dialética do esclarecimento* sua função esclarecedora:

> a razão só pode realizar sua racionalidade por meio da reflexão sobre a enfermidade do mundo como produzida e reproduzida pelos homens; com uma tal autocrítica, a razão permanecerá ao mesmo tempo fiel a si mesma, na medida em que permanece fiel ao princípio da verdade que devemos apenas à razão e que não se curva a nenhuma motivação particular.[23]

Totalmente diferente no caso de Adorno. Ele manteve uma grande serenidade diante da aporia da crítica autorreferencial da razão, pois podia colocar em jogo outro motivo. Ele *não precisava* contar *somente* com a força esclarecedora da crítica

---

21 "O próprio esclarecimento, em plena posse de si mesmo e transformando-se em violência, conseguiria romper os limites do esclarecimento" (Ibid., p.244); "O fato de que Sade não deixou a cargo dos adversários a tarefa de levar o esclarecimento a se horrorizar consigo mesmo faz de sua obra uma alavanca para salvação do esclarecimento" (Ibid., p.141).

22 "A possibilidade de uma autocrítica da razão pressupõe, em primeiro lugar, que o antagonismo entre razão e natureza está numa fase aguda e catastrófica e, em segundo lugar, que a ideia de verdade ainda é acessível nesse estágio de completa alienação" (Horkheimer, Zur Kritik der instrumentellen Vernunft, p.165).

23 Ibid.

Textos e contextos

filosófica; ela podia, antes, circular nos paradoxos de um pensamento identitário que se desmente e se ilumina a partir de dentro. Para ele, a experiência estética genuína da arte moderna, especificamente, se revelara como uma fonte *independente* de discernimento.[24] Um trabalho que precedeu imediatamente a cooperação com Horkheimer já contém uma construção de verdade, aparência e reconciliação que, depois, se tornou significativa em grande medida para a filosofia tardia de duas vias de Adorno: o trabalho sobre Schönberg, elaborado em 1940 e publicado em 1948 como a primeira parte da *Philosophie der neuen Musik* [Filosofia da nova música].[25] No teor utópico do belo artístico, é a mimese, carente de interpretação e muda, que guarda aquele potencial irracional de uma razão desfigurada pelo imperativo da autoconservação. Isso cria uma vinculação recíproca entre estética, arte e dialética negativa que encerra em si o que a crítica filosófica sozinha não pode mais sustentar: a esperança anarquista de que um dia a totalidade negativa ainda exploda, como que fulminada por um raio.[26]

---

24 Axel Honneth me mostrou que esse motivo aparece também em Horkheimer, especialmente na fase da reorientação. Horkheimer, Art und Mass Culture, *Zeitschrift für Sozialforschung*, p.290 et seq. Para o pensamento de Horkheimer, esse motivo não adquiriu, no entanto, nenhum poder de conformação.

25 Cf. também Wellmer, Wahrheit, Schein und Versöhnung. Adornos ästetische Rettung der Modernität, p.138 et seq.

26 Habermas, *Theorie des kommunikativen Handelns*, Bd.I, p.489 et seq. Sobre a posição da Dialética negativa na obra tardia de Adorno, a interpretação contrária de Theunissen, Negativität bei Adorno, p.41 et seq.; Schnädelbach, Dialektik der Vernunftkritik, p.66 et seq.

Jürgen Habermas

III

As diferenças nunca resolvidas entre Horkheimer e Adorno, presentes na *Dialética do esclarecimento*, explicam uma parte do comportamento hesitante que distingue tão notavelmente Horkheimer de Adorno depois de seu retorno à Alemanha — até mesmo no que se refere à sua política de publicação. Enquanto Adorno, depois da guerra, retoma imediatamente os trabalhos dos anos 1930 e 1940 — com *Philosophie der neuen Musik*, *Minima Moralia*, *Prismen* [Prismas] e *Dissonanzen* [Dissonâncias] —, mantendo, com isso, presente a *Dialética do esclarecimento* como uma construção de pano de fundo, Horkheimer hesita até o ano de 1967 na edição alemã de sua *Kritik der instrumentellen Vernunft*. Os ensaios e conferências publicados nos anos 1950 e 1960 atestam uma produtividade surpreendentemente suspensa, que deixa talvez reconhecer novos tons, mas nenhum novo posicionamento teórico — *a fortiori*, nenhuma identificação com o que precedera. As hesitações de Horkheimer dizem respeito às duas fases de sua biografia intelectual — ao trabalho conjunto com Adorno na Califórnia não menos que ao trabalho do círculo nova-iorquino.

Horkheimer manteve até o começo dos anos 1960 o plano de tornar novamente acessíveis seus ensaios da *Zeitschrift für Sozialforschung*. Inicialmente, rejeitou o plano — o motivo se encontra em uma carta de recusa à editora S. Fischer de junho de 1965.[27] Em abril de 1968, porém, isso ficou para trás. Um prefácio para nova publicação reitera o distanciamento

---

27 Cf. Horkheimer, *Kritische Theorie*, Bd.II, p.VII.

que Horkheimer havia assinalado na carta citada: "se ensaios teóricos iniciais são publicados sem que o autor os relacione com uma explicação atual, é porque ele [...] renunciou à pretensão de lhes dar valor real".[28] A observação seguinte, segundo a qual a meta da sociedade justa teria se deslocado "desde o fim da guerra", encerra uma modificação peculiar da perspectiva temporal. Horkheimer já havia realizado, no começo dos anos 1940, a ruptura com a posição sustentada nos ensaios da *Zeitschrift für Sozialforschung* dos anos 1930. Assim, muita coisa permanece incompreensível no prefácio para a nova publicação se não se tem claro que, em 1968, *duas liberações se sobrepõem* – inclusive a *Dialética do esclarecimento* é afetada por isso. Apesar do pedido de Adorno, Horkheimer hesita até 1968 em relação a uma segunda edição do livro esgotado há muito tempo.

Já mencionei a razão interna para essa hesitação: Horkheimer tem dificuldade em levar a cabo uma crítica autorreferente da razão, devido àquela aporia assinalada no prefácio da *Dialética do esclarecimento*. Ele não podia recorrer, como Adorno, ao teor mimético que se dissimula nas obras esotéricas da arte moderna; nem desejava, como os seguidores de Nietzsche, resvalar para o irracionalismo. Na verdade, o "pavor com que se consuma o curso rumo ao mundo racionalizado, automatizado e administrado"[29] não deixa espaço algum para se duvidar de uma razão instrumental levada até a totalidade. Mas Horkheimer almejava permanecer fiel ao seu impulso original, "manter a atenção ao mal existente no outro", sem se refugiar

---

28 Ibid., Bd.II, p.IX.
29 Ibid., Bd.I, p.XI.

na sabedoria divina. Mas como poderia a crítica filosófica ainda confiar na relação com o inteiramente outro? Aquela carta de 1965 para a editora S. Fischer, com a qual recusara incialmente a republicação de seus antigos trabalhos, conclui-se com a impressionante confissão: "minha hesitação surge da dificuldade [...] em renunciar à crença na realização da ideia da civilização ocidental em um futuro próximo e, contudo, responder por essa ideia – sem contar com a Providência, sim, contra o progresso por ela prescrito".[30] A filosofia tardia, que Horkheimer apresentou na forma de anotações em diários e que Alfred Schmidt caracterizou de modo convincente,[31] gravita em torno dessa aporia.

O velho Horkheimer não retornou, como podemos constatar, à crença religiosa, mas a religião aparece agora como a única instância que, caso ganhasse reconhecimento, permitiria distinguir o verdadeiro do falso, o moral do imoral – somente ela *poderia* emprestar à vida um sentido transcendente à pura autoconservação. No seguinte apontamento, que podemos muito bem ver como uma continuação tardia de sua correspondência com Walter Benjamin de meados dos anos 1930, é dito:

> O ato aterrador que cometo, o sofrimento que deixo subsistir, vivem apenas no instante em que ocorrem no íntimo da consciência humana que os recorda e se extinguem com ela. Não tem sentido algum dizer que depois disso ainda seriam verdadeiros. Não mais são, não mais são verdadeiros: as duas coisas são

---

30 Ibid., Bd.II, p.XI.
31 Schmidt, Die geistige Physiognomie Max Horkheimers, p.XL e segs.

Textos e contextos

a mesma. A menos que permaneçam salvaguardados – em Deus. Pode-se admitir isso e, não obstante, levar seriamente uma vida sem Deus? Essa é a questão da filosofia.[32]

Mais ou menos isso perguntava Benjamin naquela época, em 1937, e Horkheimer respondeu, impassível, que os assassinados estão realmente assassinados. Em um ensaio dessa época, ele se explicou da seguinte forma:

> Todos esses anseios de eternidade e do advento da justiça e do bem universais são, em oposição à apatia da atitude positivista, comuns ao pensador materialista e ao religioso. Mas enquanto este último se tranquiliza com o pensamento de que tais anseios seriam seguramente realizados ao final, o primeiro se deixa dominar pelo sentimento do abandono infinito dos homens, que é a única resposta verdadeira para a esperança impossível.[33]

Naquele momento, Horkheimer ainda tinha a confiança de que a Teoria Crítica da sociedade seria capaz de transpor o conteúdo racional da tradição filosófica no *medium* científico. É o mesmo pensamento insistentemente *pós-metafísico*, de *crítica* filosófica, que ainda coage o velho Horkheimer a considerar, como única alternativa ao positivismo desolador, não novamente a filosofia, e também não o teor da dialética negativa, mas sim a teologia. Inclusive agora essa consideração não leva a um resultado afirmativo. Em um apontamento seguinte, a propósito da Teoria Crítica, Horkheimer afirma:

---

32 Horkheimer, *Notizen 1950 bis 1969*, p.11.
33 Id., *Kritische Theorie*, Bd. I, p.372.

163

Jürgen Habermas

Ela substituiu a teologia, mas não encontrou um novo céu que pudesse apontar, nem mesmo um céu terreno. Mas não pode, é certo, abandonar seu sentido, e por isso sempre se interroga sobre o caminho. Como se não tivesse sido precisamente sua a descoberta de que o céu, para o qual se pode indicar o caminho, não é céu algum.[34]

O fato de Horkheimer colocar em jogo a teologia em geral, mesmo que apenas hipoteticamente, só é consequente depois que a filosofia da história não somente perdeu sua base histórica, mas também, ampliada em uma crítica total da razão, ameaçava destruir seus próprios fundamentos – é justamente a isso que o velho Horkheimer não quer se resignar, embora não veja uma saída. Nas *Notizen*, há um pensamento que talvez pudesse recuperar para a crítica uma parte de sua autoconfiança: "A linguagem, queira ela ou não, deve levantar a pretensão de ser verdadeira".[35] E mais adiante:

A verdade da fala não corresponde ao juízo solto e nu, como se estivesse impresso em um pedaço de papel, mas ao comportamento daquele que fala para o mundo, comportamento que se expressa no juízo, se concentra neste ponto, se reporta a este objeto em particular.[36]

Mas Horkheimer se tornou um filósofo da história excessivamente negativista, um crítico da razão excessivamente ra-

---

34 Id., *Notizen 1950 bis 1969*, p.61.
35 Ibid., p.123.
36 Ibid., p.172.

dical, para ainda poder descobrir um lampejo de razão na ação comunicativa cotidiana. Como para rejeitar esse pensamento, afirmou certa vez: "Hoje a fala é insípida e quem não deseja prestar atenção nela não está muito errado. [...] O falar está ultrapassado. Evidentemente, também o agir, na medida em que outrora estivera relacionado com o falar".[37] A filosofia tardia está sob o signo de um dilema: a *Dialética do esclarecimento* não pode ter a última palavra, mas ela impede o caminho de volta ao materialismo dos anos 1930. O fato de não poder ter a última palavra não se deve apenas a razões internas; ao menos dois motivos externos concorrem para isso.

Depois de seu retorno, Horkheimer reconstruiu o Instituto de Pesquisa Social e pôs em curso uma ampla gama de experimentos em grupo, engajando-se de modo amplo no revigoramento da pesquisa social empírica no nível das técnicas desenvolvidas nesse meio-tempo nos Estados Unidos. Essa *vinculação* renovada *com a prática científica estabelecida* não se conciliava com as convicções desenvolvidas na *Dialética do esclarecimento*. Nos seus trabalhos de crítica ao positivismo, Adorno defendeu, no essencial, sua antiga posição – Horkheimer furta-se ao problema, na medida em que propõe uma sociologia dos grupos marginalizados, que não é simplesmente motivada em termos éticos sociais, mas tanto quanto possível desconectada de uma teoria social: "O todo proveniente da teoria só pode conduzir ao pior".[38]

Um outro problema se põe no plano da política cotidiana. Depois da guerra, Horkheimer passou a manter uma atitude

---

37 Ibid., p.26 et seq.
38 Ibid., p.87.

Jürgen Habermas

favorável à *forma estatal das democracias ocidentais* e à forma de vida da civilização ocidental, que era, na verdade, bem mais resoluta do que sugere a cuidadosa formulação do prefácio para reimpressão de 1968: "Medir o chamado mundo livre pelo seu próprio conceito, comportar-se criticamente diante dele e, ainda assim, apoiar-se em suas ideias [...] é direito e obrigação de todo ser pensante".[39] Horkheimer confiava intuitivamente em um potencial racional das sociedades do capitalismo desenvolvido, do qual duvidou teoricamente durante muito tempo. Adorno, por sua vez, em suas análises do "capitalismo tardio", se prendeu a ideias que se encaixavam no quadro de uma filosofia da história negativista. Horkheimer não encontrou a força para rever essa posição à luz de sua experiência política transformada; ao invés disso, remontou à imagem contrastante do capitalismo liberal. Naturalmente, como antes, ele via como uma limitação da cultura burguesa o fato de que a consciência de si, a autonomia e a dignidade dos indivíduos enrijeciam-se em um isolamento frio e não se desdobravam na emancipação de todos. Mas o velho Horkheimer era não apenas extremamente convencional em seu gesto de crítica da cultura. Ele se tornou, sobretudo, conservador. Ele julgava agora que a liberdade e a humanidade seriam em sua essência burguesas: "A liberdade de todos os homens é a do burguês, que pode desenvolver suas capacidades. Os fundadores do socialismo moderno não refletiram [...] sobre o fato de que essas próprias capacidades pertencem ao modo de produção burguês".[40]

---

39 Horkheimer, *Kritische Theorie*, Bd.I, p.XIII.
40 Id., *Notizen 1950 bis 1969*, p.153.

Textos e contextos

Essa postura afirmativa em relação às instituições do mundo ocidental, que se volta contra o caráter inexorável de uma totalidade que elimina todo traço de individualidade e de liberdade, tem, de qualquer forma, um duplo fundamento. O sentimento vital que se exprime nos aforismos da filosofia tardia explica talvez mais facilmente a impotência de seu autor para, uma vez mais, reunir em uma imagem especular convincente as ideias dilaceradas da realidade social fragmentada. O Horkheimer que retorna da emigração, apesar de todo orgulho burguês, não se sente em casa em um país onde recair para a barbárie ainda é possível. Essa terra permanece assustadora para ele até seus últimos anos de vida. No fim de 1960, ele anota para si mesmo:

Em 1960, o passado nacional-socialista foi submetido na Alemanha à "repressão". [...] Na realidade, havia chegado o momento de se rebelar contra o ostracismo de nossa própria conduta imposta por estrangeiros. Mas chegamos a ser tão fortes que nós mesmos podemos nos permitir censurar o passado, por livre-iniciativa. [...] Com quão maior razão se procederá então, uma vez isso concluído, contra aqueles que triunfavam em 1945 quando a Alemanha era derrotada, contra os povos encorajados do Ocidente que, em sua estupidez, abateram os alemães e se aliaram aos russos, contra aqueles que já necessitam dos alemães tão amargamente, contra os indivíduos, emigrantes, judeus, elementos duvidosos, que desde aqueles anos tornam a assumir cômodas posições sem que tenham ouvido soar as bombas conosco, nem compartilharam conosco miséria e lágrimas. [...] Agora estamos ainda na etapa da culpa coletiva e da amizade com

Israel, mas em algum momento isso tem de terminar. Em breve, colocaremos um ponto final nisso.[41]

Embora as reações desavergonhadas de 8 de maio de 1985 pareçam confirmar esse receio, não devemos simplesmente aceitar as palavras de Horkheimer como verdade. Mas elas exprimem, porém, uma verdade com a qual ele viveu na República alemã, com a qual, solitário, confiou ao diário o prosseguimento de sua teoria duas vezes interrompida.

---

41 Ibid., p.146 et seq.

Sobre a frase de Horkheimer: "Querer salvar um sentido incondicionado sem Deus é vão"

A Alfred Schmidt em seu 60° aniversário

A filosofia tardia de Max Horkheimer se apresenta — em anotações e ensaios — na forma de reflexões provenientes de uma vida danificada. Alfred Schmidt as decifrou como a silhueta de uma intenção sistemática. Ele o demonstra por uma via indireta; emprega as ferramentas de Horkheimer a fim de abrir a porta para a filosofia da religião de Schopenhauer.[1] Essas reconstruções esclarecedoras me instruíram acerca das razões e motivos que levaram Horkheimer a buscar aconselhamento em Schopenhauer sobre questões de uma religião que ainda pudesse satisfazer o desejo de uma justiça perfeita. Horkheimer se interessa pelas doutrinas do judaísmo e do cristianismo menos por causa de Deus do que pela força expiatória da vontade de Deus. A injustiça infligida à criatura sofredora não

---

1 Schmidt, Die Wahrheit im Gewände der Lüge; Id., Religion als Trug und als metaphysisches Bedürfnis, *Quatuor Coronati*, p.87 et seq.; cf. também Id., Aufklärung und Mythos im Werk Max Horkheimers, p.180 et seq.

deve poder ter a última palavra. Às vezes, tudo se passa como se Horkheimer quisesse pôr a promessa religiosa de salvação completamente a serviço da moral. Por um lado, ele explica a proibição de imagens pelo fato de que "na religião judaica, não se trata tanto de como Deus é, mas de como o homem é".[2] A metafísica de Schopenhauer parecia prometer a solução para uma aporia em que Horkheimer havia caído por duas convicções igualmente fortes. Mesmo para ele o empreendimento crítico da filosofia consiste essencialmente em salvar, no espírito do esclarecimento, o que há de verdadeiro na religião; por outro lado, ele tinha claro que: "não se pode secularizar a religião se não se quiser abrir mão dela".[3]

Essa aporia acompanhou como uma sombra a filosofia grega desde os dias de seu primeiro encontro com a tradição judaica e com a tradição cristã. Em Horkheimer, ela se agudiza ainda mais em função de um profundo ceticismo em relação à razão. O que constitui para ele o conteúdo essencial da religião, a saber, a moral, já não está irmanado com a razão. Horkheimer elogia os escritores obscuros da burguesia por "não terem encoberto, mas bradado ao mundo inteiro a impossibilidade de apresentar um argumento de princípio contra o assassinato".[4] Confesso que essa frase me irrita hoje tanto quanto há quarenta anos, quando a li pela primeira vez. Desse modo, também nunca pude me deixar persuadir pela consequência desse ceticismo em relação à razão, que funda a dupla relação de Horkheimer com a religião. Que seja vão pretender salvar um

---

2 Horkheimer, Gespräch mit Helmut Gumnior, p.387.
3 Id., *Gesammelte Schriften*, Bd.7, p.393.
4 Horkheimer; Adorno, *Dialektik der Aufklärung*, p.142.

sentido incondicionado sem Deus denuncia não apenas uma necessidade metafísica. A própria frase é um fragmento dessa metafísica, sem a qual não apenas os filósofos, mas também os teólogos, deveriam viver.

Antes de tentar justificar esse protesto, quero me assegurar da intuição moral fundamental que acompanhou Horkheimer durante toda sua vida; em seguida, gostaria de discutir a afinidade entre religião e filosofia, que Horkheimer nunca perdeu de vista, e finalmente evidenciar as premissas sob as quais ele retoma a metafísica negativa de Schopenhauer. Para tanto, me apoio nas anotações e artigos que Alfred Schmidt tornou acessíveis[5] e cuja importância sistemática ele foi o primeiro a apontar.[6]

I

Depois que no mundo secularizado o arrependimento, esse estímulo da consciência religiosamente instruído, já não é considerado racional, o sentimento moral de compaixão ocupa seu lugar. Quando Horkheimer define o bem, de forma intencionadamente tautológica, como a tentativa para eliminar o mal, ele tem em mente uma solidariedade com a dor de criaturas vulneráveis e abandonadas, que é instigada pela indignação contra a injustiça concreta. A força reconciliadora da compaixão não está em contraposição com a força

---

5 Horkheimer, *Notizen 1950 bis 1969*.

6 Isso vale, sobretudo, para aqueles artigos filosóficos que Schmidt reuniu no apêndice à edição alemã de *Zur Kritk der instrumenteilen Vernunft*, p.177 segs.

que anima a revolta contra um mundo sem expiação e sem reparação da injustiça sofrida. Solidariedade e justiça são dois lados da mesma moeda; por isso, a ética da compaixão não nega à moral da justiça seu estatuto, ela ataca apenas a dureza da ética da convicção. Do contrário, não se poderia entender o *pathos* kantiano que se expressa na exigência de Horkheimer de, "apesar de tudo, prosseguir adiante no deserto, mesmo quando a esperança estivesse perdida".[7] E sob a palavra-chave "vanidade necessária", Horkheimer não se intimida diante da consequência quase protestante:

> É verdade que um indivíduo não pode mudar o curso do mundo. Mas se sua vida inteira não é o desespero selvagem que se rebela contra si, ele não poderá produzir o pouco de bem, infinitamente pequeno, insignificante, inútil, nulo, do que é capaz enquanto indivíduo.[8]

O destino comum de estar exposto à infinitude de um universo insensível pode despertar no homem um sentimento de solidariedade; mas nessa comunidade de abandonados, a esperança de solidariedade, a compaixão pelo próximo, não devem prejudicar o igual respeito por todos. Os sentimentos morais, nos quais é inerente o sentido de justiça, não são simplesmente excitações espontâneas; são intuições mais do que impulsos; neles se manifesta uma intelecção correta em sentido enfático. Os positivistas "ignoram que o ódio contra um homem honesto e o respeito por um homem vil são emoções errôneas,

---

7 Horkheimer, *Notizen 1950 bis 1969*, p.93.
8 Ibid., p.184.

não apenas diante da moral, mas diante da verdade, não apenas são experiências e reações ideologicamente reprováveis, mas objetivamente perversas".[9]

Horkheimer está tão seguro de sua intuição moral fundamental, que não pode qualificá-la de outro modo senão como "intuição correta". Esse cognitivismo moral parece colocá-lo por completo ao lado de Kant. No entanto, Horkheimer se deixa impressionar tanto pela dialética do esclarecimento, que desmente repetidamente o que Kant ainda confiava à razão prática. Resta apenas uma "razão formalista" que de modo algum tem "uma relação mais íntima com a moral do que com a imoralidade".[10] Apenas as investigações materiais podem superar o formalismo impotente, evidentemente de modo paradoxal. Sem poder nomear o bem, uma teoria crítica da sociedade deve apontar a injustiça determinada a cada vez. Como essa teoria, cética como é no que diz respeito à razão, já não pode manter uma relação afirmativa com os conteúdos normativos que ela, contudo, exibe passo a passo na crítica das situações injustas, ela precisa emprestar tudo o que tem de normativo de uma forma do espírito que, entrementes, foi superada, a saber, pela teologia fundida com a metafísica. Esta protege a herança de uma razão substancial que foi desacreditada.

Horkheimer não tem nenhuma ilusão sobre o caráter dessa tarefa vertiginosa. A teoria da sociedade

substituiu a teologia, mas não encontrou um novo céu que pudesse apontar, nem mesmo um céu terreno. Mas não pode, é certo,

---

9 Ibid., p.102.

10 Horkheimer; Adorno, *Dialektik der Aufklärung*, p.141.

abandonar seu sentido, e por isso sempre se interroga sobre o caminho. Como se não tivesse sido precisamente sua a descoberta de que o céu para o qual se pode indicar o caminho não é céu algum.[11]

Nenhuma teoria, antes de se decidir pela estética e se transformar em literatura, poderia viver bem com essa figura de pensamento kafkiana. As ideias do velho Horkheimer se movem, portanto, em torno dessa teologia que *deve* ser "substituída" pelo empreendimento crítico e autocrítico da razão, sem *poder*, porém, ser substituída pela razão em sua atividade de fundamentação da pretensão de incondicionalidade da moral. A filosofia tardia de Horkheimer pode ser entendida como a elaboração desse problema, a interpretação da metafísica schopenhaueriana como uma proposta para sua solução.

Em seu artigo sobre "Teísmo-ateísmo", Horkheimer acompanha o parentesco helenístico entre teologia e metafísica até os grandes sistemas nos quais a ciência divina e a humana convergem. Interessa a ele, sobretudo, o ateísmo militante do século XVIII, que "foi mais capaz de aprofundar o interesse pela religião do que de eliminá-lo".[12] Inclusive a antítese materialista ao cristianismo, que substitui "Deus" pela "natureza", apenas empreende uma inversão nos conceitos fundamentais, mas ainda permanece presa à arquitetônica metafísica das imagens de mundo. A crítica de Kant à metafísica abre, em seguida, a porta a conteúdos místicos e messiânicos que penetram na filosofia de Baader e Schelling até Hegel e Marx. Horkheimer sempre teve clareza sobre o conteúdo teológico da teoria mar-

---

11 Horkheimer, *Notizen 1950 bis 1969*, p.61.
12 Id., *Gesammelte Schriften*, Bd. 7, p.178.

Textos e contextos

xista: o esclarecimento, com a ideia de uma sociedade justa, abrira a perspectiva de um novo além no lado de cá [*Jenseits im Diesseits*]; agora o espírito do Evangelho deveria encontrar no processo histórico uma via de realização terrena.

A superação secularizadora da ontoteologia em filosofia da história tem um resultado profundamente ambíguo. Por um lado, a filosofia se converte em teologia disfarçada e salva seus conteúdos essenciais. Trata-se do sentido de um ateísmo que conserva a atualidade do teísmo:

> Apenas aqueles que o utilizavam como insulto entendiam por ateísmo o simples contrário da religião. Os concernidos, que o professaram (o ateísmo) quando a religião ainda possuía poder, costumavam se identificar com o mandamento teísta da dedicação ao próximo e à criatura por excelência com muito mais afinco do que a grande maioria dos seguidores e partidários das igrejas oficiais.[13]

Por outro lado, a filosofia só pode salvar a ideia do incondicionado pelo *medium* de uma razão que, entretanto, relegou o eterno às contingências históricas e traiu o incondicionado. Pois a razão, que já não pode reivindicar outra autoridade que a da ciência, é uma faculdade naturalista, regrediu a uma inteligência a serviço da autoafirmação pura e simples; ela se mede por suas contribuições funcionais, por seus progressos técnicos, mas não por uma validade que transcende espaços e tempos: "Com Deus, morre também a verdade eterna".[14] *Depois*

---

13 Id., Theismus-Atheismus, p.178.
14 Ibid., p.184.

Jürgen Habermas

do esclarecimento, o verdadeiro na religião só pode ser salvo com meios que liquidam a verdade. Nesta situação incômoda, se encontra uma teoria crítica que deve "substituir" a religião, porque, segundo a concepção de Horkheimer, tudo o que está relacionado à moral se reduz, em última instância, à teologia.

II

Como a superação racional da teologia e de seus conteúdos essenciais deve se realizar ainda hoje, sob as condições de uma crítica da metafísica, que já não ser desfeita, sem destruir o sentido dos conteúdos religiosos ou a própria razão? Com essa pergunta, o materialista pessimista Horkheimer se dirige ao idealista pessimista Schopenhauer. Segundo a interpretação surpreendente de Horkheimer, a atualidade de Schopenhauer consiste em que seu negativismo consequente salva "o espírito do Evangelho". Schopenhauer teria conseguido a obra-prima de fundamentar em termos ateus a moral fundada na teologia — isto é, manter a religião prescindindo de Deus.

No mundo como "vontade e representação", Horkheimer reconhece, por um lado, a árida obra darwinista de uma razão instrumental rebaixada a órgão de autoconservação, que alcança o mais fundo do intelecto científico que objetiva tudo que encontra ao redor, dominada por um impulso vital cego, insaciável, incitando uma subjetividade contra outra. Por outro lado, é precisamente essa reflexão sobre esse abissal fundo negativo dos sujeitos que, sem misericórdia, subjugam uns aos outros, que há de despertar uma ideia de seu destino *comum* e uma consciência capaz de deter-se um instante, a saber, a consciência de que todas as manifestações vitais estão dominadas por uma vontade *idêntica*:

Textos e contextos

Se o reino do fenômeno, a realidade experimentável, não é a obra de um poder positivo divino, não é a expressão de um ser em si mesmo bom e eterno, mas da vontade que se afirma em todo o finito, que se reflete distorcidamente na pluralidade, permanecendo, contudo, idêntica no profundo, então cada um tem razão para se saber um com todos os demais, não em seus motivos específicos, mas em seu emaranhamento na loucura e na culpa, na pulsão, na alegria e no declínio. Vida e destino do fundador do cristianismo se tornam modelo, não mais em virtude dos mandamentos, mas do discernimento no mais íntimo do mundo.[15]

O que fascina Horkheimer em Schopenhauer é a perspectiva de uma fundamentação metafísica da moral a partir do discernimento da estrutura do mundo em seu todo — mas de tal modo que esse discernimento se dirija, ao mesmo tempo, contra suposições centrais da metafísica, satisfazendo o ceticismo pós-metafísico da razão. A metafísica negativa se prende à distinção entre essência e fenômeno, apenas invertendo os sinais — platonismo *invertido*. Nisso se funda, em seguida, a esperança de que o discernimento da "impiedosa estrutura da eternidade" possa gerar a "comunidade dos abandonados". Horkheimer nota, todavia, a sombra dessa autocontradição performativa, que acompanha toda metafísica negativa desde Schopenhauer e Nietzsche. Mesmo que se deixem de lado as reservas epistemológicas contra o acesso intuitivo, mediado pelo corpo, à coisa em si, permanece incompreensível como se chega a essa inversão da direção dos impulsos, que a vontade irracional do mundo volta contra si mesma e que leva

---

15 Horkheimer, Religion und Philosophie, p.193.

Jürgen Habermas

a razão instrumental à reflexão paralisante: "A metafísica da vontade irracional como essência do mundo deve levar à ideia da problemática da verdade".[16] Alfred Schmidt destacou essa aporia: "Se a essência do mundo é irracional, então inclusive a pretensão de verdade dessa tese não permanece exterior ".[17] À luz dessas consequências, a frase de que é vão salvar um sentido incondicionado sem Deus pode ser entendida também como crítica a Schopenhauer, como crítica ao "último grande intento filosófico de salvar o núcleo do cristianismo".[18]

Ao final, as formulações ambíguas de Horkheimer oscilam, de modo indeciso, entre a fundamentação da moral em termos de metafísica negativa, feita por Schopenhauer, e um retorno à fé dos padres. Essa situação argumentativa confusa me leva a retornar àquela suposição de que parte a filosofia tardia de Horkheimer: de que a razão "formalista" ou a razão procedimental, que, por assim dizer, restou sob as condições do pensamento pós-metafísico, está igualmente tão longe da moralidade quanto da imoralidade. Tal como vejo, a afirmação cética de Horkheimer se baseia, sobretudo, na experiência contemporânea do stalinismo e em um argumento conceitual, que pressupõe o conceito ontológico de verdade.

III

O pensamento de Horkheimer é determinado, ainda mais que o de Adorno, pela experiência histórica estremecedora de

---

16 Id., Die Aktualität Schopenhauers, p.136.
17 Schmidt, Die Wahrheit im Gewände der Lüge, p.121.
18 Horkheimer, Religion und Philosophie, p.191.

que aquelas ideias de liberdade, solidariedade e justiça – deduzidas da razão prática, inspiradoras da Revolução Francesa, recuperadas por Marx em termos de crítica da sociedade – não haviam conduzido ao socialismo, mas, em nome do socialismo, à barbárie:

> A visão da ordenação da terra em termos de justiça e liberdade, que subjaz no pensamento kantiano, se transformou na mobilização das nações. Com cada levante que se seguiu à grande Revolução Francesa, parece ter decrescido a sustância do conteúdo humanista e ter crescido o nacionalismo. No século XX, o maior espetáculo da perversão dessa profissão de fé da humanidade em um culto intransigente ao Estado foi oferecido pelo próprio socialismo [...]. O que Lênin e a maioria de seus camaradas aspiravam antes da tomada do poder era a uma sociedade livre e justa. Na realidade, pavimentaram o caminho para uma burocracia totalitária, sob cujo domínio não havia mais liberdade do que no império dos czares. É evidente que a nova China está em uma fase de passagem à barbárie.[19]

Dessa experiência, Horkheimer extraiu consequências para uma reestruturação da arquitetônica da razão, que se anuncia no conceito de "razão instrumental". Não há mais diferença entre, por um lado, uma atividade do entendimento posta a serviço da autoafirmação subjetiva, que subjuga todas as suas categorias e converte tudo em objeto, e, por outro lado, a razão como faculdade de ideias cujo lugar foi usurpado pelo entendimento. As próprias ideias são arrastadas pelo redemoi-

---

19 Id., Die Aktualität Schopenhauers, p.138 et seq.

nho da reificação; elas foram hipostasiadas em fins absolutos, só têm um significado funcional para outros fins. Na medida em que o estoque de ideias é consumido desse modo, toda pretensão que aponte para além da racionalidade com respeito a fins perde sua força transcendente; a verdade e a moralidade são privadas de seu sentido incondicionado.

Um pensamento que reage a mudanças históricas inclusive em seus conceitos fundamentais se submete à instância de novas experiências. Não é, pois, inapropriado perguntar se a bancarrota do socialismo de Estado, que nesse meio-tempo se tornou evidente, não contém *outros* ensinamentos. Pois essa bancarrota deve também ser posta na conta de ideias que o regime, enquanto se distanciava cada vez mais delas, usou abusivamente para sua própria legitimação, porque ele, o que é o mais importante, *não precisava* se valer delas. Um sistema que, apesar de seu brutal aparato de repressão orwelliano, vem abaixo porque a situação social desmente em voz alta tudo o que simulam as ideias legitimadoras, não pode *dispor à vontade do sentido próprio dessas ideias*. Nas ideias de uma tradição republicana materializada em termos de direito constitucional, por mais maltratadas que sejam, se revela um fragmento de razão existente, a que a "dialética do esclarecimento" nunca cedeu a palavra porque esse fragmento escapa do olhar nivelador da filosofia negativa da história.

A disputa em torno dessa tese só poderia se dar no campo das análises materiais. Eu me limitarei, portanto, ao argumento conceitual que Horkheimer desenvolve a partir da crítica da razão instrumental. A afirmação de Horkheimer de que a diferença entre razão [*Vernunft*] e entendimento [*Verstand*] foi *apagada* no curso do processo histórico pressupunha, diferentemente do que ocorre no pós-estruturalismo hoje, que ainda podíamos nos *recordar* do conceito enfático de razão. O sentido crítico da "razão instrumental" se coloca apenas sobre o pano de fundo dessa recordação. E só pelo recurso anamnésico à razão substancial das imagens religiosas e metafísicas do mundo que nos asseguraríamos do sentido da incondicionalidade, que conceitos como o de verdade e moralidade certa vez comportaram, enquanto ainda não tinham se desintegrado em termos positivistas ou funcionalistas. Um absoluto ou incondicionado só se abre à filosofia em conjunção com a justificação do mundo em seu todo, isto é, por meio da metafísica. Mas a filosofia só permanece fiel a suas origens metafísicas enquanto tenta "imitar o [exemplo] da teologia positiva", e parte do fato de que a razão cognoscente se encontra no mundo racionalmente estruturado ou é ela própria que empresta à natureza e à história uma estrutura racional. Enquanto o mundo "por sua própria natureza *não* coincide necessariamente com o espírito, a confiança no ser da verdade em geral desaparece. A verdade não é, então, superada em nenhum outro lugar, senão nos próprios homens efêmeros e é tão efêmera quanto eles".[20]

Horkheimer nunca considerou que entre a razão "instrumental" e a razão "formal" poderia haver uma diferença. À razão instrumental, ele também assimilou, sem hesitação, uma razão procedimental, que não faz a validade de seus resultados depender dos conteúdos do mundo racionalmente organizados, mas da racionalidade dos procedimentos, segundo os quais essa razão resolve seus problemas. Horkheimer parte do fato de que não pode haver verdade sem absoluto – sem um poder

---

20 Ibid., p.135 et seq.

que transcenda o mundo em sua totalidade, "no qual a verdade é superada". Sem ancoramento *ontológico*, afirma ele, o conceito de verdade deveria recair nas contingências intramundanas dos homens mortais e dos contextos variáveis; sem tal ancoramento a verdade já não é ideia alguma, mas uma arma na luta pela vida. O conhecimento humano, que inclui o discernimento moral, só pode entrar em cena com a pretensão de verdade se esta se orientar por relações entre o conhecimento e o ente tal como essas relações só se oferecem ao olhar divino. Diante dessa peculiar compreensão tradicional, apresentarei (na última seção) uma alternativa moderna — um conceito de razão comunicativa que permite salvar o sentido do incondicionado sem metafísica. Mas antes temos que nos assegurar do motivo real que faz que Horkheimer se atenha ao conceito clássico de verdade como *adaequatio intellectus ad rem*.

O que é decisivo para uma adesão a um ancoramento ontológico da verdade é dado por aquela consideração ética que Horkheimer empresta de Schopenhauer. Apenas a intuição na identidade de tudo o que é vivo, na unidade de um fundo essencial, ainda que irracional, em que todos os fenômenos particulares estão vinculados, "pode fundar, muito antes da morte, a solidariedade com toda criatura".[21] Esse pensamento metafísico da unidade torna-se plausível porque a superação do egoísmo encontra um eco na constituição do mundo. Apenas por essa razão, a unidade tem para os filósofos primazia sobre a multiplicidade, o incondicionado aparece no singular, para os judeus e cristãos o Deus Uno vale mais que as múltiplas divindades da Antiguidade. O fato de que os sujeitos singulares

---

21 Id., Schopenhauers Denken, p.252.

se entrincheiram em sua particularidade e, com isso, fazem do individualismo uma mentira, é especificamente o destino da cultura burguesa. Esse estado de natureza social da sociedade concorrencial é considerado por Horkheimer como o problema moral fundamental, de maneira que, para ele, justiça e solidariedade se convertem em sinônimos da "renúncia à afirmação do eu fechado em si mesmo". O egoísmo se consolidou de tal modo em um estado pervertido do mundo, que uma passagem do amor de si à entrega aos outros não é pensável sem a precaução metafísica da unidade prévia dessa vontade insondável do mundo que nos provoca o discernimento da solidariedade dos abandonados:

> Schopenhauer extraiu a consequência: o justo é a intuição no mal da própria vida, que não pode ser separada do sofrimento das outras criaturas, justa é a unidade com os sofredores, com o homem e o animal, a renúncia ao amor próprio e ao egoísmo, à pulsão ao bem-estar individual como fim último, digno de desejo é a entrada, após a morte, no universal, não pessoal, no nada.[22]

Só é má a vontade individualizada que se volta contra as demais, essa vontade é boa quando na compaixão realiza sua verdadeira identidade com todos os outros seres.

IV

Já na *Dialética do esclarecimento*, Horkheimer atribui a Sade e Nietzsche a ideia de que "após a formalização da razão, a compaixão subsistia por assim dizer como consciência sensí-

---

22 Id., Pessimismus heute, p.227 et seq.

vel da identidade do universal e do particular, como mediação naturalizada".[23] Na versão schopenhaueriana, a compaixão não pode assumir o papel de uma *mediação* dialética entre indivíduo e sociedade, entre o igual respeito entre cada um e a solidariedade de cada um com todos. Trata-se aqui apenas da autossupressão abstrata da individualidade, da dissolução do indivíduo no todo-uno. Com isso, é abandonada justamente a ideia que constitui o conteúdo moral do cristianismo. Aqueles que se apresentarão diante de Deus no dia do juízo final com a esperança de um julgamento justo, um após os outros, sozinhos, sem o manto dos bens e honras mundanas, isto é, como iguais, têm a experiência de si mesmos como *seres completamente individuados*, que prestam conta de sua história de vida assumida de modo responsável. Simultaneamente a essa ideia, deveria se perder a profunda intuição de que não se deve romper o laço entre a solidariedade e a justiça.

Nisso, Horkheimer certamente não segue Schopenhauer sem reservas. Sua interpretação do Salmo 91 denuncia seu esforço para superar uma dissonância. A doutrina da alma individual, diz-se, tem no judaísmo outro significado, não falseado por expectativas do mais além:

> A ideia de sobrevivência significa antes de tudo não o mais além, mas o estar vinculado à nação, que o nacionalismo moderno distorce de forma crassa e que tem sua pré-história na Bíblia. O indivíduo, ao ordenar sua vida conforme a Torá, ao passar dias, meses, anos em obediência à lei, chega a se converter em algo tão uno com o outro, apesar de todas as diferencias individuais, que

---

23 Horkheimer; Adorno, *Dialektik der Aufklärung*, p.123.

depois de sua morte continua existindo nos seus, em seu exercício da tradição, em seu amor à família e ao clã, em sua esperança de que alguma vez se realize o bem no mundo [...]. De modo parecido à figura de Jesus no cristianismo, o povo judeu *como um todo* é responsável pela redenção.[24]

Horkheimer tenta contornar o problema da superação do indivíduo, da negação da individualidade inalienável, deslocando o tema. A questão não é se o reino do Messias é ou não deste mundo, mas se essa intuição moral fundamental, proveniente do judaísmo e do cristianismo, que Horkheimer segue sem vacilar, pode ser explicitada de maneira adequada sem fazer referência a uma *individuação* possível e sem restrição na comunidade *universal*.

O impulso moral de não querer se resignar à violência das relações que isolam o indivíduo, e só concedem felicidade e poder a alguns ao preço da infelicidade e da impotência dos outros, leva Horkheimer à concepção de que a força reconciliadora da solidariedade com o sofrimento só tem uma chance se os indivíduos abrirem mão de sua individualidade. Ele não vê que o perigo de distorção nacionalista de comunhão surge precisamente no instante em que uma falsa solidariedade faz que o indivíduo se dissolva no coletivo. Um pensamento metafísico da unidade – ainda que empregado em termos negativos – desloca a solidariedade, que tem seu lugar genuíno na intersubjetividade linguística, no entendimento e na socialização individualizadora, para a identidade de um ser subjacente, a negatividade indiferenciada da vontade do mundo. Uma

---

24 Horkheimer, Psalm 91, p.210.

Jürgen Habermas

unidade completamente diferente, dialética, se estabelece na comunicação, na qual a estrutura da linguagem inscreve a distância entre "eu" e "tu". Com a estrutura da intersubjetividade linguística, nos é imposto um entrelaçamento de autonomia e entrega, uma reconciliação que não apaga as diferenças.

Horkheimer não é de modo algum surdo a essa promessa inscrita na própria linguagem. Certa vez, ele disse de modo lapidar: "A linguagem, queira ela ou não, tem de levantar a pretensão de ser verdadeira".[25] Ele também reconhece que temos de recorrer à dimensão pragmática do uso da linguagem; pois do ponto de vista restrito da semântica, que reduz os proferimentos a proposições, não se pode explicar a pretensão de verdade transcendente da fala:

> A verdade da fala não corresponde ao juízo solto e nu, como se estivesse impresso em um pedaço de papel, mas ao comportamento daquele que fala para o mundo, comportamento que se expressa no juízo, se concentra neste ponto, se reporta a este objeto em particular.[26]

Horkheimer tem evidentemente em vista a tradição teológica que, de Santo Agustinho até o protestantismo radical, passando pela mística do *logos*, se prende ao caráter inaugural do verbo divino e da linguagem como *medium* da mensagem divina:

> Mas a metafísica teológica tem razão contra o positivismo porque cada frase não pode nada mais do que levantar a pretensão

---

25 Id., *Notizen 1950 bis 1969*, p.123.
26 Ibid., p.172.

impossível, não apenas de um efeito esperado, de sucesso, como acredita o positivismo, mas de verdade em sentido estrito, quer o falante reflita sobre ela ou não.[27]

A oração, na qual o crente busca contato com Deus, não se distinguiria categorialmente da invocação, precisaria descer ao nível da magia, se confundíssemos o sentido ilocucionário de nossos proferimentos com seu efeito perlocucionário, como o faz efetivamente o programa irrealizável do nominalismo linguístico.

Mas essas ideias permanecem ocasionais. Horkheimer não as utiliza como traços de uma explicação pragmático-linguística do sentido *incondicionado*, ligado a pretensões de verdade *inevitáveis*. Seu ceticismo em relação à razão é tão profundo que, no estado atual do mundo, ele já não pode descobrir um lugar para a ação comunicativa: "Hoje a fala é insípida e quem não deseja prestar atenção nela não está muito errado. [...] O falar está ultrapassado. Evidentemente, também o agir, na medida em que outrora estivera relacionado com o falar".[28]

V

O diagnóstico pessimista do tempo não é a única razão que impede Horkheimer de colocar seriamente a questão de como é possível o que praticamos diariamente: orientar nossa ação por pretensões de validade transcendentes. Tudo se passa muito mais como se uma resposta profana a essa questão, como a

---

27 Horkheimer, Die Aktualität Schopenhauers, p.138.
28 Id., *Notizen 1950 bis 1969*, p.26.

Jürgen Habermas

que propôs Peirce, por exemplo, não tivesse podido satisfazer *suficientemente* a necessidade metafísica de Horkheimer pela religião.

Horkheimer havia equiparado a razão formalista de Kant à razão instrumental. Mas Charles S. Peirce dá uma virada pragmático-linguística ao formalismo kantiano e entende a razão em termos procedimentais. O processo de interpretação de signos toma consciência de si mesmo no plano da argumentação. Peirce mostra precisamente como o modo de comunicação, por assim dizer, extracotidiano está à altura do "sentido incondicional" da verdade das pretensões de validade em geral. Peirce compreende a verdade como o resgate de uma pretensão de validade sob as condições de comunicação de uma comunidade ideal de intérpretes, isto é, de uma comunidade de intérpretes idealmente ampliada no espaço social e no tempo histórico. A referência contrafactual a tal comunidade *ilimitada* de comunicação substitui o momento de eternidade ou o caráter supratemporal da "incondicionalidade" pela ideia de um processo de interpretação aberto, mas orientado por um fim, que transcende os limites do espaço social e do tempo histórico *de dentro*, da perspectiva de uma existência situada *no mundo*. *No tempo*, os processos de aprendizado formariam um arco que faz a ponte entre todas as distâncias temporais; *no mundo*, devem poder se realizar tais condições que, ao menos, temos que pressupor como suficientemente cumpridas em toda argumentação. Sabemos intuitivamente que não podemos *convencer* alguém de algo, inclusive nem a nós mesmos, se não partirmos conjuntamente do fato de que todas as vozes relevantes, quaisquer que sejam, são ouvidas, que os melhores argumentos disponíveis no estado atual do conhecimento são expressos e que apenas a coerção sem coerções do melhor argumento determina as tomadas de posição "sim" e "não" dos participantes.

Com isso, a tensão entre o inteligível e o reino dos fenômenos se desloca para os pressupostos universais da comunicação, que, ainda que tenham um conteúdo ideal e realizável apenas de modo aproximado, todos os participantes têm de assumir factualmente se quiserem tematizar uma pretensão de validade controversa. A força idealizante de tais antecipações transcendentes penetra inclusive no coração da prática comunicativa cotidiana. Pois inclusive a emissão linguística mais fugaz, o "sim" e o "não" mais convencionais, *remete* a razões potenciais – e, com isso, à audiência idealmente ampliada à que elas teriam de convencer se forem válidas. O momento ideal de incondicionalidade está profundamente imbricado nos processos factuais de entendimento porque as pretensões de validade têm uma face de Jano: enquanto pretensões de validade universais, apontam para além de qualquer contexto dado; ao mesmo tempo, têm de ser levantadas e aceitas aqui e agora para poder ensejar um acordo que coordene a ação. Na ação comunicativa, nos orientamos por pretensões de validade que só podemos levantar no contexto de *nossa* linguagem, de *nossa* forma de vida, enquanto o resgate dessas pretensões, suposto implicitamente, aponta para além da provincialidade de qualquer contexto histórico dado. Quem faz um uso de uma linguagem orientado para o entendimento está exposto a uma transcendência de dentro. Ele não pode abrir mão dessa transcendência tão logo domine a estrutura da linguagem por meio da intencionalidade da palavra falada. A intersubjetividade linguística ultrapassa os sujeitos, mas sem os tornar *submissos*.

Jürgen Habermas

O pensamento pós-metafísico se distingue da religião pelo fato de que salva o sentido do incondicionado sem recorrer a Deus ou a um absoluto. Horkheimer só teria razão com seu mote se tivesse pretendido dizer algo diferente com a expressão "sentido incondicionado" do que esse sentido de incondicionalidade que, como um momento, também toca o significado da verdade. O sentido dessa incondicionalidade não é o mesmo que um sentido incondicional que nos console. Sob as condições do pensamento pós-metafísico, a filosofia não pode substituir o consolo com que a religião ensina a suportar, sob outra luz, a dor inevitável e a injustiça não reparada, as contingências da miséria, a solidão, a enfermidade e a morte. Certamente, a filosofia ainda pode explicar hoje o ponto de vista moral sob o qual julgamos imparcialmente algo como justo ou injusto; nessa medida, a razão comunicativa não está de modo algum à mesma distância da moralidade e da imoralidade. Outra coisa, porém, é dar uma resposta motivadora à questão de por que seguimos nossas intuições morais, e por que, afinal, devemos ser morais. Sob *este* aspecto, talvez poderia ser dito: querer salvar um sentido incondicionado sem Deus é vão. Pois faz parte da dignidade da filosofia manter inflexivelmente que nenhuma pretensão de validade pode ter valor cognitivo se não for justificada diante do fórum do discurso que fundamenta.

Excurso
Transcendência de dentro,
transcendência para o lado de cá

Uma observação pessoal prévia pode facilitar a entrada em uma discussão difícil.* Sempre respondi a objeções por parte de meus colegas filósofos e sociólogos;[1] desta vez, também me submeto com satisfação à crítica de Fred R. Dallmayr e de Robert Wuthnow. Até agora, evitei a discussão com teólogos: eu ainda preferiria continuar em silêncio. Enquanto silêncio do embaraço, ele estaria inclusive justificado; eu não estou realmente familiarizado com a discussão teológica e me movo com desconforto em terras insuficientemente conhecidas. Por outro lado, tanto na Alemanha quanto nos Estados Unidos, há décadas os teólogos me incluíram na discussão. Eles se referi-

---

* Réplica às contribuições a um congresso organizado em 1988 pela Faculdade de Teologia da Universidade de Chicago.

1 Cf. meu posfácio a *Conhecimento e interesse*, assim como minhas réplicas em Thompson; D. Held (orgs.), *Habermas – Critical Debates*; Bernstein (org.), *Habermas and Modernity*; A. Honneth; J. Joas (orgs.), *Kommunikatives Handeln.*

ram em geral à tradição da Teoria Crítica[2] e também reagiram a meus escritos.[3] Nessa situação, o silêncio seria uma falsa comunicação. Quem é interpelado e se cala se reveste em uma aura de importância indefinida e impõe silêncio. Heidegger é um exemplo entre muitos. Devido a esse caráter autoritário, Sartre chamou com razão o silêncio de "reacionário".

Inicialmente, irei me certificar de algumas premissas, sob as quais teólogos e filósofos discutem hoje entre si na medida em que compartilham uma avaliação autocrítica da modernidade (I). Em seguida, tentarei compreender o estatuto e a pretensão de verdade dos discursos teológicos (II). Por último, entrarei nas objeções mais importantes por parte dos teólogos (III) para, ao final, me posicionar acerca da crítica dos não teólogos (IV).

I

De uma certa distância, é mais fácil falar uns sobre os outros do que uns com os outros. Para o sociólogo, é mais fácil explicar as tradições religiosas e seu papel a partir da perspectiva do observador do que se aproximar delas em uma atitude performativa. A troca para a atitude de um participante virtual no discurso religioso só tem para ele, enquanto não sai de seu papel profissional, o sentido metodológico de uma etapa hermenêutica intermediária. Uma situação um pouco diferente é a do filósofo, ao menos a situação daquele que cresceu nas universidades alemãs com Fichte, Schelling e Hegel, e também

---

2 Geyer; Janowski; Schmidt, *Theologie und Soziologie*; Siebert, *The Critical Theory of Religion. The Frankfurt School.*

3 Cf. o impressionante informe bibliográfico em E. Ahrens (ed.), *Habermas und die Theologie*, p.9-38.

com a herança marxista deste último. Pois dessa perspectiva está excluída de saída a possibilidade de uma atitude meramente objetivante em relação às tradições judaica e cristã, em particular, em relação à fecundidade especulativa da mística judaica e protestante do início da modernidade, transmitida pelo pietismo suábio de um Bengel e de um Oetinger. Assim como o idealismo alemão queria retomar o Deus da criação e do amor misericordioso com o conceito de absoluto, do mesmo modo ele queria retomar teoricamente os rastros históricos da história da salvação com uma reconstrução lógica do processo do mundo em sua totalidade. Mesmo Kant não pode ser entendido sem o motivo de querer compreender os conteúdos essencialmente práticos da tradição cristã de tal forma que possam subsistir perante o fórum da razão. Mas os contemporâneos tinham clareza sobre a ambivalência dessas tentativas de transformação. Com o conceito de "superação" [*Aufhebung*], Hegel integrou essa ambivalência no próprio método dialético. A superação do mundo de representações religiosas no conceito filosófico só podia salvar seus conteúdos essenciais retirando deles a substância da piedade. Certamente, o núcleo ateu permanecia reservado ao filósofo sob a capa de uma compreensão esotérica. Por isso, o velho Hegel só confiou à razão filosófica a força de uma reconciliação *parcial*; ele havia abandonado a esperança na universalidade concreta dessa religião pública que, segundo o "mais antigo programa sistemático", deveria tornar o povo racional e os filósofos sensíveis. O povo é abandonado por seus sacerdotes convertidos em filósofos.[4]

---

4 Habermas, *Der philosophische Diskurs der Moderne*, p.48-54; cf. também Löwith, Hegels Aufhebung der christlichen Religion, p.54-96.

O ateísmo *metodológico* da filosofia de Hegel e, em geral, toda apropriação filosófica de conteúdos religiosos essenciais (que nada diz acerca da autocompreensão pessoal dos autores filosóficos), só se tornaram um escândalo público depois da morte de Hegel, quando se colocou o "processo de decomposição do espírito absoluto" (Marx). Os hegelianos de direita, que até hoje reagem a esse escândalo apenas defensivamente, continuam devendo uma resposta convincente. Sob as condições do pensamento pós-metafísico, não basta se entrincheirar atrás de um conceito de absoluto, que não pode ser separado dos conceitos da "lógica" hegeliana, mas que não pode ser defendido sem uma reconstrução da dialética hegeliana *atualmente* convincente, vinculada a nossos discursos filosóficos.[5] Certamente, os jovens hegelianos não viram com a mesma acuidade que, assim como os conceitos metafísicos fundamentais, também um ateísmo afirmado em termos metafísicos se tornou insustentável. Seja qual for a forma em que o materialismo se apresente, ele é, no horizonte de um pensamento científico-falibilista, uma hipótese que no melhor dos casos pode reivindicar plausibilidade apenas até segunda ordem.

Em nossas latitudes, nesse meio-tempo, desapareceram inclusive as razões para um ateísmo motivado politicamente, ou melhor, para um *laicismo* militante. Durante minha época de estudante, foram sobretudo teólogos como Gollwitzer e Iwand quem deram as respostas escrupulosas e morais às perguntas políticas que nos pressionavam depois da guerra. Foi a Igreja confessional que, naquele momento, com sua confissão de

---

5 Parece-me ser esta a situação incômoda em que se encontra F. Dallmayr.

Textos e contextos

culpabilidade, tentou ao menos um novo começo. Em ambas as confissões, formaram-se grupos de esquerda, tanto entre os laicos como entre os teólogos, que separaram a Igreja de sua confortável ligação com o poder estatal e com a situação social existente, e que, em lugar da restauração, buscam renovação, enfatizando na esfera pública política os critérios de avaliação universalistas. Com essa mudança de mentalidade, exemplarmente testemunhada e amplamente realizada, surge a imagem de um engajamento religioso que rompe o caráter convencional e a interioridade de uma religiosidade puramente privada. Com uma compreensão não dogmática da transcendência e da fé, esse engajamento toma a sério a dignidade humana e os objetivos de emancipação social do lado de cá e em uma arena de múltiplas vozes se associa com outras forças que aspiram a uma democratização radical.

Sobre o pano de fundo de uma práxis, à qual ninguém negará seu respeito, nos encontramos com uma teologia crítica que explica a autocompreensão dessa práxis de uma maneira que ajuda a expressar nossas melhores intuições morais sem quebrar as pontes com linguagens e culturas seculares. Um bom exemplo de tal teologia política, que estabelece uma conexão com as investigações de filosofia moral e teoria da sociedade contemporânea, é dado pela teologia fundamental de Schüssler-Fiorenza.[6] Ele começa caracterizando o triplo aspecto das transformações a que ambas, religião e teologia, submetem-se sob as condições de um pensamento pós-metafísico que se tornou inevitável na modernidade.[7] Ele enfatiza a dissociação

---

6 Schüssler-Fiorenza, *Foundational theology: Jesus and the Church*.

7 Id., Die Kirche als Interpretationsgemeinschaft, p.115-144. A numeração no corpo do texto se refere a este artigo.

de uma religião, ao mesmo tempo interiorizada e aberta ao mundo secularizado, das pretensões explicativas das imagens cosmológicas do mundo; a "doutrina da fé", no sentido de Schleiermacher, perde o caráter de uma imagem do mundo. Como consequência do reconhecimento de um pluralismo de forças religiosas, se segue, além disso, um comportamento reflexivo em relação à particularidade da própria fé no horizonte da universalidade do religioso em geral. A isso se liga, por fim, o reconhecimento de que as éticas que surgiram do contexto das diferentes religiões universais concordam nos princípios de uma moral universalista. Em uma etapa posterior, Schüssler--Fiorenza expõe os limites de uma teoria moral filosófica que se restringe à explicação e à fundamentação de um ponto de vista moral, e discute os problemas que resultam das abstrações de tal ética da justiça.

Visto que uma filosofia que se tornou autocrítica já não confia em enunciados universais acerca da totalidade concreta de formas de vida exemplares, ela precisa remeter os concernidos a discursos nos quais eles mesmos respondam a suas questões substanciais. As partes devem examinar, em argumentações morais, o que é igualmente bom para todos; mas antes devem ter clareza sobre o que, em seu contexto, é o bom para elas próprias. Essas questões éticas em sentido estrito sobre uma forma de vida não danificada ou digna de preferência só podem encontrar uma resposta em discursos de autocompreensão ligados aos contextos. E essas respostas serão tanto mais diferenciadas e adequadas quanto mais ricas forem as tradições formadoras de identidade em que possa se apoiar essa autocertificação. Schüssler-Fiorenza o expressa com as palavras de Rawls: a pergunta pela própria identidade —

quem somos e quem queremos ser – exige um "conceito forte do bem". Desse modo, cada parte deve trazer sua concepção de vida boa, de vida preferível, na argumentação moral, para então descobrir com as outras partes o que todas podem querer. Schüssler-Fiorenza fala de uma "dialética entre os princípios de justiça universalizáveis e a hermenêutica reconstrutiva de uma tradição normativa" (138) e atribui às igrejas nas sociedades modernas o papel de "serem comunidades de interpretação nas quais se discutem publicamente as questões de justiça e as concepções de bem" (142). Hoje, as comunidades de interpretação eclesiásticas concorrem com outras comunidades de interpretação que se enraízam em tradições seculares. Mesmo vistas de fora, pode-se constatar que as tradições monoteístas dispõem de uma linguagem com um potencial semântico ainda não amortizado que se revela superior em termos de força abridora de mundo e formadora de identidade, de capacidade de renovação, diferenciação e alcance.

Neste exemplo, me interessa a observação de que ali onde a argumentação teológica é aproximada de outros discursos, a visão interna e a visão externa se encontram sem coerções. É nesse sentido que entendo também aqueles *correlational methods*" (métodos de correlação) a que David Tracy recorre para as *"public theologies"* (teologias públicas) difundidas nos Estados Unidos. Eles têm por finalidade colocar em uma relação de crítica recíproca, isto é, em uma relação argumentativa, as interpretações da modernidade propostas em termos filosóficos e teórico-sociais e as interpretações teológicas da tradição cristã. Essa intenção se realiza quando os projetos do esclarecimento e da teologia, de que fala Helmut Peukert, são descritos por ambas as partes com os mesmos termos:

Jürgen Habermas

"Parece-me plausível a tese de que o problema não resolvido das culturas superiores é dominar a tendência a um aumento do poder".[8] Matthew L. Lamb observa como essa tendência se agudiza na modernidade e provoca duas falsas reações, uma romântica e outra historicista. Ele advoga uma autocertificação da modernidade que rompa com os ciclos fatídicos de sobe e desce de uma reprovação niilista e de uma autoafirmação dogmática: "A autoafirmação dogmática da modernidade é niilista em sua própria raiz, assim como o niilismo moderno é irresponsavelmente dogmático".[9] David Tracy precisa o conceito de razão pelo qual tal diagnóstico pode se orientar. O duplo fracasso do positivismo e da filosofia da consciência confirma a virada pragmatista efetuada de Peirce a Dewey em direção a um conceito não fundamentalista de razão comunicativa; este contradiz ao mesmo tempo aquelas consequências que Rorty e Derrida tiram desse fracasso, seja na forma de um contextualismo radical, seja pela via de uma estetização da teoria. De forma igualmente resoluta, Tracy se volta contra as leituras seletivas que perdem o sentido ambivalente da modernização e que só a percebem como a história da queda de uma razão centrada no sujeito, se impondo de forma lineal e se arrogando como totalidade. Mesmo na modernidade, a razão não se atrofia em razão instrumental:

> *If understanding is dialogical, it is* [...] *both historical and contextual.*
> *But* [...] *any act of understanding implicitly puts forward a claim to more*

---

8 Peukert, Communicative Action, systems of power accumulation and the unfinished project of enlightenment and theology, p.40.

9 Lamb, Communicative Praxis and Theology, p.245.

Textos e contextos

than subjective understanding. Any act of understanding adresses all others with a claim to its validity – a validity which, in principle, the inquirer will feel obliged to redeem if challenged by others.[10]

Dessa intuição pragmática, Tracy também tira consequências para a tarefa da própria teologia, que seria trabalho científico e não simplesmente um dom da fé. Peukert entende o trabalho teológico como uma forma metodologicamente controlada de religião. Gary M. Simpson compara o mundo da vida, que se reproduz por meio da ação comunicativa e de pretensões de validade suscetíveis de crítica, com um "mundo carregado em termos forenses" e pensa que, na cruz, o próprio Deus se submete a esse fórum. Por isso, nenhum de seus segmentos, nem a teologia – assim entendo a frase –, poderia se imunizar contra possíveis pretensões de justificação argumentativa.[11] Mas, se esse é o *solo comum* da teologia, da ciência e da filosofia, o que constitui a peculiaridade do discurso teológico? O que distingue a perspectiva interna da teologia da perspectiva externa daqueles que se põem em diálogo com a teologia? Não pode ser a referência a discursos religiosos em geral, mas apenas

---

10 "Se o entendimento é dialógico [...] ele é tanto histórico quanto contextual. Mas [...] qualquer ato de entendimento levanta implicitamente uma pretensão de algo mais do que entendimento subjetivo. Todo ato de entendimento se endereça a todos os outros com uma pretensão de validade – uma validade que, em princípio, o locutor se sentirá obrigado a honrar se for exigido pelos outros" (Tracy, *Theology, Critical Social Theory and the Public Realm*, p.9).

11 Simpson, Die Versprachlichung (und Verflüssigung?) des Sakralen, p.158 et seq.

Jürgen Habermas

o modo de fazer referência ao discurso feito dentro da própria comunidade religiosa.

II

Schüssler-Fiorenza apela à linhagem que vai de Schleiermacher até Bultmann e Niebuhr quando distingue entre uma teologia crítica e uma teologia neoaristotélica ou neotomista. O exemplo grandioso de Karl Barth mostra, evidentemente, que o abandono consequente pela teologia de pretensões explicativas metafísico-cosmológicas não significa *eo ipso* a disposição de afirmar a força de convencimento da teologia na controvérsia com os discursos científicos. Do ponto de vista de Barth, a revelação atestada biblicamente se exime em sua facticidade histórica de uma argumentação que repouse apenas na razão.[12] Nos meios universitários alemães, marcados pelo protestantismo, as faculdades de teologia sempre tiveram um estatuto especial. A jovem história da Universidade de Frankfurt mostra drasticamente essa tensão. Quando, nos anos 1920, cátedras de Teologia deviam ser introduzidas ali, surgiram controvérsias que só puderam ser solucionadas negando às especialidades católica, protestante e judaica o reconhecimento como uma doutrina especificamente *teológica*. De modo interessante, nesse clima marcado pelas ciências sociais da jovem universidade surgida de uma escola superior de comércio, acabaram se impondo, por fim, personalidades como Steinbüchel, Buber e Tillich, isto é, teólogos políticos em sentido lato, que

---

12 Cf. Eicher, Die Botschaft von der Versöhnung und die Theorie des kommunikativen Handelns, p.199 et seq.

podiam se mover com liberdade nos discursos das disciplinas das ciências humanas e das ciências sociais.[13] Na República Federal de Alemanha, se não estou enganado, foi uma série de teólogos católicos, que sempre mantiveram uma relação pacífica com o *lumen naturale*, que se vinculou a essa tradição. Quanto mais a teologia se abre aos discursos das ciências humanas em geral, tanto maior é o risco que ela corre de perder seu próprio estatuto na trama dessas tentativas recíprocas de absorção.

O discurso *religioso*, que é levado a cabo dentro das comunidades de crentes, se move no contexto de uma determinada tradição, caracterizada por um determinado conteúdo normativo e dogmaticamente elaborada. Ele remete a uma prática ritual comum e se apoia em experiências especificamente religiosas do indivíduo. Mas o que caracteriza a teologia não é apenas essa relação não objetivante, de tipo hermenêutico-compreensiva, com o discurso religioso e com as experiências que subjazem a ela. Pois o mesmo vale para uma filosofia que se entende como uma apropriação crítica e transformação, como retomada de conteúdos essencialmente religiosos no universo do discurso argumentativo. Essa autocompreensão hegeliana da filosofia também não foi abandonada pelos discípulos materialistas de Hegel e sobrevive, em particular, em Bloch, Benjamin e na Teoria Crítica. Certamente, Hegel foi o último em uma tradição idealista que manteve sob uma forma transformada a pretensão da metafísica e que consumou a apropriação filosófica da tradição judaico-cristã, tal como era possível sob as condições do pensamento metafísico. A filosofia de Hegel é

---

13 Kluke, *Die Stiftungsuniversität Frankfurt am Main 1914-1932*; Hammerstein, *Die Johann-Wolfgang-Goethe-Universität*, Bd.I.

o resultado daquele grande experimento que determinou de modo central a história cultural europeia, experimento que deveria estabelecer uma síntese entre a fé de Israel e o espírito grego – uma síntese que, por um lado, levou à helenizacão do cristianismo e, por outro, à ambígua cristianização da metafísica grega. O Deus dialético dos filósofos deixa o *alter ego* da oração desvanecer na ideia do Absoluto. No mais tardar desde Kierkegaard, essa síntese se tornou quebradiça porque foi posta em questão pelos *dois* lados.

O protesto teológico de um J. B. Metz se dirige, da mesma forma que a crítica filosófica de Adorno, contra os conceitos fundamentais da metafísica, que, mesmo quando foi posta dialeticamente em movimento, permanece excessivamente rígida para poder restituir racionalmente aquelas experiências de redenção, de irmandade universal, de individualidade insubstituível, articuladas na linguagem da história judaico--cristã da salvação, sem mutilá-las e sem sacrificar a riqueza de seus significados específicos. Metz insiste com Benjamin na estrutura anamnésica da razão, quer entender a fé de Israel também a partir de seu próprio espírito histórico;[14] e Adorno circunscreve o não idêntico, quer pensar com conceitos para além de todos os conceitos objetivantes, porque segue o mesmo impulso: salvar as intuições às quais não se fez jus na filo-sofia. Trata-se da experiência de uma igualdade não niveladora e de uma comunidade individuante, da experiência, para além da distância, de uma proximidade em relação ao outro reconhe-cido em sua diferença, da experiência de um entrelaçamento de autonomia e entrega, de uma reconciliação que não suprima

---

14 Metz, Erinnerung; Id., Anamnetische Vernunft, p.733 et seq.

Textos e contextos

as diferenças, de uma justiça orientada para o futuro, solidária com o sofrimento não expiado das gerações passadas, da experiência da reciprocidade de um reconhecimento libertador, de uma relação em que um sujeito esteja associado a outro sem se submeter à violência degradante da troca – uma violência degradante só permite a felicidade e o poder de um à custa da infelicidade e da impotência do outro.

Mas se essa *virada antiplatônica* se realiza nos dois lados, não pode ser a forma pós-metafísica de se referir ao discurso religioso que hoje separa a filosofia de uma teologia disposta ao diálogo. Sob as condições do pensamento pós-metafísico, outra diferença se mostra claramente, e que, até Hegel, estava permeada de ambiguidades: o ateísmo metodológico na maneira filosófica de se referir aos conteúdos das experiências religiosas. A filosofia não pode se apropriar daquilo de que se fala no discurso religioso *como* experiências religiosas; estas só podem entrar na riqueza de experiências da filosofia se a filosofia as identifica sob uma descrição que já não é emprestada da linguagem de uma determinada tradição religiosa, mas que pertence ao universo da fala argumentativa, desconectada do evento da revelação. Naqueles pontos de ruptura em que uma tradução neutralizante deste tipo já não tem sucesso, o discurso filosófico tem que confessar seu fracasso; o uso metafórico de vocábulos como redenção, luz messiânica, restituição da natureza etc., convertem a experiência religiosa em simples citação. Nesses momentos de sua impotência, a fala argumentativa, para além da religião e da ciência, passa à literatura, a um modo de exposição que não se mede mais frontalmente por pretensões de validade. Analogamente, a teologia perde também sua identidade quando apenas cita as experiências religiosas e não as reconhece mais, sob as descrições do próprio discurso religioso, como sua própria base. Por isso, penso que deve fracassar um diálogo entre uma teologia e uma filosofia que se valem da linguagem da literatura religiosa e que só se encontram através da ponte de experiências religiosas convertidas em experiências literárias.

Certamente, uma teologia que, como sublinham Tracy e Peukert, pretende se expor sem reservas à argumentação científica não irá se contentar com o critério de demarcação que propus. O que significa, pois, "ateísmo metodológico"? Para responder a esta questão, vou fazer um desvio.

Os discursos religiosos estão irmanados com uma prática ritual em que os graus de liberdade da comunicação, em comparação com a prática profana da vida cotidiana, são limitados de uma maneira específica. Se for permitida uma consideração funcionalista, a fé, através de seu ancoramento no culto, fica protegida de uma problematização radical. Esta aparece inevitavelmente quando se separam analiticamente uns dos outros os aspectos de validade ôntico, normativo e expressivo, que, na concepção da teodiceia e da história da salvação, têm que permanecer fundidos na concepção do Deus criador e redentor.[15] Ora, o discurso teológico se distingue do discurso religioso pelo fato de que aquele se dissocia da prática ritual ao explicá-la – por exemplo, ao *interpretar* sacramentos como a eucaristia ou o batismo. Inclusive a teologia exige uma pretensão de verdade para seus enunciados, diferenciada do espectro de pretensões de validade. Além do grau de incerteza que toda

---

15 Habermas, *Theorie des kommunikativen Handelns*, Bd.2, p.281 e segs.

irrupção da reflexão representa para o saber prático, a teologia não teria de representar um perigo para a fé da comunidade ao se valer de conceitos fundamentais da metafísica. Estes ficaram imunes a uma diferenciação de aspectos de validade de forma similar aos conceitos religiosos fundamentais. Essa situação só mudou com o desmoronamento da metafísica. Quem hoje, sob as condições de um pensamento pós-metafísico, levanta uma pretensão de verdade deve traduzir experiências que têm seu lugar no discurso religioso na linguagem de uma cultura científica de especialistas – e daí retraduzi-las na prática.

Essa operação de tradução exigida pela teologia crítica pode ser comparada formalmente com aquela que a filosofia moderna também precisa empreender. Esta tem igualmente uma relação íntima com o senso comum, que ela reconstrói e, ao mesmo tempo, enterra. Na direção oposta, a filosofia atua, então, no papel de um intérprete, que deve alimentar a prática cotidiana com conteúdos da cultura de especialistas. Essa tarefa de mediação não está isenta de um certo paradoxo, porque nas culturas de especialistas o saber é elaborado em cada caso sob aspectos de validade particulares, enquanto que na prática cotidiana *todas* as funções da linguagem e aspectos de validade se interpenetram e formam uma síndrome.[16] É verdade que a filosofia tem um jogo mais fácil com esse senso comum, do qual ela vive e que ao mesmo tempo ela reforma, do que a teologia com os discursos religiosos dados a ela. Sem dúvida, estes não mantêm hoje aquela distância com a prática profana, como ou-

---

16 Id., *Der philosophische Diskurs der Moderne*, p.245 et seq.; cf. também meu artigo: Die Philosophie als Platzhalter und Interpret, p.9-28.

trora havia entre os âmbitos sagrados e profanos – e isso tanto menos quanto mais se impõem as ideias de uma *"public theology"* [teologia pública]. Mas contra a reforma a que está submetido o senso comum nas sociedades modernas – quer com o apoio dos filósofos ou não –, aquela síndrome, mantida na prática ritual, da fé na revelação representa uma barreira específica. Pois os discursos religiosos perderiam sua identidade se se abrissem a um tipo de interpretação que já não permite que as experiências religiosas valham *como* experiências religiosas.

Com uma problematização tão ampla, é preciso ainda assim considerar se o discurso teológico não escolheria nenhuma das duas premissas que caracterizam a teologia moderna. Segundo Kierkegaard, a teologia ou tomou a "via protestante" e apelou ao querigma e à fé como uma fonte de ideias religiosas totalmente independentes da razão; ou escolheu o caminho do "catolicismo esclarecido", no sentido de abandonar a posição de um discurso especial e de expor seus enunciados à discussão científica em toda amplitude, sem renunciar, porém, a reconhecer as experiências articuladas na linguagem da tradição judaico-cristã como base de experiência *própria*. Apenas essa reserva permite um distanciamento em relação ao jogo de linguagem dos discursos religiosos, sem expulsá-lo; ele deixa o jogo de linguagem religioso intacto. O terceiro caminho é caracterizado pelo que chamei de "ateísmo metodológico". É este que conduz a um programa de desmitologização que se equipara a um experimento. Sem essa reserva, permanece à mercê da execução do programa saber se a interpretação teológica (isto é, de modo algum, em termos de ciência da religião) dos discursos religiosos, endereçada apenas à argumentação, permite uma conexão com a discussão científica de tal maneira que o

Textos e contextos

jogo de linguagem religioso permaneça intacto ou desmorone. Entendo por tal experimento, por exemplo, a "dogmática política" do teólogo de Copenhaguen Jens Glebe-Möller.

Partindo de abordagens teóricas de Apel, Döbert e minhas, e apoiando-se em uma ética do discurso, Glebe-Möller submete os dogmas cristãos a uma interpretação desmitologizante, que me lembra uma frase de Hugo Ball: Deus é a liberdade dos menores na comunicação espiritual de todos. Glebe-Möller interpreta o batismo, a eucaristia, a imitação de Cristo, o papel da Igreja e a escatologia no sentido de uma teologia da libertação posta em termos de teoria da comunicação, que abre de forma fascinante (convincente também para mim) a Bíblia, inclusive naquelas mensagens que se tornaram estranhas aos ouvidos modernos. Mas eu me pergunto *quem* se reconhece em tal interpretação.

O jogo de linguagem cristão permanece intacto quando se entende a ideia de Deus tal como Glebe-Möller a propõe?

> *The thought of a personified divine Power necessarily involves heteronomy, and this is an idea that goes directly against the modern concept of human autonomy. A political dogmatic in the modern context must therefore be atheistic. But this does not mean that there is no thinking about God or that the thought of God is emptied of all content.*[17]

---

17 "A ideia de um poder divino personificado envolve necessariamente heteronomia, e essa é uma ideia que vai diretamente contra o conceito moderno de autonomia humana. Uma dogmática política no contexto moderno tem, portanto, que ser ateia. Mas isso não significa que não haja um pensamento sobre Deus ou que a ideia de Deus seja esvaziada de todo conteúdo" (Glebe-Möller, *A Political Dogmatic*, p.103).

Jürgen Habermas

Partindo de uma consideração de Peukert, Glebe-Möller explica isso do seguinte modo:

> *If we desire to hold on to solidarity with every one else in the communicative fellowship, even the dead [...], then we must claim a reality taht can reach beyond the here and now, or that can connect ourselves with those who went innocently to their destruction before us. And it is this reality that the Christian tradition calls God (110).*[18]

Mas diferentemente de Peukert, Glebe-Möller se atém a uma *versão ateia* desse pensamento ao colocar a questão:

> *But are we not then back at the point where only faith in a divine deliverance can rescue us — where, with Peukert, we have to reintroduce the thought of God? I continue to be convinced that we are today unable to think that thought. This means that the guilt remains in effect. Instead of resigning ourselves to it, however, we must make the consciousness of guilt into something positive, something that spurs us to fight against the conditions that have produced the guilt. This can happen when we hold fast to our solidarity with all who have suffered and died now and before. This solidarity or fellowship contains within ourselves a "messianic' power that transforms any passive consciousness of guilt into an active struggle against the conditions for guilt — just as it was Jesus, Who thousand years ago, forgave sinners and set people free to continue that struggle. But can we be in solidarity? In the last analysis, we can be nothing*

---

18 "Se desejamos manter a solidariedade com todos os outros na comunidade comunicativa, inclusive com os mortos [...], então temos que reivindicar uma realidade que vá além do aqui e agora, ou que possa nos conectar além de nossa própria morte com aqueles que inocentemente foram destruídos antes de nós. E é essa realidade que a tradição cristã chama de Deus." (N. T.)

else, for solidarity — the ideal of communicative fellowship — is presupposed in everything we say and do (112).[19]

III

Duvido que os teólogos que discutem comigo nesse volume queiram que eu os enquadre em uma das três alternativas mencionadas. Mas tampouco querem seguir a via de uma desmitologizacão radical, assim como não querem seguir a via clássico-protestante, que em nosso século conduz a Karl Barth. Mas também não precisam aceitar para si a reserva que vinculei anteriormente à caracterização e à designação de um "catolicismo esclarecido". Pois manter uma base empírica, que permaneça *a priori* ligada à linguagem de uma determinada tradição, significa uma restrição particularista das pretensões

---

19 "Mas então não estamos de volta ao ponto em que apenas a fé em uma libertação divina pode nos resgatar — em que, com Peukert, temos que reintroduzir a ideia de Deus? Continuo convencido de que na atualidade somos incapazes de pensar essa ideia. Isso significa que a culpa permanece de pé. Mas ao invés nos de resignar a ela, temos que converter a consciência de culpa em algo positivo, em algo que nos estimule a lutar contra as condições que produziram a culpa. Isso pode acontecer se nos agarrarmos à nossa solidariedade com todos aqueles que sofreram e morreram agora e antes. Essa solidariedade ou sentimento de copertencimento contém dentro de si um poder 'messiânico' que transforma toda consciência passiva de culpa em uma batalha ativa contra as condições que provocaram a culpa — assim como Jesus, que há dois mil anos perdoou os pecadores e libertou o povo para continuar essa batalha. Mas podemos ser solidários? Em última análise, não podemos ser nada mais, pois a solidariedade — a comunidade comunicativa ideal — está pressuposta em tudo que dizemos e fazemos." (N. T.)

de verdade teológicas que, no entanto, enquanto pretensões, ultrapassam todos os contextos meramente locais – e quanto a isso D. Tracy não quer abrir mão de nada. Desse modo, meus interlocutores teológicos elegem, de modo consequente, o procedimento indireto de uma argumentação apologética e tentam, pela via de uma crítica imanente, levar o adversário secular a um beco sem saída, de tal modo que só poderá se livrar das aporias apontadas com a concessão das afirmações defendidas teologicamente.

H. Peukert persegue magistralmente essa meta em seu grande estudo *Wissenschaftstheorie – Handlungstheorie – Fundamentale Theologie* [Teoria da ciência – teoria da ação – teologia fundamental].[20] Assim como D. Tracy e S. Briggs, Peukert critica inicialmente a descrição unilateralmente funcionalista que fiz da religião na *Teoria da ação comunicativa*. Mesmo nas sociedades tradicionais as grandes religiões *não* funcionam *exclusivamente* como legitimação do regime de dominação estatal: "Em sua origem e em seu cerne, elas são em múltiplos aspectos movimentos de protesto contra a tendência fundamental da evolução social e tentam fundamentar outros modos de trato do ser humano com o ser humano e com a realidade em sua totalidade".[21] Não quero contestar isso. Também gostaria de admitir que subsumi talvez muito cedo, seguindo Max Weber, a evolução religiosa que se produz na modernidade sob a "privatização da crença" e que sugeri muito rápido uma resposta afirmativa à pergunta

---

20 Peukert, Wissenschaftstheorie – Handlungstheorie – Fundamentale Theologie.

21 Id., Communicative Action, systems of power accumulation and the unfinished project of enlightenment and theology, p.56 et seq.

se depois que as imagens religiosas do mundo ruíram, não se poderia salvar das verdades religiosas nada mais e nada além que os princípios profanos de uma ética universalista da responsabilidade, e isso quer dizer: aceitos com boas razões, pelo discernimento.[22]

Essa questão deve *permanecer aberta* tanto da perspectiva do cientista social que procede de modo reconstrutivo, que evita projetar tendências evolutivas de modo meramente linear, como da perspectiva do filósofo que se apropria da tradição, que, na atitude performativa, tem a experiência de que intuições que há muito foram articuladas na linguagem religiosa não podem ser nem rejeitadas nem absorvidas sem mais racionalmente – como mostrei no exemplo do conceito de individualidade.[23] O processo de uma apropriação crítica de conteúdos essenciais da tradição religiosa ainda está em curso, seu resultado é difícil de prever. Repito de bom grado:

> Enquanto a linguagem religiosa traz consigo conteúdos semânticos inspiradores, e mesmo indispensáveis, que escapam (por enquanto?) à capacidade de expressão da linguagem filosófica e que ainda resistem à tradução em discursos argumentativos, a filosofia, inclusive em sua figura pós-metafísica, não poderá nem substituir nem eliminar a religião.[24]

---

22 Habermas, *Die neue Unübersichtlichkeit*, p.52.

23 Id., Individuierung durch Vergesellschaftung. Zu G. H. Meads Theorie der Subjektivität, p.187-241, especialmente, p.192 et seq.

24 Id., *Nachmetaphysisches Denken*, p.60.

Jürgen Habermas

Isso não significa ainda nenhum assentimento à tese de Peukert de que a teoria discursiva da moral e da ética se embaraça em questões-limite a ponto de se ver obrigada a uma fundamentação teológica. Certamente, uma ação eficaz em termos de socialização ou uma ação pedagógica, que pretenda provocar, sob a guarda de uma maioridade antecipada, a liberdade no outro, terá que contar com a cooperação de circunstâncias e de forças espontâneas que não pode simultaneamente controlar. E ao se orientar por expectativas morais incondicionadas o sujeito incrementa o tipo de sua vulnerabilidade, que justamente o torna dependente do trato moral respeitoso dos outros. Certamente, o risco de um fracasso, inclusive da aniquilação da liberdade precisamente nos processos que fomentam e realizam a liberdade, apenas atesta a constituição de nossa existência finita — refiro-me à necessidade, como Peirce sublinhou repetidamente, da antecipação autoexteriorizadora e transcendente de uma comunidade de comunicação ilimitada, que ao mesmo tempo nos é dada e nos é exigida. Na ação comunicativa, nos orientamos por pretensões de validade que só podemos levantar factualmente no contexto de *nossas* línguas e de nossas formas de vida, mesmo quando a solubilidade implicitamente suposta *aponta para além* da provincialidade de qualquer local histórico. Estamos expostos ao movimento de uma transcendência de dentro, que está tão pouco disponível quanto a atualidade da palavra falada nos faz dominar a estrutura da linguagem (ou do *logos*). A razão constituída em termos anmnésicos, que Metz e Peukert reclamam repetidamente com justeza contra uma razão comunicativa reduzida platonicamente, insensível ao tempo, nos confronta com a delicada questão de uma salvação das vítimas aniquiladas. Com isso, nos tornamos conscientes dos limites dessa transcendência de dentro orientada para o lado de cá; mas ela não pode nos assegurar do *movimiento contrário* de uma transcendência para além que a contrabalance.

O fato de que a aliança universal só possa se efetivar retroativamente, em direção ao passado, no *medium* fraco de nossa recordação, na memória das gerações vivas e dos testemunhos anamnéticos transmitidos, contradiz nossa obrigação moral. Mas a experiência candente de um déficit ainda não é um argumento suficiente para a suposição de uma "liberdade absoluta, que salve na morte".[25] O postulado de um Deus "que é projetado na ação intersubjetiva temporal, finita, que se transcende a si mesma, na forma de uma expectativa plena de esperança"[26] se apoia em uma experiência que ou é reconhecida como tal na linguagem do discurso religioso ou perde sua evidência. O próprio Peukert recorre a uma experiência *acessível apenas na linguagem da tradição cristã*, indissoluvelmente ligada ao discurso religioso: de que com a morte na cruz o contexto de desgraça do mal se quebra. Sem essa bondade "benevolente" de Deus, toda a solidariedade entre os homens, que se reconhecem mutuamente de modo incondicional, permanece sem a garantia de um sucesso que se estenda para além do ato individual e do instante particular em que brilha nos olhos do outro. Pois é verdade: o que os homens alcançam, eles o devem a essas raras constelações nas quais as próprias forças humanas podem se associar com a graça da hora histórica. Mas a experiência de que

---

25 Para mais detalhes sobre esse argumento, cf. McCarthy, Philosophical Foundations of Political Theology: Kant, Peukert and the Frankfurt School, p.23-40.

26 Peukert, Communicative action, systems of power accumulation and the unfinished project of enlightenment and theology, p.61.

estejamos destinados a tal graça ainda não nos permite supor uma promessa divina de salvação.

Charles Davis assume a mesma figura de pensamento apologética quando quer mostrar que o ponto de vista moral e a perspectiva de uma convivência em solidariedade e justiça, inscritos na estrutura da ação orientada para o entendimento, permanecem infundados sem uma fundamentação na esperança cristã: "Uma esperança secular sem religião não pode afirmar com certeza [...] uma realização futura".[27]

Novamente, não vejo porque um *superadditum* é inevitável para que nos esforcemos em agir segundo obrigações morais e convicções éticas, quando estas exigem algo que seja objetivamente possível. Com efeito, uma filosofia que pense em termos pós-metafísicos não pode responder à questão – por que ser moral? –, que também é lembrada por D. Tracy. Mas, ao mesmo tempo, ela pode mostrar por que não faz sentido colocar essa questão para indivíduos comunicativamente socializados. Adquirimos nossas intuições morais no ambiente familiar, e não na escola. E nossas intuições morais nos dizem que não temos boas razões para nos comportarmos de outro modo: para isso não é necessária uma autossuperação da moral. Frequentemente, nos comportamos de outro modo, mas com má consciência. Uma atesta a fraqueza da força motivacional das boas razões; a outra atesta que a motivação racional por meio de razões também não é nada – convicções morais não podem ser transgredidas sem resistência.

---

27 Davis, Kommunikative Rationalität und die Grundlegung christlicher Hoffnung, p.111.

Textos e contextos

Tudo isso ainda não diz respeito à luta contra as condições que repetidamente nos fazem fracassar. Glebe-Möller, Davis, Peukert e outros não apenas têm em vista o cumprimento de deveres concretos, mas um engajamento de grande alcance em favor da eliminação de situações injustas, em favor do fomento de formas de vida que tornem a ação solidária razoável não apenas de modo mais provável, mas a sério. Quem ou o que nos dá a coragem para tal engajamento voltado para a totalidade que, em situações de privação e de humilhação humana, já se manifesta no fato de que os miseráveis e os injustiçados se levantam a cada manhã para seguir adiante? A pergunta pelo sentido da vida não é desprovida de sentido. No entanto, o fato de que penúltimos argumentos inspirem nada menos que confiança não basta para a fundamentação de uma esperança que só se alimentasse da linguagem religiosa. As ideias e expectativas dirigidas ao bem coletivo só têm, depois da metafísica, um estatuto instável. No lugar da política aristotélica ou da filosofia hegeliana da história, entrou em cena uma teoria pós-marxista da sociedade, mais modesta, que tenta esgotar o potencial argumentativo contido nas ciências humanas, a fim de fornecer proposições sobre a gênese, a constituição e o desenvolvimento ambivalente da modernidade. Esses diagnósticos permanecem controversos mesmo quando estão fundados de forma medianamente confiável. Eles prestam sobretudo serviços críticos; eles podem destruir os prejuízos recíprocos das teorias afirmativas do progresso e das teorias negativistas da decadência, das ideologias da fragmentação e das totalizações apressadas. Mas na travessia pelos universos discursivos da ciência e da filosofia nem mesmo se poderá realizar a esperança de Peirce de uma teoria falível do desenvolvimento do ente na totalidade, incluindo uma teoria do *summum bonum*. Kant já respondeu à pergunta "o que devemos esperar?" com um *postulado* da razão prática, não com uma certeza pré-moderna que pudesse nos inspirar *confiança*.

Eu acredito ter mostrado que na ação comunicativa não podemos evitar pressupor a ideia de uma intersubjetividade não distorcida; esta, por sua vez, pode ser entendida como uma caracterização formal das condições necessárias para formas não antecipáveis de uma vida não danificada. Não pode haver teoria para essas próprias totalidades. Certamente, a práxis requer encorajamento, ela é inspirada por antecipações intuitivas dessas totalidades. Em diferentes ocasiões, formulei uma intuição que se impõe a mim. Se os progressos históricos consistem em atenuar, eliminar ou impedir os sofrimentos de uma criatura vulnerável; e se a experiência histórica ensina que os progressos alcançados de modo finito são seguidos por uma ameaça de catástrofe destrutiva, cabe supor que a balança do que é suportável só pode permanecer equilibrada se empregarmos todas as nossas forças para progressos possíveis.[28] Talvez sejam tais suposições que, embora não possam proporcionar confiança a uma práxis que perdeu suas certezas, ainda deixam uma esperança.

Uma coisa é recusar as figuras de pensamento apologéticas; outra é aprender com as estimáveis objeções dos colegas teólogos. Deixarei de lado as reservas que D. Tracy apresenta contra as propostas baseadas na teoria da evolução e me concentrarei em sua tese de que é a conversação, e não a argumentação, que proporciona a abordagem mais abrangente para a investigação da razão comunicativa.

---

28 Habermas, *Eine Art Schadensabwicklung*, p.146.

O diálogo argumentativo é, certamente, a forma mais especial de comunicação. Nela, pretensões de validade, que de outro modo permanecem implícitas, uma vez que são levantadas peformativamente, são especificamente tematizadas; por isso, ele tem um caráter reflexivo, que requer pressupostos comunicativos mais exigentes. As pressuposições da ação orientada para o entendimento são mais facilmente apreensíveis nas argumentações. Essa vantagem quanto à estratégia de investigação não significa uma primazia ontológica, como se a argumentação fosse mais importante ou mesmo mais fundamental que o diálogo ou mesmo que a prática comunicativa cotidiana, articulada no âmbito do mundo da vida, que constitui o horizonte mais englobante. Nesse sentido, inclusive a análise dos atos de fala goza apenas de uma vantagem heurística. Ela constitui a chave para uma análise pragmática que, como Tracy exige com razão, deve se estender a todo o espectro do mundo das formas simbólicas — aos símbolos e imagens, aos índices e gestos expressivos, às relações de semelhança, isto é, a todos os signos que estão abaixo do nível da fala proposicionalmente diferenciada e que podem encarnar conteúdos semânticos, mesmo que não tenham nenhum autor que lhes confira significado. A semiótica de Ch. S. Peirce abriu essa arqueologia dos signos; a riqueza dessa teoria está longe de estar esgotada, nem mesmo para uma estética que aponte para a função de abertura do mundo das obras de arte em sua materialidade sem linguagem.[29]

A crítica reiterada por Tracy àquelas reduções de uma estética expressivista, ao menos sugerida pela *Teoria da ação comunicativa*,

---

29 Peirce, *Chronological Edition*, v.3, p.104.

acabei corrigindo nesse meio tempo, partindo dos trabalhos de A. Wellmer[30] e M. Seel.[31] Ainda que tanto à fala profética como à arte autônoma convenha de modo inovador uma força de abertura do mundo, não ousaria pôr no mesmo saco os símbolos religiosos e os símbolos estéticos. Estou certo de que D. Tracy gostaria de sugerir algo completamente diferente de uma concepção estética do religioso. A experiência estética se converteu em uma parte integrante do mundo moderno pelo fato de ter se autonomizado em uma esfera cultural de valor. Uma diferenciação similar da religião, tal como N. Luhmann vê, em um subsistema social especializado para o domínio da contingência, apenas estabilizaria a religião ao preço de uma completa neutralização de seus conteúdos de experiência. Diante disso, a teologia política também luta por um papel público da religião e justamente nas sociedades modernas; mas então o simbolismo religioso não pode ser assimilado ao estético, isto é, às formas de expressão de uma cultura de especialistas, mas tem que afirmar sua posição *holística* no mundo da vida.

De resto, tomo muito a sério a advertência de Peukert de levar em consideração as dimensões temporais da ação orientada para o entendimento. No entanto, não é possível transplantar sem mais as análises fenomenológicas ao estilo de *Ser e tempo* para uma teoria da comunicação. Possivelmente, a semiótica de Peirce oferece um acesso melhor, mas até agora não explorado. Apel e eu nos apropriamos inicialmente da intuição

---

30 Wellmer, Wahrheit, Schein, Versöhnung. Adornos ästhetische Rettung der Modernität, p.9-47; Seel, *Die Kunst der Entzweiung*.

31 Habermas, Questions and counterquestions, p.192 et seq., sobre isso, p.202 et seq.; cf. também Habermas, *Der philosophische Diskurs der Moderne*, p.240 et seq.

Textos e contextos

fundamental da teoria da verdade de Peirce, segundo a qual uma força transcendente é inerente às pretensões de validade, assegurando a cada ato de fala uma referência ao futuro: *"Thus thought is rational only insofar as it recomends itself to a possible future thought. Or in other words, the rationality of thoughts lies in its reference to a possible future"*.[32] Mas o jovem Peirce já havia dado uma interessante indicação quanto ao caráter de continuidade do processo sígnico. Nos contextos da teoria do conhecimento, ele atribui ao símbolo individual a capacidade de estabelecer aquela continuidade no fluxo de nossas vivências que Kant queria ver no "eu penso" da apercepção transcendental que as acompanha. Visto que a própria vivência particular assume a estrutura triádica de um signo, que se refere ao mesmo tempo a um objeto passado e a um interpretante futuro, ela pode entrar em relação semântica com outras vivências, superando as distâncias temporais, e estabelecer assim um contexto temporal na sequência de uma multiplicidade que, de outro modo, se desintegraria em termos caleidoscópicos.[33] Dessa forma, Peirce explica referências temporais que se estabelecem apenas pela própria estrutura dos signos. O *medium* da linguagem poderia tomar emprestada dessa estrutura semiótica a dinâmica de temporalização que se desdobra nos contextos de tradição.

Para concluir, passarei às objeções que não são motivadas por considerações especificamente teológicas.

---

32 "Assim, o pensamento é racional apenas na medida em que se endereça a um possível pensamento futuro. Ou em outras palavras, a racionalidade do pensamento reside em sua referência a um possível futuro." (N. T.)

33 Peirce, *Chronological Edition*, v.3, p.68-71.

Jürgen Habermas

IV

I) Sheila Briggs realiza distinções que considero plausíveis no paradigma da filosofia da práxis. No entanto, não vejo muito bem como sob suas premissas se pode chegar àquela espécie de ética do diálogo que poderia fundamentar a responsabilização universal e a integridade da identidade particular de cada um, sem recorrer aos pontos de vista universalistas da igualdade e da justiça. Mesmo S. Benhabib, em cujos trabalhos S. Briggs apoia sua crítica feminista, permanece fiel às intenções universalistas de Kant e de Hegel. S. Benhabib desenvolve sua concepção em completo acordo comigo:

> *While agreeing that normative disputes can be rationally settled, and that fairness, reciprocity, and some procedure of universalizability are constituents, that is necessary conditions of the moral standpoint, interactive universalism regards difference as a starting point for reflection and action. In this sense "universality" is a regulative ideal that does not deny our embedded identity, but aims at developing moral attitudes and encouraging political transformations that can yield a view acceptable to all. Universality is not the ideal consensus of fictitiously defined selves, but the concrete process in politics and morals of the struggle of concrete, embodied selves, striving for autonomy.* [34]

---

34 "Ao concordar que as disputas normativas podem ser resolvidas racionalmente, e que a equidade, a reciprocidade e algum procedimento de universalização são constitutivos, isto é, condições necessárias, do ponto de vista moral, o universalismo interativo considera a diferença como ponto de partida para a reflexão e para a ação. Nesse sentido, 'universalidade' é um ideal regulador que não nega nossa identidade encarnada e situada, mas que procura desenvolver atitudes morais e encorajar transformações políticas que possam

Textos e contextos

Entretanto, Benhabib põe em questão a restrição da argumentação moral a problemas de justiça, porque acredita que na base da distinção lógica entre questões de justiça e questões da vida boa está uma distinção sociológica entre esfera pública e esfera privada, ou que ao menos corresponde a ela. Uma moral fundada de modo legalista, ela pensa, deveria se restringir a questões de justiça política. Todas as relações privadas e esferas da vida pessoal, que uma sociedade patriarcalista reserva principalmente às mulheres, cairiam então *per definitionen* fora do âmbito de competência da moral. Mas essa suposição não é correta. Pois a distinção lógica entre problemas de justiça e problemas da vida boa é independente da distinção sociológica entre esferas de vida. Fazemos um uso *moral* da razão prática quando perguntamos o que é igualmente bom para todos; e fazemos um uso *ético* da razão prática quando perguntamos o que é bom em cada caso para mim ou para nós. Questões de justiça permitem em princípio respostas universalmente válidas do ponto de vista moral sobre o que todos podem querer; as questões éticas, ao contrário, só podem ser esclarecidas racionalmente no contexto de uma determinada história de vida ou de uma forma de vida particular. Com efeito, essas questões são talhadas de modo perspectivista à medida de um indivíduo ou de uma determinada coletividade que queira saber quem é e ao mesmo tempo quem quer ser. Tais processos de autocompreensão se distinguem das argumentações morais

---

gerar uma perspectiva aceitável para todos. A universalidade não é o consenso ideal de si mesmos [*selves*] definidos ficticiamente, mas o processo concreto na política e na moral de luta de si mesmos [*selves*] concretos, encarnados, aspirando pela autonomia" (Benhabib, The generalized and the concrete other, *Praxis International*, p.406).

pelo tipo de questionamento, mas não quanto ao lugar especificamente sexual de seu tema.

Isso não significa evidentemente que nas questões morais tivéssemos que fazer abstração dos outros concretos. Briggs e Benhabib distinguem duas perspectivas, conforme consideremos a cada vez todos os concernidos em seu conjunto ou os indivíduos particulares em sua situação. Nas argumentações morais, as duas perspectivas devem vir à tona. Mas elas devem se entrelaçar. Nos *discursos de fundamentação*, a razão prática se faz valer por meio de um princípio de universalização, e os casos particulares só são considerados como exemplos ilustrativos. Normas fundamentadas, evidentemente, só podem reivindicar validade *prima facie*; qual norma vale como adequada no caso particular e, portanto, qual norma deve ter preferência sobre as demais normas, válidas *prima facie*, é uma questão que não pode ser decidida do mesmo modo. Essa aplicação de normas exige, antes, um discurso de outro tipo. Tais *discursos de aplicação* seguem uma lógica distinta que os discursos de fundamentação. Na aplicação trata-se de fato do outro concreto no contexto das circunstâncias dadas, das relações sociais específicas, da identidade e história de vida singulares. Apenas à luz de uma descrição a mais completa possível de todas as características relevantes se pode julgar, em cada caso, qual é a norma *adequada*.[35] Se cabe objetar algo a L. Kohlberg, contra o qual S. Benhabib traz à baila considerações de C. Gilligan, não é sua explicação, baseada em G. H. Mead, do princípio moral recorrendo ao procedimento da adoção ideal de papel, mas o fato de ter negligenciado o problema da aplicação.

---

35 Günther, *Der Sinn für Angemessenheit*.

Textos e contextos

2) À crítica de R. Wuthnow, rica em ideias, mas apresentada mais na forma de sugestões, posso reagir aqui apenas com poucas observações. De ambos os lados, seria certamente necessária uma boa quantidade de trabalho preliminar hermenêutico. Wuthnow não está seguro do conjunto do empreendimento de uma teoria crítica da sociedade que de certo modo recupera reflexivamente seu próprio contexto de surgimento, que se apoia em um potencial racional inscrito no *medium* linguístico da própria socialização.[36] Ele não mantém separados os distintos níveis analíticos e não se dá conta da diferença metodológica entre uma teoria da linguagem, da argumentação e da ação, elaborada em termos da pragmática formal, por um lado, e uma teoria sociológica da ação e dos sistemas, por outro; não distingue nem entre o conceito de mundo da vida empregado em termos de pragmática formal e o conceito de mundo da vida empregado em termos sociológicos, nem entre uma teoria discursiva da verdade, da moral e do direito, que procede em termos normativos, por um lado, e as tentativas de reconstrução com conteúdo empírico e com pretensão descritiva, por outro. Essa construção teórica não está certamente isenta de problemas, mas sem um conhecimento mais íntimo do plano de construção dificilmente se podem discutir objeções recolhidas *ad hoc*.

Por exemplo, não é verdade que eu oponha um futuro radiante a um passado desvalorizado. O conceito procedimental de racionalidade que eu proponho não pode portar absolutamente a projeção utópica de formas concretas de vida como um todo. A teoria da sociedade em cujo marco se movem minhas

---

36 Cf. minha introdução a Habermas, *Theorie und Praxis*, p.9-47.

análises pode, no melhor dos casos, conduzir a descrições em termos de diagnóstico que permitem ressaltar, com mais clareza, a ambivalência de tendências evolutivas opostas. Mas não se pode falar de uma idealização do futuro; em *Mudança estrutural da esfera pública*, pelo contrário, eu cometi a falha de uma idealização do passado.

É certo que defendo uma teoria pragmática do significado, segundo a qual um ouvinte entende um proferimento quando conhece as condições sob as quais ele poderia ser aceito como válido. A ideia fundamental é simples: entendemos uma expressão apenas se soubermos como empregá-la para nos entendermos com alguém sobre algo no mundo. Essa relação interna entre entendimento e racionalidade resulta da atitude, adotada metodologicamente, de um participante virtual. Mas a partir disso não há caminho que conduza diretamente a um racionalismo sociológico que seja surdo à *"personal freedom, willful violations of stablished norms, pluralism, and nonreductive modes of expressivity"*.[37] Wuthnow só consegue reconhecer na racionalidade comunicativa, que é inerente ao *medium* linguístico, uma extensão da racionalidade instrumental. Para tanto, ele se apoia nas análises, apresentadas no início do primeiro volume da *Teoria da ação comunicativa*, do emprego do saber proposicional em afirmações, por um lado, e em ações racionais com respeito a fins, por outro. Ele não leva em conta que esses dois casos--modelo representam simplesmente o *ponto de partida* para uma análise que se amplia progressivamente. Além disso, considero

---

37 "Liberdade pessoal, às violações deliberadas das normas estabeleci-das, ao pluralismo e aos modos não reducionistas de expressividade" (Wuthnow, *Rationality and the Limits of Rational Theory*, p.16).

a participação e a ação regulada por normas (assim como a autoapresentação expressiva) apenas como casos-limite da ação comunicativa; a contraposição do uso inovador e do uso idiossincrático da linguagem serve unicamente à explicação do uso de expressões avaliativas.

Todas essas coisas deveriam poder ser colocadas no lugar antes de passar a discutir a interessante observação de Wuthnow sobre uma ressacralização do mundo da vida. Esse é o verdadeiro ponto de discórdia: se a liberação da práxis cotidiana da alienação e da colonização deve ser descrita mais no meu sentido, como uma racionalização do mundo da vida, ou no sentido de Odo Marquard, como um "reencantamento".[38]

3) O trabalho de Fred Dallmayr sobre "Critical Theory and reconciliation" [Teoria Crítica e reconciliação] me apresenta algumas dificuldades. Com grande perspicácia, Dallmayr persegue importantes motivos religiosos no pano de fundo da *Dialética do esclarecimento* de Horkheimer e Adorno, assim como na última filosofia de Adorno. Dallmayr analisa, de maneira similar à minha análise, as aporias em que se enreda a Teoria Crítica. Diante desse pano de fundo, ele submete em seguida a *Teoria da ação comunicativa* a uma crítica surpreendentemente parcial. Surpreendentemente porque Dallmayr conhece a fundo meus escritos. Há décadas, ele comenta minhas publicações, de modo algum acriticamente, mas com grande sensibilida-

---

38 Marquard, *Abschied vom Prinzipiellen.*

Jürgen Habermas

de e com um vasto conhecimento do contexto de discussão alemão.[39]

Os alicerces para a presente discussão foram estabelecidos por Dallmayr em um interessante artigo sobre a questão: "Is Critical Theory a humanism?" [A Teoria Crítica é um humanismo?]. A expressão "humanismo" é empregada aí pejorativamente no sentido de Heidegger, e significa nada menos que um antropocentrismo. Dallmayr pensa que eu me limito simplesmente a substituir o sujeito transcendental por uma intersubjetividade quase-transcendental. A virada linguística da Teoria Crítica apenas encobriria o fato de que a subjetividade para além da linguagem volta a ser instaurada em seus direitos cartesianos:

> *Habermas' outlook* [...] *can with some legitimacy be described as a 'humanism' — where this term stands for a more or less man- or subject-focused orientation. This distinctions between empiricism and hermeneutics, system and life-world, and propositional and reflexive speech can, without undue violence, be reconciled with Cartesian and Kantian subject-object bifurcation (and thus with the basic framework of metaphysics).*[40]

---

39 Dallmayr, *Beyond Dogma and Despair*, p.220 et seq. e 246 et seq.; *Twilight of Subjectivity*, p.179 et seq. e 279 et seq.

40 "A perspectiva de Habermas [...] pode, com alguma legitimidade, ser descrita como um 'humanismo' — em que esse termo significa uma orientação mais ou menos centrada no homem ou no sujeito. As distinções entre empirismo e hermenêutica, sistema e mundo da vida, discurso proposicional e reflexivo, podem ser reconciliadas, sem violência indevida, com a bifurcação cartesiana e kantiana sujeito-objeto (e, portanto, com o quadro fundamental da metafísica)" (Dallmayr, *Polis and Praxis*, p.158).

Textos e contextos

Esse ponto deve naturalmente surpreender um autor que, segundo sua própria autocompreensão, realizou a virada pragmático-linguística como crítica de toda forma de filosofia do sujeito – evidentemente com o cuidado necessário para não sair de uma razão centrada no sujeito e cair em uma história do ser delineada em termos de uma metafísica negativa. Mas precisamente esse ponto anti-heideggeriano da mudança de paradigma talvez provoque Dallmayr a negar essa própria mudança.

Isso é particularmente difícil tendo em vista um livro como o *Discurso filosófico da modernidade*, no qual desenvolvo o novo paradigma do entendimento a partir de seu contexto histórico--filosófico e com a intenção de mostrar como se pode escapar das armadilhas da filosofia do sujeito, sem se emaranhar nas aporias de uma crítica autorreferencial e totalizante da razão – nem na versão desconstrutivista dos últimos heideggerianos, nem na versão contextualista dos últimos wittgensteinianos.[41] Como a sustância argumentativa da terceira parte, a parte crítica, do artigo de Dallmayr não é suficiente para uma controvérsia

---

41 Cf. Dallmayr, The Discourse of Modernity: Hegel, Nietzsche, Heidegger (and Habermas), *Praxis International*, p.377-406; cf. também a recensão da *Teoria da ação comunicativa*, em Dallmayr, *Polis and Praxis*, apêndice, p.224-253. De forma igualmente repleta de prejuízos: Dallmayr; Habermas; Rationality, *Political Theory*, p.553-579. Em sua réplica, R. J. Bernstein comenta acerca de Dallmayr: "Considerando sua sensibilidade hermenêutica, suas discussões mais recentes sobre Habermas são um tanto chocantes. Pois ainda que faça uso de extensas citações para criar a impressão de que o 'autor' está falando por si mesmo, o resultado é uma distorção dos pontos de vista de Habermas" (ibid., p.580).

Jürgen Habermas

com profundidade, vou me limitar a algumas observações superficiais:

a) Dallmayr apoia sua afirmação de uma "continuidade" entre o paradigma do entendimento e o da relação sujeito-objeto na indicação de que os atos de fala apresentam a mesma estrutura teleológica das ações com respeito a fins. Mas, o jogo teleológico de linguagem, como mostrei em outra ocasião,[42] tem um sentido distinto na teoria dos atos de fala em relação à teoria da ação; os mesmos conceitos básicos são interpretados em cada caso em um sentido distinto – e em um sentido distinto que é relevante para nossa questão. Diferentemente das ações teleológicas, os atos de fala se dirigem a fins ilocucionários que não têm o estatuto de objetivos que deveriam se realizar *dentro do mundo* e que tampouco podem se realizar sem a cooperação e o assentimento não coagido de um destinatário e que, finalmente, só podem ser explicados recorrendo ao conceito de entendimento, inerente ao próprio *medium* da linguagem. Além disso, diferentemente das ações teleológicas, os atos de fala interpretam-se a si mesmos em virtude de sua dupla estrutura ilocucionário-proposicional: ao executarmos atos de fala, dizemos ao mesmo tempo o que fazemos.

b) Dallmayr pensa, além disso, que a teoria dos atos de fala privilegia o papel do falante e não considera as operações do ouvinte. Ocorre o contrário em uma análise que (contra Searle) insiste que todo ato de fala permanece

---

42 Habermas, *Nachmetaphysisches Denken*, p.64 et seq.

Textos e contextos

incompleto sem a tomada de posição afirmativa/negativa de um ouvinte potencial. Este tem que adotar a atitude de uma segundo pessoa, substituir a atitude do observador pela do participante e entrar em um mundo da vida intersubjetivamente compartilhado pela comunidade linguística se quiser se beneficiar da reflexividade peculiar das linguagens naturais. Essa concepção hermenêutica da linguagem se dirige contra o teoricismo do modelo causalista da compreensão linguística compartilhado por Quine, Davidson e outros.

c) Dallmayr sublinha em seguida a complementaridade do falar e do silêncio: *"language reverberates with its own silence"*.[43] Essa referência ao "abismo" ontológico da linguagem permanece evidentemente carente de uma explicação que vá além das indicações místico-linguísiticas do último Heidegger. Se Dallmayr não quer subtrair, de antemão, os fenômenos do silêncio a uma análise da linguagem, ele pode se servir de minha teoria da comunicação: o silêncio não aurático tira de cada contexto um significado mais ou menos inequívoco. De resto, cada ato de fala é situado e cada situação de fala está inserida em um contexto do mundo da vida intersubjetivamente compartilhado que, com a presença muda, coroa silenciosamente o que é dito.[44]

d) Dallmayr atribui a mim, além disso, uma concepção instrumentalista da linguagem. Esse empirismo linguístico

---

43 "A linguagem reverbera com seu próprio silêncio." (N. T.)

44 Cf. minha análise do mundo da vida em Habermas, *Nachmetaphysisches Denken*, p.82-104.

já fora superado por Hamann e Humboldt. Tampouco vinculo a teoria da comunicação a Locke, mas à hermenêutica e ao pragmatismo americano. Certamente, o ato de nomear que desde a filosofia romântica da linguagem até Benjamin desempenhou um papel paradigmático (e em relação às especulações cristãs sobre o *logos* também desempenhou um papel carregado de associações), se revela um modelo bastante unilateral para explicar as forças criadoras da linguagem. Em uma interpretação estrita, ele conduz a uma concepção semântico-referencial da linguagem, segundo a qual as expressões deveriam representar estados de coisas da mesma forma que um nome está para um objeto – o que é falso. Igualmente falsa é a interpretação especulativa do modelo da nomeação, que hipostasia a função constituidora, isto é, a função de abertura do mundo da linguagem e, além disso, ignora a relevância de validade das práticas no mundo que se tornam possíveis pela linguagem (a discussão com parceiros dentro do mundo).

e) Dallmayr me reprova finalmente pela restauração do racionalismo do esclarecimento – até 1945, se dizia na Alemanha racionalismo "superficial". A superficialidade e a profundidade têm suas próprias armadilhas. Eu sempre tentei navegar entre a Cila de um empirismo nivelador, sem transcendência, e a Caríbdis de um idealismo delirante que eleva a transcendência ao céu. Eu espero ter aprendido muito com Kant, mas por isso mesmo não me tornei um kantiano dallmayriano, porque a teoria da ação comunicativa *acolhe* a tensão transcendental entre o inteligível e o mundo dos fenômenos na própria prática comunicativa cotidiana, sem, com isso, *suprimi-la*. O *logos* da linguagem institui a intersubjetividade do mundo da vida, na qual nos encontramos previamente em acordo, para que possamos nos encontrar face a face enquanto sujeitos, e mais precisamente como sujeitos que atribuem imputabilidade uns aos outros, isto é, a capacidade de orientar seu agir por pretensões de validade transcendentes. Ao mesmo tempo, o mundo da vida se reproduz através do *medium* de cada uma de nossas ações comunicativas, cuja responsabilidade atribuímos a nós, sem que, com isso, ele esteja ao nosso dispor. Como agentes comunicativos, estamos expostos a uma transcendência inscrita nas próprias condições de reprodução linguística, sem que estejamos *à mercê* dela. Essa concepção se coaduna mal com a ilusão produtivista de uma espécie que se gera a si mesma, que se coloca no lugar de um absoluto negado. A intersubjetividade linguística ultrapassa os sujeitos, mas sem os tornar *servos*. Ela não é uma subjetividade de nível superior e pode, portanto, prescindir do conceito de um absoluto sem renunciar a uma transcendência de dentro. Podemos renunciar a essa herança do cristianismo helenizado, assim como podemos renunciar às construções caudatárias do hegelianismo de direita, nas quais Dallmayr parece confiar.

IV

Georg Simmel sobre filosofia e cultura
Posfácio a uma coletânea de ensaios

Georg Simmel publicou a *Philosophische Kultur* [Cultura filosófica] pela primeira vez em 1911; a terceira e última edição apareceu em 1923. O fato de que essa coletânea de ensaios estivesse desaparecida há sessenta anos e de que apenas hoje seja apresentada novamente poderia ser um sinal de que o Simmel da crítica da cultura é, de modo peculiar, ao mesmo tempo próximo e distante.

I

Certamente, os dois volumes introdutórios da Editora Göschen, *Hauptprobleme der Philosophie* [Problemas centrais da filosofia] (publicado em 1910 como o 500º volume do jubileu) e *Grundfragen der Soziologie* [*Questões fundamentais da sociologia*], há muito tempo estão novamente acessíveis. Dois dos livros mais importantes, a *Filosofia do dinheiro* (1900) e a *Soziologie* [Sociologia] (1908) foram reeditados. Além disso, Michael Landmann se esforçou energicamente, em 1958, com um *Festschrift* por

Jürgen Habermas

ocasião do centenário de nascimento[1] e com a edição de duas coletâneas de artigos,[2] para reavivar o interesse por Simmel. Há poucos anos, Simmel foi incluído em uma ilustre coleção de clássicos da teoria da sociedade.[3] E nos Estados Unidos, Kurt Wolff desencadeou de fato uma discussão nos anos 1950 com uma coletânea dos escritos sociológicos de Simmel.[4]

Mas, depois da Segunda Guerra Mundial, o filósofo e sociólogo Simmel não alcançou, nem na República Federal da Alemanha nem na América, uma presença intelectual que pudesse lembrar algo da influência que teve em sua época. Isso fica patente não apenas em comparação com Dilthey e Bergson, que deram o impulso para a "filosofia da vida"; isso vale, sobretudo, em relação aos pais fundadores da sociologia, que tinham a mesma idade dele: Simmel nasceu em 1858, no mesmo ano que Durkheim; ele era apenas alguns anos mais velho que George Herbert Mead (1863) e Max Weber (1864). No início dos anos 1950, G. Lukács pôde considerar a filosofia da vida de Simmel como um capítulo encerrado, assim como R. Aron havia considerado a "sociologia formal" de Simmel,[5] com a qual, ainda em 1930, Hans Freyer discutira como um posicionamento teórico vivo.[6] Simmel não tinha se tornado um "clássico" – e para o qual, na verdade, também não estava predestinado, conforme seu perfil intelectual.

---

1 Gassen; Landmann (orgs.), *Buch des Dankes an Georg Simmel*.

2 Simmel, *Brücke und Tür; Das individuelle Gesetz*.

3 Schnabel, *Georg Simmel*, p.267 et seq.

4 Wolff (ed.), *The Sociology of Georg Simmel*; sobre a recepção de Simmel nos Estados Unidos, cf. Schanabel, op. cit., p.276 et seq.

5 Lukács, *Die Zerstörung der Vernunft*, p.350 et seq.; Aron, *Die deutsche Soziologie der Gegenwart*.

6 Freyer, *Soziologie als Wirklichkeitswissenschaft*, p.46 et seq.

Textos e contextos

Simmel representa um tipo *diferente*. Apesar de sua influência no clima filosófico da época anterior à Primeira Guerra Mundial, apesar de sua importância para a sociologia alemã e quase que ainda mais para a sociologia americana durante seus períodos de formação, Simmel foi mais um inspirador do que um autor sistemático — mais um diagnosticador filosofante da época com impacto sociológico que um filósofo e sociólogo enraizado solidamente no domínio científico. Simmel, que gozou de um grande prestígio no exterior em virtude de suas magníficas realizações científicas, nunca havia mantido uma relação permanente com o mundo das universidades alemãs. Isso não foi por acaso. Um trabalho de psicologia musical apresentado como tese foi recusado por Zeller e Helmholtz; ao invés disso, admitiu-se um trabalho premiado, apresentado depois, sobre a filosofia da natureza de Kant. Também foi recusada a tese de habilitação, com a justificativa de que o tema era equivocado. Mas quando foi admitido, faltou à prova didática. A nomeação como professor extraordinário acabou postergada pela faculdade com uma lentidão inabitual. Simmel sempre foi preterido nos procedimentos de admissão. Em 1908, Max Weber indicou-o para uma cátedra de Filosofia em Heidelberg; mas o ministério não o nomeou. Finalmente, em 1914, quando havia completado 56 anos, recebe uma cátedra em Straßburg; a despedida do meio urbano de sua cidade natal, Berlim, não foi fácil. Em 1915, Rickert se esforça mais uma vez para levar Simmel a Heidelberg — novamente em vão.

Como sempre, tais percalços se nutrem de fontes nebulosas. Acusa-se Simmel de uma atitude relativista em relação ao cristianismo; seu pensamento e sua forma de expor não ortodoxos têm o efeito de provocação; seu sucesso com os estudantes, sua influência sobre o grande público provocam inveja; o antissemitismo se vincula ao ressentimento contra o intelectual literato. O que cria a distância em relação ao mundo acadêmico é, sobretudo, uma mentalidade que se caracteriza por uma sensibilidade permeável aos estímulos típicos da época, às inovações estéticas, às mudanças de tendência espirituais e às reviravoltas de orientação no sentimento vital concentrado nas grandes cidades, às mudanças subpolíticas de atitude e aos fenômenos cotidianos, dificilmente apreensíveis, difusos, mas reveladores. Em suma, os poros para o espírito da época estavam amplamente abertos. Na casa de Simmel, circulavam mais os literatos e artistas do que os colegas de Berlim. Ele mantinha relações com Rilke, com Stefan George, com Paul Ernst e com Gundolf, com Max Weber, com Troeltsch, com Heinrich Rickert e também com Bergson, que, a partir de 1908, o influenciou profundamente. Pessoas mais jovens, como Ernst Bloch e Georg Lukács, frequentavam seus colóquios privados. Relatos dos cursos que Simmel dava para um auditório geral apareciam inclusive na imprensa. Isso condiz com o traço ensaístico no pensamento de Simmel e com o ensaio como forma de exposição privilegiada.

Adorno se queixou do título "terrivelmente trivial" dos presentes ensaios de Simmel; mas também confessava o quanto devia às leituras anteriores dos escritos desse autor: "Georg Simmel [...] foi o primeiro que, com todo idealismo psicológico, realizou a volta da filosofia aos objetos concretos, a qual permaneceu canônica para todo aquele que não se contentava com a ladainha da crítica do conhecimento e da história do espírito".[7] Os *Spuren* [Vestígios] de Bloch, publicados entre

---

7 Adorno, *Henkel, Krug und frühe Erfahrung*, p.558.

Textos e contextos

1910 e 1929, testemunham o passo de um homem que havia trilhado esse caminho. Bloch seguiu as reflexões sobre "a lâmpada e o armário" ou sobre a "primeira locomotiva" de um Simmel que filosofava igualmente sobre o ator de teatro e sobre o aventureiro, que refletia sobre "a ponte e a porta" para encontrar encarnados nesses objetos exemplares os traços fundamentais do espírito humano. Simmel não apenas encorajou os estudantes, uma geração antes de Heidegger e Jaspers, a sair da trilha da filosofia acadêmica e a pensar "concretamente"; seus trabalhos deram o impulso que, de Lukács a Adorno, levaram à reabilitação do ensaio científico como forma.

Adorno, até agora o último entre os filósofos que fizeram do ensaio o instrumento mais flexível para sua expressão, vê nessa forma literária principalmente o momento de libertação:

> O ensaio não permite que se prescreva a sua área de atuação. Ao invés de produzir algo cientificamente ou de criar algo artisticamente, seu esforço reflete ainda algo do ócio da criança, que sem escrúpulo se entusiasma por aquilo que outros já fizeram. Ele reflete o amado e o odiado, ao invés de representar o espírito, segundo o modelo de uma moral do trabalho infinita, como uma criação do nada.[8]

Certamente, Adorno menciona também o preço que se deve pagar por essa libertação da coerção metodológica: "por sua afinidade com a experiência mental aberta o ensaio tem que pagar com a falta de certeza, que a norma do pensamento estabelecido teme como a morte".[9] Talvez seja também um pouco

---

8 Ibid., p.10.
9 Ibid., p.21.

desse medo, e não apenas a cultura linguística diferenciada do século XIX, o que confere ao estilo de Simmel uma certa prolixidade – como se Simmel hesitasse a entrar no ritmo e no tipo de seletividade despreocupada que a forma do ensaio exige.

Os textos de Simmel oscilam entre o ensaio e o artigo científico; eles *vagam* em torno de um pensamento em cristalização. Nada indica que o autor tivesse alguma vez se perguntado se uma única frase afiada, como aquela de que "a escultura antiga, por assim dizer, buscava a lógica do corpo; Rodin, sua psicologia", não poderia muito bem competir seriamente com um artigo de vinte páginas sobre Rodin como "personalidade artística". Os pequenos textos estéticos são os que melhor testemunham algo das correspondências que existem entre o ensaio poético e o aforismo explosivo. Mas mesmo aqui se coloca uma distância que justifica o que há de antiquado no título do livro, *Cultura filosófica*.

É o conceito de cultura do neokantismo que sinaliza o que nos separa de Simmel. Ele é um filho do *fin de siècle*; ainda pertence à época para cujo elemento burguês de formação e cultura Kant e Hegel, Schiller e Goethe continuavam sendo contemporâneos, embora já tivessem sido ofuscados por Schopenhauer e Nietzsche. Assim, é com os conceitos fundamentais da estética de Kant e Schiller – liberdade e necessidade, espírito e natureza, forma e matéria – que Simmel explica como Rodin supera o classicismo e o naturalismo. Com o olhar do romantismo, ele decifra o encanto estético das ruínas remanescentes como a vingança da rocha natural submetida outrora contra sua vontade à ação violenta da configuração arquitetônica. *Abstraktion und Einfühlung* [Abstração e empatia] de Worringer proporciona a ele as categorias para uma estética natural da paisagem marinha e da paisagem dos Alpes, mas ele não reconhece nelas a antecipação lúcida de uma pintura que começava a ser compreendida em termos expressionistas.

Simmel ainda está aquém do fosso que se abriria entre Rodin e Barlach, entre Segantini e Kandinsky, entre Lask e Lukács, entre Cassirer e Heidegger. Ele escreve sobre a moda de forma *distinta* de Benjamin. E, no entanto, é ele quem estabelece o vínculo entre moda e modernidade, quem influencia o jovem Lukács inclusive na escolha dos títulos, quem inspira Benjamin às observações no espaço de experiência, inundado por estímulos, denso em contatos, com o movimento acelerado da grande cidade, quem altera a forma de perceber, os temas, o estilo literário de toda uma geração de intelectuais. Como se explica que na época de Weimar se faça valer esse potencial de excitação por parte de um homem que permanecia enraizado tão profundamente no século XIX esclarecido historicamente? Eu penso que Simmel deva sua influência surpreendente, ainda que em múltiplos aspectos anônima, ao diagnóstico de época fundado em termos de filosofia da cultura, que ele desenvolveu pela primeira vez no capítulo final de sua *Filosofia do dinheiro* (1900). Ele levou adiante essa teoria da época presente no ensaio sobre "Begriff und Tragödie der Kultur" [Conceito e tragédia da cultura], e a subordinou em sua conferência tardia sobre o "Konflikt der modernen Kultur" [Conflito da cultura moderna][10] a uma duvidosa metafísica da vida.

---

10 Simmel, *Das individuelle Gesetz*, p.148 et seq.

Jürgen Habermas

II

O artigo sobre a tragédia da cultura constitui o centro dos ensaios reunidos neste volume. Simmel desenvolve aí um conceito dinâmico de cultura. Por cultura, ele entende o processo que une a "alma" e suas "formas". Cultura significa as duas coisas: tanto as objetivações nas quais se exterioriza uma vida que surge da subjetividade, isto é, o espírito objetivo, assim como, inversamente, a formação de uma alma que se eleva a partir da natureza à cultura, isto é, a formação do espírito subjetivo. Simmel segue o ideal expressivista de formação, determinante de Hegel até Herder, passando por Humboldt. A vida em conjunto é interpretada segundo o modelo de um processo de produção criador no qual o artista genial cria a configuração orgânica de sua obra e, com isso, desdobra a totalidade de suas próprias forças essenciais. O *telos* desse processo de formação é o incremento da vida individual. Na versão de Simmel, o espírito subjetivo mantém decididamente a primazia sobre o objetivo, o cultivo do sujeito mantém a primazia sobre a cultura objetiva.

Nesse processo cultural, está inscrito o risco de que a cultura objetiva se autonomize frente aos indivíduos que, no entanto, a produziram. Pois o espírito objetivo obedece a leis diferentes do espírito subjetivo. Simmel sublinha com Rickert a especificidade das esferas culturais de valor. A ciência e a técnica, a arte e a moral constituem contextos objetivos com pretensões de validade específicas, às quais o sujeito cognoscente, o sujeito produtor, o sujeito criador, assim como o sujeito que julga e atua praticamente têm que se submeter. Um predomínio da cultura objetiva deve ser inevitável na medida em que o espírito subjetivo segue a marcha do racionalismo ocidental e penetra cada vez mais profundamente nas legalidades do espírito objetivo, e com isso diferenciando e aprofundando as esferas culturais de valor, acelerando o desenvolvimento cultural e elevando o nível da cultura. Na mesma medida, o espírito se torna adversário da alma:

> É de incomparável valor para nós a forma de unidade pessoal em que a consciência reúne o sentido cultural objetivo das coisas [...]. Aqui se desenvolvem pela primeira vez os obscuros raios de calor do ânimo, para os quais a clara perfeição das ideias determinadas de forma puramente objetiva não tem nem lugar nem coração. Mas o mesmo se passa com o espírito que, pela objetivação de nossa inteligência, se opõe à alma como objeto. E a distância entre ambos aumenta na mesma medida em que o objeto surge na divisão do trabalho pelo agir conjunto de um número crescente de personalidades; pois mesmo nessa medida se torna possível familiarizar e habituar na obra a unidade da personalidade, na qual se entrelaça precisamente para nós o valor, o calor, a peculiaridade da alma. O fato de que para o espírito objetivo, por causa da diferenciação moderna de sua produção, falte a ele precisamente essa forma de ser dotado de alma [...] pode ser a razão última da hostilidade com a qual naturezas muito individualistas e profundas se opõem agora cada vez mais frequentemente ao "progresso da cultura".[11]

Simmel descreve inicialmente como o aumento de complexidade da cultura põe a alma, da qual parte esse movimento,

---

11 Id., *Philosophie des Geldes*, p.528.

Jürgen Habermas

diante da questão paradoxal sobre se "pode continuar sendo senhora de sua própria casa ou, ao menos, se entre a sua vida íntima e aquilo que ela tem que assumir como conteúdos impessoais pode se estabelecer uma harmonia no que concerne à altura, ao sentido e ao ritmo".[12] Ele procura, então, encontrar o mecanismo que explica por que é inevitável esse crescimento de uma cultura objetiva cada vez mais distante; e se prende ao *medium* do dinheiro. Em sua *Filosofia do dinheiro*, Simmel transfere o conceito de cultura do nível das configurações espirituais ao processo vital social e material como um todo. Assim como Max Weber, as ordens vitais da economia, do Estado e da família desenvolvem uma lógica própria, análoga à lógica própria que desenvolvem as esferas culturais de valor da ciência, da arte e da moral; inclusive a sociedade se opõe à alma como um componente da cultura objetiva. Ora, evidentemente, nas sociedades modernas, o mercado desempenha o papel de um mecanismo gerador de complexidade. Através do *medium* do dinheiro, ele estimula a divisão social do trabalho e, com isso, o aumento de complexidade da cultura em conjunto. Em última instância, o dinheiro é evidentemente apenas uma das "formas" nas quais o espírito subjetivo se objetiva a si mesmo na busca da alma por si mesma. Por isso, a "filosofia do dinheiro" deve desencadear o programa que Simmel estipula na introdução. Deve

fornecer uma base sólida ao materialismo histórico, de tal modo que a inclusão da vida econômica nas causas da cultura espiritual mantenha seu valor explicativo, mas mesmo aquelas próprias

---

12 Ibid., p.529.

Textos e contextos

formas econômicas serão reconhecidas como resultado de valorações e correntes mais profundas de pressupostos psicológicos e inclusive metafísicos.[13]

A esse respeito Lukács observa de maneira seca que as legalidades econômico-sociais perdem seu conteúdo concreto e seu ápice revolucionário tão logo são entendidas como expressão de um contexto "cósmico" geral.[14]

Em seu veemente acerto de contas com Simmel, uma geração depois de sua morte, Lukács não entra evidentemente na história dos efeitos do diagnóstico de época do autor. Simmel não apenas exerceu influência com fórmulas lapidares tais como a do retardo da cultura das pessoas por trás da crescente cultura das coisas; ele também exerceu influência com sua descrição, precisa em termos fenomenológicos, do estilo de vida moderno: "O processo de objetivação dos conteúdos culturais que [...] promove um estranhamento cada vez maior entre o sujeito e suas criações desce finalmente às intimidades da vida cotidiana".[15] Nas formas de interação do comércio das grandes cidades, Simmel descobre, assim como na experiência natural, nos anúncios ou nas relações matrimoniais, deslocamentos estruturalmente *análogos*. Na mesma medida em que as relações sociais se coisificam, o subjetivismo libera energias anímicas desvinculadas. Diante dessa interioridade fragmentada e amorfa dos sujeitos, os objetos culturais e sociais se tornam poderes alheios e ao mesmo tempo autônomos. O dinheiro tem

13 Ibid., p.viii.
14 Lukács, *Die Zerstörung der Vernunft*, p.358.
15 Ibid., p.519.

Jürgen Habermas

um caráter exemplar; ele representa a objetividade das relações de troca em sua pura abstração e, no entanto, é ao mesmo tempo a base para a formação de uma subjetividade que se diferencia tanto em sua capacidade de entendimento calculadora quanto em seus impulsos errantes.

III

As teorias da sociedade orientadas por um diagnóstico da época, que – partindo de Weber – conduzem, por um lado, a Horkheimer e Adorno, passando por Lukács, e, por outro, a Gehlen e Schelsky, passando por Freyer, se nutrem todas do reservatório da filosofia da cultura de Simmel. Max Weber desenvolve em sua famosa *Zwischenbetrachtung* [Consideração intermediária] um paradoxo da racionalização que se apoia nos elementos neokantianos do diagnóstico de Simmel, a saber, no potencial de conflito de esferas culturais e ordens vitais que se diferenciam segundo lógicas específicas. Em *História e consciência de classe*, Lukács só pode entender em termos materialistas as deformações do cotidiano burguês e de sua cultura como fenômenos de reificação porque Simmel havia percorrido o caminho inverso e havia tratado as abstrações do trabalho industrial alienado como caso especial da alienação da subjetividade criadora em relação a seus objetos culturais.[16] Mesmo Adorno e Horkheimer, com sua teoria da cultura de

---

16 "A conversão do trabalho em mercadoria é apenas um lado de um processo de diferenciação de muito maior alcance, que retira da personalidade seus conteúdos individuais, para opô-los como objetos, com determinação e movimentos autônomos" (Simmel, *Philosophie des Geldes*, p.515).

Textos e contextos

massas, apenas fazem variações de um tema de Simmel. E com sua *Dialética do esclarecimento*, em que o processo de reificação se dissolve na universalidade de um processo de racionalização histórico-universal, retomam a tese de Simmel:

> Segundo a objetividade e visibilidade exteriores, a dominação crescente está, certamente, do lado do homem; mas, com isso, ainda não está decidido se o reflexo subjetivo, o sentido *ao interior* desse fato histórico, não poderia ir no sentido oposto [...]. O princípio de que *dominamos* a natureza ao servi-la tem o terrível reverso de que a servimos ao dominá-la.[17]

Enquanto os marxistas se prendem a um ideal expressivista de formação, mas obtêm da autonomização do espírito objetivo uma leitura materialista, a crítica burguesa da cultura se distancia passo a passo da pretensão de reconciliação da filosofia da vida e acaba dando um sentido afirmativo à tese da alienação do espírito objetivo. Hans Freyer e Joachim Ritter veem na dinâmica da coisificação da cultura e da sociedade apenas o reverso da constituição de um âmbito de liberdade subjetiva digno de ser perseguido. Simmel ainda havia considerado com ceticismo esse "ideal de separação dolorosa" segundo o qual a vida "se torna cada vez mais objetiva e impessoal, a fim de que o resíduo que não pode ser coisificado se torne tanto mais pessoal, tanto mais algo próprio do eu".[18] A esse respeito, a crítica de Gehlen à difusão de uma subjetividade vazia, separada de todos os imperativos objetivos, está mais próxima de

---

17 Ibid., p.549.
18 Ibid., p.532.

Simmel. Por outro lado, a glorificação neoconservadora de Gehlen das "cristalizações culturais" (aliás, uma expressão emprestada de Simmel) já aponta na direção do funcionalismo de Luhmann, que de Simmel só mantém as objetivações coaguladas em sistemas, enquanto deixa que os próprios sujeitos degenerem em sistemas. O funcionalismo sistêmico confirmou em silêncio o "fim do indivíduo", que Adorno circunscreve em termos de dialética negativa para denunciá-lo como um destino autoimposto.

Se tivermos diante dos olhos, a traços largos, a história dos efeitos do diagnóstico de época de Simmel, poderia ser aplicado a ele o que Gehlen afirmou do esclarecimento: suas premissas estão mortas, apenas as consequências continuam em marcha. Todos os partidos parecem estar de acordo nas consequências, não importando se um denuncia como totalidade negativa aquilo que o outro celebra como cristalização, não importando se um critique como coisificação aquilo que o outro estipula tecnocraticamente como legalidade objetiva. Unanimemente, vê-se a assinatura da modernidade no fato de que

> os objetos têm a lógica própria de sua evolução – não uma lógica conceitual nem natural, mas apenas uma lógica de seu desenvolvimento como obras culturais do homem – e que em suas consequências se desviam da direção com que poderiam se ajustar à evolução pessoal das almas humanas.[19]

Mas Lukács, Horkheimer e Adorno veem aí o preço fatal a pagar por uma modernização capitalista da sociedade; Freyer,

---

19 Simmel, *Philosophische Kultur*, p.203.

Ritter e Schelsky enxergam apenas as consequências laterais de um processo de racionalização social que necessita de compensações; Gehlen e Luhmann, finalmente, observam um equivalente bem-vindo do caráter quase-natural das grandes instituições. Gehlen foi o primeiro a liquidar a premissa a que os demais ainda se prendem: que a cultura concreta só se produziria pelo "entrelaçamento" da subjetividade com os elementos objetivos – por meio da recuperação das objetivações no processo de formação e no contexto de vida dos sujeitos, da reconciliação da alma com suas formas. Luhmann pode pressupor como algo trivial que os sistemas pessoais e sociais constituem *ambientes* uns para os outros.

IV

Nesta consequência, se mostra que os dolorosos fenômenos em que outrora o discurso da modernidade se inflamou no final desaparecem sem vestígios se não submetemos a uma revisão os conceitos fundamentais da filosofia da consciência, sua perspectiva de reconciliação e o ideal expressivista de formação – ao invés de deixar tudo isso cair no esquecimento. Ao final, os fenômenos da reificação escapam de uma perspectiva na qual a alma e as formas interagem *sem mediação*, na qual o sujeito criador se depara com suas forças essenciais alienadas apenas como objetos. Hoje, eles exigem uma linguagem mais precisa, uma formulação mais convincente. As deformações sistemicamente induzidas dos contextos de vida estruturados comunicativamente só se tornam visíveis se elaboramos de modo completamente não metafísico a especificidade palpável da intersubjetividade vulnerável de nossa prática do enten-

Jürgen Habermas

dimento cotidiano. No *medium* dessa prática, estão sempre imersos os objetos culturais e sociais, se é que se pode ainda falar de "objetos" – assim como as identidades altamente frágeis, concebidas em termos de formação e transformação, dos "sujeitos" ameaçados igualmente pela integração forçada e pelo isolamento.[20]

Simmel nos é hoje, de modo peculiar, ao mesmo tempo próximo e distante. A proximidade se deve evidentemente não apenas à rica história dos efeitos de seu diagnóstico de época, mas também a uma constelação na qual a faísca da filosofia da vida poderia reluzir mais em uma forma contaminadora do que esclarecedora. A filosofia da cultura de Simmel dá expressão ao "empuxo desorientado que se produz sob o limiar da consciência",[21] "que conduz o homem atual do socialismo a Nietzsche, de Hegel a Schopenhauer" – assim como três gerações mais tarde conduz de Marcuse a Heidegger, do manual ao registro de falência. Simmel fala de uma *tragédia* da cultura; Simmel dissocia as patologias presentes no estilo de vida moderno de seus contextos históricos e as remete à tendência inscrita no próprio processo da vida que conduz à alienação entre a alma e suas formas. Um estranhamento que está tão profundamente ancorado na metafísica priva o diagnóstico de época da força e da coragem para tirar conclusões em termos práticos e políticos. Naturalmente, as simpatias de Simmel são facilmente constatáveis. Em certa ocasião, menciona o movimento de reforma, posto em marcha por Morris e Ruskin, que procurava fazer valer os imperativos formais de um artesanato

---

20 Habermas, *Theorie des Kommunikativen Handelns*, Bd. 2, cap. 8.
21 Simmel, *Philosophie des Geldes*, p.551.

Textos e contextos

artístico contra a feiúra dos produtos de massa industriais. E essa nostalgia de totalidades não diferenciadas, abarcáveis, que dá asas aos experimentos dos reformadores da vida no Monte Veritá e em outros lugares, pode ao menos estar em acordo com a aspiração de Simmel por uma "cultura concreta" – Rudolf Steiner é, afinal, um contemporâneo. Mas, em última instância, Simmel reage apenas a um único movimento – ao movimento de emancipação das mulheres burguesas antes da Primeira Guerra Mundial.

Os ensaios contidos neste livro sobre o problema dos gêneros e sobre a cultura feminina ainda hoje encontrariam ressonância – nas frações do movimento feminista que depositam suas esperanças e reivindicações nas qualidades especificamente femininas, especificamente maternais. Certamente, o *"a priori essencial da mulher"* que se manifesta em Simmel não está completamente livre de fantasias masculinas; e, além disso, se deve a uma audaciosa ontologização de fenômenos contemporâneos. Mais uma vez, a mulher está mais próxima que o homem do polo do fundamento da existência e da subjetividade, da ausência de história e da passividade, da completude e da totalidade. Isso explica o interesse de Simmel pelo movimento feminista: uma cultura feminina (não caracterizada apenas de modo lisonjeiro) surge para ele como o único meio de salvação contra a alienação da subjetividade viva pelas objetivações petrificadas de uma "cultura baseada no trabalho masculino", que injustamente reclama para si a dignidade de representar o humano universal.

A psicologia social
de Alexander Mitscherlich

Alexander Mitscherlich publicou em 1963 seu livro sobre a *Vaterlose Gesellschaft* [Sociedade sem pai], sua obra teórica mais audaciosa. Quatro anos depois, juntamente com Margarete Mitscherlich, veio a lume seu estudo mais influente jornalisticamente — o diagnóstico sobre a primeira década do pós-guerra da República Federal de Alemanha, *Die Unfähigkeit zu trauern* [Incapacidade para o luto].[1] Nos subtítulos, esses livros são caracterizados como "ideias para uma psicologia social" e como análises dos "fundamentos do comportamento coletivo". Não é necessária a referência aos numerosos estudos de análise da atualidade acerca de problemas de formação do preconceito e da agressão, de urbanismo, de protestos de jovens e de recusa ao trabalho, para tornar claro o papel central que a psicologia social assume na obra científica desse psicanalista. Alexander Mitscherlich prossegue resolutamente a linhagem da "psicologia social analítica". Com isso, assume certamente

---

1 Mitscherlich, *Auf dem Weg zur vaterlosen Gesellschaft*; *Die Unfähigkeit zu trauern*.

Jürgen Habermas

também uma herança problemática; a psicologia social analítica comporta desde o princípio a ambivalência de uma psicologia individual que transpõe seus próprios limites.

Certamente, a psicanálise segue os destinos pulsionais das crianças que crescem dentro das famílias. Relaciona de antemão os processos intrapsíquicos de formação às relações interpessoais, que se estabelecem na interação da criança com suas pessoas de referência. Relação com o objeto, identificação, constituição da instância do superego, são conceitos fundamentais que permitem à psicanálise entender o desenvolvimento da personalidade *também* na familiarização com a cultura e a sociedade. Mas Freud se ateve ao modelo metodológico das ciências da natureza e aos conceitos fundamentais da biologia; ele concebeu o desenvolvimento do *eu* como o processo de adaptação de um organismo no campo de tensão entre natureza pulsional, ambiente físico e ambiente social – e não como processo de socialização.

Os cientistas sociais que, sem mais, herdam hoje algo da psicanálise conseguem recordar apenas com esforço que, no início da psicanálise, baseado na ciência natural, foi erigida uma barreira conceitual fundamental entre a psicologia individual e a psicologia social. O próprio Freud só estabeleceu, entre os conceitos teóricos fundamentais de seu modelo estrutural e as experiências clínicas do diálogo terapêutico, uma relação baseada na psicologia experimental. Entre os conceitos de eu, id e superego, por um lado, e os fenômenos de resistência, transferência e contratransferência, que aparecem no processo de comunicação da análise, por outro, ele viu uma relação heurística, mas não uma relação sistemática. A compreensão objetivista da metapsicologia obscureceu as relações internas existentes entre os modelos de comunicação do paciente na infância, de que resulta a patologia, e o diálogo terapêutico do psicanalista com o paciente adulto. O Alexander Mitscherlich psicossomático estava mais bem protegido contra essa autocompreensão cientificista que outros analistas, porque ele, discípulo de Viktor von Weizsäcker, com todo o respeito pelas ciências naturais, havia aprendido também a considerar corretamente os limites de uma medicina científico-natural. Graças a essa formação na medicina antropológica, Mitscherlich, como veremos, nunca teve dificuldades para entender os destinos pulsionais como processos de socialização. *Essa* barreira conceitual entre a psicologia individual e a psicologia social não existiu para ele. Mitscherlich pôde vincular sem dificuldade a psicanálise à teoria da socialização e à sociologia da família.[2]

Uma dificuldade de *outro tipo* se coloca, no entanto, na tentativa de passar ao nível macrossociológico da história da sociedade. Essa passagem se impõe porque as estruturas da família não copiam simplesmente os contextos sociais funcionais nos quais estão inseridas:

> As funções sociais e a estrutura interna da família variam com as formações sociais. Mas a história da família não está inteiramente sincronizada com as formas de produção. Ela se apresenta como uma história particular que se entrelaça de forma específica em cada caso com a das formas sociais [...]. Ainda que esteja conectada e atada às relações de troca, sua estrutura interna está em oposição ao princípio dominante de estruturação da sociedade.[3]

---

2 Mitscherlich; Brocher; Mering; Horn (eds.), *Der Kranke in der modernen Gesellschaft*.

3 Dahmer, *Libido und Gesellschaft*, p.374 et seq.

O próprio Freud, como se sabe, fez duas tentativas para tornar frutíferas as ideias da psicanálise para uma teoria da sociedade. No artigo sobre "Massenpsychologie und Ich-Analyse" [Psicologia das massas e análise do eu], ele aborda as observações de Le Bon sobre como os indivíduos se veem arrastados pelo redemoinho de massas exaltadas, compartilham entre si fortes paixões, perdem sua capacidade crítica de juízo, seu controle da realidade e seu autocontrole, e se submetem conjuntamente a um superego externo, encarnado na figura do dirigente. Freud explica esses fenômenos com a vinculação masoquista dos seguidores a um dirigente idealizado que assume como substituto as funções do superego individual temporalmente paralisado. Ele pode desenvolver a psicologia das massas nos conceitos da psicologia individual, porque apresenta as interações na massa como o acontecer intrapsíquico de um macrossujeito.

Ora, o caso especial do movimento de massas pode ainda corresponder a uma transferência da psicologia individual a estruturas de grupos; porém, esse procedimento se torna questionável quando se tenta explicar a evolução cultural como um todo. Nos escritos de teoria da cultura, se evidencia essa *superextensão para a teoria da sociedade de conceitos* e pressupostos *psicanalíticos*. Não se pode evidentemente entender as instituições apenas por analogia com pulsões comportamentais do neurótico, tampouco as imagens religiosas do mundo e as ideologias por comparação com alucinações clínicas. A dinâmica dos sistemas sociais tampouco pode ser explicada a partir das perspectivas agregadas de múltiplas biografias individuais:

Na medida em que a psicanálise [...] se restringe ao pseudoconcreto, tentando reduzir a sociedade à comunidade, ela é

Textos e contextos

adequada à vivência dos indivíduos, compartilha sua perspectiva (de sofrimento) e sua cegueira em relação à sociedade. Eles não sabem o que os impregna e confundem simplesmente sua natureza historicamente modificada e as instituições sociais vigentes com a natureza e com o mundo exterior. Por isso, a psicanálise não é *per se* uma psicologia *social*. Ela é psicologia individual e psicologia da *comunidade*, a saber, da família e das "massas".[4]

Sobre esse defeito congênito, se puder me expressar assim, é elaborada a psicologia social analítica até nossos dias. Sua história cheia de reviravoltas é lida menos como a história de uma única disciplina, e mais como o ir e vir entre, por um lado, as tentativas psico-históricas de escapar de seu próprio gueto terapêutico, feitas pela analista que elabora diagnósticos de época e, por outro, como os altos e baixos das tentativas sociológicas de inflar a metapsicologia em termos de teoria da sociedade ou nivelá-la em termos de teoria da socialização.[5]

Nessa história em movimento, Alexander Mitscherlich adota uma posição característica entre os médicos e os sociólogos. Permitam-me circunscrever esse estatuto com um rápido olhar retrospectivo sobre a recepção da teoria de Freud nas ciências sociais.

Nos anos 1920 e no início dos anos 1930, analistas marxistas, como Sigfried Bernfeld, Wilhelm Reich e Erich Fromm, vincularam Freud e Marx. Eles entenderam a psicanálise como uma ciência natural dos processos intrapsíquicos que podia complementar o materialismo histórico. Típico dessa orien-

---

4 Ibid., p.377.
5 Cf. sobre isso, Dahmer (ed.), *Analytische Sozialpsychologie*.

Jürgen Habermas

tação investigativa é o artigo de Erich Fromm no primeiro número da *Revista de Pesquisa Social*.[6] A psicanálise devia mostrar como a situação econômica de classe, através do agente de socialização que é a família, intervém no destino pulsional da criança, forma os tipos de personalidade funcionalmente necessários e produz as formas de consciência específicas de classe, sobretudo, as ideologias importantes para a existência do sistema econômico. Esse funcionalismo marxista simplesmente indica à filosofia social psicanalítica a tarefa de tornar compreensível a integração da natureza interna em um processo de reprodução da sociedade a ser *explicado de outro modo*. A partir dessa versão de Fromm, se estabelecem ligações com a teoria da sociedade de Adorno e de Marcuse. Adorno e Marcuse recorrem às ideias de Freud acerca da teoria da cultura para obter da metapsicologia pontos de vista de filosofia da história para uma crítica da razão instrumental; a teoria das pulsões, que em Fromm havia explicado a suave adaptação dos indivíduos às exigências do aparato de produção e ao aparato de dominação, é utilizada agora em termos especulativos; ela tem de fornecer a perspectiva profunda a partir da qual a normalidade de uma estrutura social bem integrada se dá a conhecer como um contexto patológico de coerção.[7]

Outra linha de recepção vai da antropologia cultural americana dos anos 1920 e 1930 até a teoria da socialização de Parsons. A *basic-personality approach* persegue a conexão funcional de

---

6 Fromm, Über Methode und Aufgabe einer analytischen Sozialpsychologie. *Zeitschrift für Sozialforschung*, p.28 et seq.

7 Cf. Bonß, Psychoanalyse als Wissenschaft und Kritik. Zur Freud-Rezeption der Frankfurter Schule, p.367 et seq.

Textos e contextos

formas de produção, padrões de socialização e tipos de personalidade nas sociedades tribais, enquanto Parsons reinterpreta em termos de teoria dos papéis as etapas do desenvolvimento psicossexual. Nesses casos, a dinâmica dos destinos pulsionais, interpretada em termos naturalistas, fica em segundo plano em relação à dinâmica biográfica dos destinos da interação.

Nas duas linhagens, a metapsicologia é empregada a serviço de uma teoria da sociedade que em seus fundamentos é independente da psicanálise. Por isso, acreditava-se também poder ignorar o lado terapêutico da psicanálise. As ciências sociais fizeram uso da metapsicologia desconectando-a de sua base clínica. Alexander Mitscherlich tem vantagem em relação a essas abordagens por, enquanto médico, sempre considerar a teoria psicanalítica em conexão com a terapia; por isso, ele tem uma *compreensão metodologicamente distinta* da psicanálise em relação àqueles psicólogos sociais analíticos que, sejam médicos ou não, vincularam exteriormente a metapsicologia a uma teoria da sociedade. Mitscherlich não tratou a psicanálise nem como um tapa-buraco para preencher as lacunas da teoria, nem como um farol para iluminar indiretamente uma rocha de filosofia da história. Ele rompeu com a autocompreensão objetivista da psicanálise, sem cair, com isso, nas aporias de uma crítica da ideologia autorreferencial que se devora.[8] Ao entender a terapia como uma autorreflexão posta em marcha em termos intersubjetivos, ele desvela o sentido emancipatório da psicanálise partindo do solo da experiência clínica.

Muito antes de se submeter a uma análise, Mitscherlich havia lançado luz sobre o conceito de doença psicossomática.

---

8 Habermas, *Die Verschlingung von Mythos und Aufklärung*.

Jürgen Habermas

Esta sinaliza uma perda de liberdade de que o próprio doente é culpado; com ela, o paciente precisa pagar o preço por evitar o conflito através da auto-ocultação. E a terapia bem-sucedida traz novamente à tona a parcela de liberdade da qual o paciente abriu mão ao adoecer. O primeiro livro de Mitscherlich, publicado em 1946, se encerra com as seguintes frases:

> A psicoterapia se serve da reflexão [...]. O que a psicoterapia quer é auxiliar no controle do sofrimento. O esforço por autoconhecimento nele frequentemente é recompensado com a cura real. Mas faz parte disso uma incondicional *aceitação do sofrimento dado com a existência humana*. Assim, ela frequentemente não consegue mais que a transformação da doença em sofrimento, mas em um sofrimento que eleva o estatuto do *homo sapiens* porque não nega sua liberdade.[9]

Esse motivo quase existencialista de que a cura é uma recuperação da liberdade determina também a compreensão de Mitscherlich da psicanálise. Ele o ensina evidentemente sobre o *medium* do diálogo,[10] que possibilita a autorreflexão – e, com isso, uma saída da história coagulada em uma pseudonatureza na "compulsão da repetição":

> Em primeiro lugar, a psicanálise é um processo de ampliação da percepção e de correção da percepção. A isso estão vinculadas

---

9 Mitscherlich, *Freiheit und Unfreiheit in der Krankheit*, p.128. Mesmo mais tarde, Mitscherlich se refere conjuntamente à "capacidade para a felicidade" e à "capacidade para o sofrimento" como meta da terapia.
10 Id., *Die Unfähigkeit zu trauern*, p.199.

Textos e contextos

novas experiências da comunicação, em especial da comunicação entre médico e paciente [...]. O esforço do analista se dirige a estabelecer uma comunicação que liberte passo a passo seu paciente da dependência escrava de um jogo de papéis previamente dados, mas não para que possa preparar a vingança, mas para que possa se comprometer com ideais mais esclarecidos como a consideração, a empatia e a compreensão.[11]

Acredito que é desta pré-compreensão da doença e da cura que Mitscherlich obtém os pontos de vista normativos a partir dos quais pode efetuar progressivamente uma passagem da psicologia individual para a psicologia social. Essa passagem pode ser reconstruída como uma sequência de quatro passos:

1. Em um primeiro passo, Mitscherlich associa conhecimentos da antropologia, da psicologia do eu e da teoria dos papéis para entender aquelas realizações do eu para cujo estímulo e liberação a cura psicanalítica também se dirige. Assim como Arnold Gehlen, Mitscherlich parte do fato de que o homem, como um ser pobre em instintos e ameaçado por um excedente de energias pulsionais, depende de regulações sociais do comportamento. Mas diferentemente de Gehlen, o teórico das instituições, o analista Mitscherlich vê nos papéis sociais não apenas complementos para o cultivo e a estabilização do comportamento; ao lado dos elementos que fomentam o desenvolvimento, ele também vê os elementos que o inibem. Um comportamento *ditado* por papéis mostra sua cara de Jano entre a dominação racional das pulsões e a coerção patológica.

---

11 Id., *Der Kampf um die Erinnerung*, p.20-23.

Jürgen Habermas

A rigidez do comportamento denuncia a fusão de coerções de papel e coerções pulsionais:

> As compulsões comportamentais, mesmo quando estão orientadas para o interior, como as compulsões de pensamento e de fantasia, não são mais que meras caricaturas *daquela* fidelidade ao papel em que se consegue tanto proteger das excitações pulsionais, como satisfazê-las. A distorção disso é a unidade funcional de angústia e compulsão à repetição.[12]

As experiências clínicas de um analista que tem diante dos olhos a unidade de teoria e terapia aguçam o olhar para as realizações do eu que permitem dissolver esse amálgama e estabelecer a distância em relação à pulsão *e* ao papel. O analista distingue cuidadosamente quando se quebra a máscara do que é socialmente pré-formado:

> [Isso ocorre] por um lado no instante do transbordamento das paixões e desejos pulsionais, por outro, quando a autoconsciência crítica em uma situação de conflito obriga o homem (e o capacita) a se insurgir sob a máscara e responder espontaneamente a uma exigência, improvisando, mostrando-se superior — em todo caso, a não responder de modo estereotipado e rotineiro.[13]

Em conformidade ao eu [*Ich-gerecht*] estão apenas a integração de expectativas de papel e a *intuição*. Mitscherlich substitui o conceito tradicional de razão pelo de atividade crítica do

---

12 Id., *Auf dem Weg zur vaterlosen Gesellschaft*, p.90.
13 Ibid., p.89.

Textos e contextos

eu [*Ich-Leistung*] e pelo de uma identidade flexível do eu [*Ich--Identität*]. Esta se forma em comunicações articuladas de tal modo que os participantes, seja na infância, seja na doença ou em situação crítica, aprendem a não se deixar aprisionar pelas pretensões concorrentes da natureza interna e da sociedade, mas a se posicionar diante delas sem prejuízos com um sim ou não.[14]

2. Em uma etapa posterior, aparecem as necessidades práticas que resultam das constelações contemporâneas, em particular do esclarecimento histórico acerca da relatividade das morais naturais. Mitscherlich relata as evoluções técnicas e sociais que vincularam as culturas mais diversas, que desvalorizaram os sistemas locais de valores, que difundiram uma consciência do pluralismo dos costumes e que também obrigaram a um "distanciamento de muitas máximas morais de nossa própria tradição cultural".[15] Acerca desse processo de erosão, a que está submetida a eticidade dogmaticamente comum das formas de vida tradicionais e das tradições nacionais, Mitscherlich faz um balanço de perdas e ganhos: a diminuição das velhas cargas morais e a crescente necessidade de legitimação com que se vê confrontado o exercício da dominação são contrapostas à destruição das identidades coletivas e a uma crescente falta de orientação na vida individual e na política:

> Certamente aumenta a exigência de ter um eu e de viver determinado por um eu. Mas ao mesmo tempo esse individualismo do Ocidente é uma das grandes ideologias da atualidade [...]. A manipulação dessa nostalgia de um si mesmo mostra que as

---

14 Id., *Die Unfähigkeit zu trauern*, p.97.
15 Ibid., p.158 et seq.

facilidades técnicas não proporcionaram ainda uma distância, um aumento de soberania no trato com as pulsões e com as expectativas de papel a que estamos sujeitos. Parece bastante certo que não se encontrou ainda uma *orientação moral fundamental* que seja adequada aos meios técnicos de poder. Pode-se provar essa tese do modo mais imediato pelo fato de que não há consenso sobre as renúncias e os objetivos significativos para o indivíduo.[16]

Mitscherlich distingue, portanto, esse culto vazio ao indivíduo, do qual já havia falado Durkheim, da prática das atividades críticas do eu e de uma moral pós-convencional sustentada pela empatia e pela tolerância. São justamente os princípios universalistas dessa moral que exigem um respeito mútuo das formas de vida particulares e das orientações de vida individuais.

O esboço de Mitscherlich de um desenvolvimento das morais "guiadas pela crença" para as morais "guiadas pelo entendimento" denuncia novamente a perspectiva de um médico que confia no fortalecimento das funções do eu [*Ich-Funktionen*]:

> A ideia de "progresso" não deve ser buscada em um enfraquecimento das obrigações morais enquanto tais, mas na reconciliação de obrigações morais com o discernimento crítico. Uma moral que não é capaz de ganhar o entendimento para suas exigências permanece um terror da ameaça cega — um terror que desperta novamente nossas angústias mais antigas quanto à integridade de nosso corpo, as angústias mais antigas quanto às experiências de prazer proibidas.[17]

16 Ibid., p.164.
17 Ibid., p.169.

Textos e contextos

3. Mitscherlich sabe, naturalmente, que com o fortalecimento das atividades críticas do eu ainda não se ganhou muito. Como psicólogo social, ele pretende, portanto, investigar as evoluções factuais que se contrapõem ou favorecem essas recomendações criticamente fundadas ou essas esperanças fundadas normativamente. Sobre esse pano de fundo, se torna plausível o terceiro passo, a saber, a análise, de grande alcance em termos históricos, das condições de um modo de socialização que exige da criança atividades críticas do eu. Esse tema é tratado por Mitscherlich sob o título de Paul Federn, "A sociedade sem pai".[18] Para tanto, ele toma emprestados da teoria de Max Weber os pressupostos de fundo sobre o desencantamento das imagens religiosas do mundo e sobre uma racionalização da vida cotidiana, que se mantém em marcha com a modernização da economia e do aparato administrativo. A contraposição entre as sociedades tribais estáveis e a sociedade econômica altamente móvel recorda, ao contrário, a comparação estruturalista entre sociedades "frias" e sociedades "quentes".

Na modernidade, as relações de parentesco já não constituem as estruturas de sustentação da sociedade. Aqui, a coesão social precisa se dar sem as projeções de uma estrutura familiar em que o pai tem a autoridade inconteste. A pergunta é então: "qual será a feição de uma sociedade neste sentido sem pai, de uma sociedade que não é mais controlada por um pai mítico e por seus representantes terrenos?".[19] Mitscherlich dá uma

---

18 Federn, *Zur Psychologie der Revolution: Die vaterlose Gesellschaft*, p.65 et seq.

19 Mitscherlich, *Auf dem Weg zur vaterlosen Gesellschaft*, p.68.

resposta ambígua a essa questão. Por um lado, ele descreve os processos sociais que em grande medida tornaram sem função a cultura do pai; ele mostra que as exigências funcionais das sociedades modernas não podem mais ser preenchidas segundo o princípio da repetição de um modelo. A sorte da sociedade sem pai é vista por Mitscherlich no fato de que sempre aparecem com mais claridade lacunas funcionais que só podem ser preenchidas por processos de decisão democráticos e por "grupos com um alto grau de controle descentralizado da consciência".[20] Por outro lado, o pai produtivamente ativo e que demonstra sua capacidade desaparece do horizonte da família. Desse ponto de vista, a expressão "sociedade sem pai" alude à incerteza acerca das pessoas de referência primárias, que deviam oferecer às crianças possibilidades de identificação. Sem a segurança experimentada na pessoa do modelo, a criança não aprende a suportar a insegurança que acompanha as realizações críticas do eu. Mitscherlich vê os perigos de um meio de socialização sem autoconfiança, que favorece um comportamento regressivo, perturbações narcisistas e atitudes de exigências orais. Nesse ponto, Mitscherlich antecipa, aliás, substancialmente o diagnóstico de época de Christopher Lash.

As duas perdas do pai sugerem cenários opostos para o futuro:

> Uma sociedade que perde o pai, enquanto seus filhos precisariam como sempre de seu papel para a construção de sua própria identidade (e que, sem ele, permaneceriam por toda vida dependentes da mãe) – e uma sociedade que tem pai, mas na

---

20 Ibid., p.311.

Textos e contextos

qual os pais alcançaram uma identidade consigo mesmos que os permite a dissociação do modelo do pai e do pensamento limitado a categorias da dominação paterna.[21]

4. A ambivalência desse diagnóstico[22] deixa sem resposta a questão da "aptidão do homem para a cultura". À questão fundamental de Freud sobre se os homens se mostram à altura dos riscos e das renúncias de sua própria cultura, Mitscherlich não pode, nem quer responder teoricamente — ele acredita que ela só pode ser respondida de modo prático. Essa virada em direção à prática explica também o engajamento do pedagogo popular, do esclarecedor e do publicista. Nesse papel, Mitscherlich dá o último dos passos que eu estilizei em uma sequência — o passo a partir de uma interpretação das realizações críticas do eu, em termos de teoria do papel social, até um diagnóstico de época informado pela psicanálise, passando pelo conceito de moral pós-convencional, que é compatível com a eticidade de formas concretas de vida e pela análise da sociedade sem pai.

Enquanto opositor apaixonado do regime nazista, Mitscherlich experimentou em sua própria carne o entrelaçamento da biografia com a história contemporânea. É assim que, inicialmente, ele se ocupa do problema de como foi possível que a grande maioria de uma população civilizada tenha apoiado durante anos um regime visivelmente criminal. Para a explicação deste caso extremo de crença na legitimidade de

---

21 Ibid., p.392.

22 Habermas, Eine psychoanalytische Konstruktion des Fortschritts, p.180 et seq.

um dirigente [*Führer*] carismático, a psicologia das massas de Freud era tão indicada que os nazistas dominaram habilmente a técnica dos espetáculos publicitários de massas e a utilizaram calculadamente. Essas evidências contemporâneas permitem compreender também por que Mitscherlich retorna sempre ao modelo explicativo desenvolvido em "Psicologia das massas e análise do eu". Aliás, a base de massas do regime nazista é o ponto de referência desse segundo fenômeno que Alexander e Margarete Mitscherlich analisaram em seu livro sobre a "incapacidade para o luto": a elaboração específica das identificações passageiras com a figura de um dirigente, inicialmente idealizada, depois desvalorizada pelo descobrimento dos extermínios em massa.

Depois da Segunda Guerra Mundial, mudara radicalmente o marco de referência a partir do qual podia se orientar a disposição mediana para a conformidade. Para muitos, essa mudança de contexto sugeriu a dissociação de uma parte relevante da própria biografia. Mas se tais processos de negação se multiplicam e se adensam em grandes sucessos históricos, as operações individuais de defesa, que se apresentam em múltiplas variações, podem adquirir uma força configuradora para a mudança de mentalidade de grandes grupos populacionais.

No entanto, esta circunstância não dispensa uma cuidadosa separação metodológica de níveis analíticos. Mitscherlich está completamente consciente dessa problemática metodológica de uma análise que se desdobra em mais de um nível:

> O caminho da análise do caso particular à compreensão do comportamento coletivo contém sempre um salto, frequentemente saltos. Uma loucura como caso particular, como loucura

privada, não se torna uma loucura de massas porque aparece um milhão de vezes ao invés de uma vez.[23]

O mesmo vale também para o modelo explicativo da psicologia das massas de Freud; ela só pode ser aplicada a aglomerações concentradas em um determinado lugar e tempo. Mitscherlich nem sempre se ateve estritamente a suas melhores intuições metodológicas. Para isso, contribuiu também seu emprego ambíguo da expressão "massa". Por exemplo, ele fala de "destino massificado" da programação de todos os domínios da vida, da burocratização das relações entre os homens, da monetarização das situações e períodos da vida. O deslocamento de significado salta à vista: "massa" se torna aqui uma expressão pseudoconcreta dos efeitos uniformizadores de uma diferenciação e autonomização de sistemas de ação regulados por meios de comunicação.

O alcance da psicologia social analítica está fundamentalmente limitado pelo horizonte de formas e histórias de vida que são acessíveis da perspectiva do participante. Visto que os mercados ou as administrações intervêm no mundo da vida de um sujeito *não como* pessoas (eventos atribuídos a pessoas), e visto que os mercados ou as administrações operam sobre os contextos de ação na forma anônima de imperativos sistêmicos, suas influências deformadoras não podem ser compreendidas como os efeitos de um dirigente carismático, segundo os conceitos da psicologia das massas.

Alexander Mitscherlich, em seus trabalhos de diagnóstico de época, chama a atenção, com razão, para as patologias do

---

23 Mitscherlich, *Der Kampf um die Erinnerung*, p.25.

Jürgen Habermas

mundo da vida que podem ser derivadas do fato de que âmbitos cada vez maiores da vida, cada vez mais reações se transformam em mercadorias ou em objetos das administrações e dos especialistas. Um exemplo é a interferência dos imperativos econômicos e as necessidades de um ambiente urbano. Mitscherlich dedicou a esse tema um estudo notável. Lê-se ali:

> As velhas cidades tinham um coração. A falta de coração, a inospitabilidade da nova forma de construção têm a seu favor, no entanto, uma desculpa importante: o tabu das relações de propriedade sobre o solo das cidades que torna impossível qualquer intento de reconfiguração profunda e criadora.[24]

Com essa frase, Mitscherlich orienta sua investigação para a via sociopsicológica que transforma a ordem da propriedade em um tabu; mas com isso ele ao mesmo tempo a afasta do problema de como os contextos funcionais do processo econômico capitalista operam sobre os contextos de vida comunais e por que seus efeitos, conforme o caso, podem ser descritos como deformações.

Se a psicologia social analítica quer assumir tais problemas sem cair em um psicologismo, não pode recuar diante de uma ampliação de seus conceitos fundamentais. Essa foi certamente uma das razões por que Alexander Mitscherlich há poucos anos se interessou pela abordagem etnopsiquiátrica de Georges Devereux. Ele se interessou em particular pelo conceito fecundo de "inconsciente étnico".[25] Esse fragmento teórico, assim

---

24 Id., *Die Unwirtlichkeit unserer Städte*, p.19.
25 Id., *Der Kampf um die Erinnerung*, p.64 et seq.

como o conceito de "inconsciente socialmente produzido", que Mario Erdheim desenvolveu seguindo Devereux e Parin, aponta talvez um caminho para uma explicação sociopsicológica, mas não psicologista, de patologias do mundo da vida que são produzidas por processos sociais anônimos.

Também essa visão antecipadora nós devemos a Alexander Mitscherlich. Como um médico apaixonado e resoluto, intelectual e investigador da alma, ele acrescentou um importante capítulo à história da psicologia social analítica.

V

A sociologia na República de Weimar

I

Em 1910, isto é, quatro anos depois da fundação da Universidade, ocorreu em Frankfurt o primeiro congresso alemão de sociologia. Ora, a sociologia não goza de modo algum de uma reputação especial no círculo das ciências sociais. Em relação à economia, é considerada uma disciplina ainda não madura; em relação a disciplinas como a ciência política e a etnologia, ela se mantém, no melhor dos casos, em pé de igualdade. Não obstante, a sociologia constitui o coração das ciências sociais; pois a sociologia sempre foi disciplina e superdisciplina, ao mesmo tempo sociologia e teoria da sociedade. É ela que, com a metodologia e a teoria da ação, realiza uma reflexão sobre os fundamentos. A ela cabe a tarefa de desenvolver o marco teórico para a vinculação entre cultura e sociedade, entre política e economia. A ela permanece reservada a manutenção da comunicação com as ciências humanas, com a filosofia e com a história, com a teologia e com a ciência jurídica. Ela cunha a linguagem do entendimento interdisciplinar e oscila entre ser

Jürgen Habermas

uma ciência especializada e um *medium* discursivo. A complexidade dessas tarefas pode também explicar as tendências de difusão pelas quais sempre foi ameaçada a identidade cognitiva dessa disciplina — mais fortemente na Alemanha que em outros lugares.

É a esse desfribramento da estrutura cognitiva nuclear da disciplina que, antes de tudo, se faz referência quando a crise da sociologia volta a estar uma vez mais na boca de todos — discutida com preocupação a partir de dentro e comentada maldosamente a partir de fora. O que Alvin Gouldner apenas anunciava com seu livro, publicado em 1970, *The Coming Crisis of Western Sociology* [A crise eminente da sociologia ocidental], quatro anos depois era considerado um fato: a tradução alemã levava o título afirmativamente abreviado de *Die Krise der westlichen Soziologie* [A crise da sociologia ocidental].[1] Desde então, predomina um pluralismo que beira à arbitrariedade e muita reflexão histórica que busca apoio nos clássicos. Sobre esse pano de fundo, o jubileu de nossa jovem universidade nos dá uma boa ocasião para um novo olhar retrospectivo, e isso por duas razões. Os encontros de sociologia da época de Weimar refletiam uma consciência de crise que corresponde particularmente ao estado de consciência atual da disciplina.[2] Além disso, foi em Frankfurt que, naquela época, se desenvolveu um discurso sociológico de incomparável vitalidade.[3]

---

1 Gouldner, *Die westliche Soziologie in der Krise*. [Habermas se equivoca na referência ao título da tradução alemã do livro de Gouldner. — N. T.]

2 Käsler, Der Streit um die Bestimmung der Soziologie auf dem Deutschen Soziologentag 1910-1930, p.199 et seq.

3 Kluke, *Die Stiftungsuniversität Frankfurt am Main 1914-1932*.

Textos e contextos

A comparação com a época de Weimar oferece um vantajoso *before-and-after-design* [modelo antes e depois]. A querela sobre a identidade cognitiva da disciplina ocorreu naquele momento em um outro contexto. No meio-tempo, chegaram ao fim processos que naquele momento apenas se iniciavam. Dentro do sistema da ciência, a sociologia está hoje amplamente institucionalizada como disciplina. A perspectiva sociológica se impôs também em outras disciplinas – o que Dahrendorf chama de "a dimensão social da compreensão dos problemas". Por fim, a investigação social foi reconhecida como método para a coleta e preparação de dados não apenas nas ciências sociais, mas também nos estudos literários e nas ciências históricas, na economia, na jurisprudência etc. Interessantes modificações também ocorreram nas relações externas. O emprego de informações e de propostas de interpretação das ciências sociais levou tanto a uma profissionalização de importantes campos práticos como também a uma ambivalente cientifização de processos de decisão administrativos, em geral de processos de decisão organizados em termos empresariais. Na esfera pública política, argumentos e perspectivas de interpretação provenientes das ciências sociais desempenham um papel na definição e percepção de problemas importantes.[4] Finalmente, impôs-se uma autocompreensão secularizada da modernidade, que se articula como esclarecimento sociológico até o interior da prática cotidiana. Esse esclarecimento que se tornou trivial constitui o solo sobre o qual foram possíveis as discussões sobre uma suposta pós-modernidade. Essas tendências que

---

4 Beck; Bonß, Zum Strukturwandel von Sozialwissenschaft und Praxis, *Soziale Welt*, p.184 et seq.

Jürgen Habermas

chegaram a um certo final nos separam dos primórdios da sociologia na época de Weimar.

Para as discussões de ciência social, a Frankfurt daquele momento constituiu um notável foco. Aqui se produziu de forma exemplar a mudança de gerações, de Franz Oppenheimer a Karl Mannheim, de Carl Grünberg a Max Horkheimer. Aqui se estabeleceu o primeiro instituto de investigação social dedicado ao trabalho empírico. A sociologia não apenas pôde receber aqui um pleno reconhecimento acadêmico, mas uma reputação, inclusive o papel de orientadora de opiniões para além da disciplina. Aqui se desenvolveu um discurso inspirado na ciência social que ultrapassou os limites da disciplina e da Faculdade, inclusive da academia do trabalho. Aqui se formou, graças à inteligente direção de Kurt Riezler, no final dos anos 1920, um campo de força constituído por espíritos voltados à ciência social – uma constelação única de filósofos, psicólogos, teólogos, juristas e economistas, entre os quais os sociólogos conseguiram ocupar uma surpreendente posição.

Mas gostaria inicialmente de caracterizar o ambiente e as realizações da geração dos fundadores da sociologia alemã até o início dos desenvolvimentos na época de Weimar.

II

O início da época de Weimar constitui também um ponto de inflexão na história da sociologia: Georg Simmel morre em 1918 em Straßburg; Max Weber, em 1920 em Munique. O terceiro no círculo dos pais fundadores, Ferdinand Tönnies, era três anos mais velho que Simmel e nove anos mais velho que Max Weber. Ele viveu até 1936, se opôs energicamente

Textos e contextos

ao fascismo e desempenhou como *elder statesman*, ao lado de Leopold von Wiese, um importante papel na Sociedade Alemã de Sociologia. Mas suas publicações mais influentes não coincidiam mais com a época de Weimar: seu livro sobre Hobbes já fora publicado em 1881; *Gemeinschaft und Gesellschaft* [Comunidade e sociedade], em 1887. Algo semelhante vale para outros proeminentes representantes dessa primeira geração, por exemplo, Franz Oppenheimer (nascido em 1864, isto é, tinha a mesma idade que Max Weber) e Werner Sombart (nascido em 1863). Apenas A. Vierkandt (nascido em 1867), enquanto editor do *Handwörterbuch der Soziologie* [Dicionário de sociologia], que foi publicado em 1931, ainda desempenha posteriormente um certo papel, embora mais de codificador que de estimulador ou orientador. A segunda metade da época de Weimar se caracteriza por uma mudança de geração; juntamente com Theodor Geiger, Karl Mannheim, Max Horkheimer e Hans Freyer dão os novos impulsos à disciplina.[5]

Aquela *geração de fundadores* tivera pela primeira vez de dar voz ao discurso sociológico dentro da universidade alemã. A geração de precursores, representada por Comte e Saint-Simon, por Marx e Lorenz von Stein, havia posto em marcha esse discurso prenhe de efeitos inicialmente fora da universidade, nos contextos do socialismo inicial e do movimento operário. Por volta do final do século XIX, se realizou na França, nos Estados Unidos e no Reich alemão uma academização que não apenas pôs em contato esse discurso surgido fora da universidade com o domínio científico organizado em disciplinas, mas também o vinculou às perspectivas políticas e ao âmbito de experiência de

---

5 Lepsius, Die Soziologie der Zwischenkriegszeit, p.7-23.

um círculo de notáveis. Evidentemente, essa mudança ocorreu na França e nos Estados Unidos de maneira diferente que na Alemanha.[6]

Albion Small fundou em 1892, na Universidade de Chicago, o primeiro Departament of Sociology, do qual emergiria a famosa Chicago School; em 1896, Emile Durkheim obtém em Bordeaux a primeira cátedra de Sociologia e funda pouco depois *L'Année Sociologique*, que teria uma grande importância para a legitimação científica e para a coesão da escola de Durkheim. Nesses dois países, pois, a sociologia se institucionalizou prontamente como disciplina acadêmica, enquanto na Alemanha precisou andar pelos próprios pés no âmbito acadêmico sem a institucionalização enquanto disciplina. Max Weber foi nomeado em 1894 professor de Economia em Freiburg, Tönnies e Simmel eram *Privatdozenten* [docentes privados] de Filosofia; o primeiro obteve em 1913 uma cátedra de Ciências Econômicas em Kiel, o outro obteve um cargo de professor titular na Universidade de Straßburg apenas em 1914. Até o final da Primeira Guerra Mundial, havia cátedras de Sociologia apenas vinculadas a outras disciplinas. Desse modo, Werner Sombart teve uma cátedra de Economia Política; R. Thurnwald foi professor de Etnologia, de Psicologia dos Povos e de Sociologia.

A identidade social da disciplina se estabilizou na Alemanha apenas na forma frouxa de uma associação de notáveis, composta por eruditos interessados em ciências sociais, que provinham de distintas faculdades e disciplinas. G. Jahn

---

6 Sobre o que se segue, Lepenies (ed.), *Geschichte der Soziologie*, Bd. 2, Teil 3.

consegue identificar, entre os 39 membros da *Gesellschaft für Soziologie* [Sociedade de sociologia], fundada em 1909, apenas três "sociólogos em sentido estrito" entre economistas, juristas, políticos sociais, teólogos e historiadores.[7] D. Käsler identifica, entre os participantes do primeiro congresso de sociologia de Frankfurt, sete cientistas "que vinculavam suas investigações – ou ao menos uma parte delas – à palavra sociologia".[8] A essa primeira cristalização no interior da universidade corresponde, de fora, um desacoplamento em relação aos movimentos sociais e programas políticos. A disputa sobre a neutralidade axiológica e o êxodo dos fundadores da *Deutsche Gesellschaft* [sociedade alemã] abandonando a *Verein für Sozialpolitik* [Associação de política social] deve ser entendida também do ponto de vista de uma diferenciação – importante para a identidade social da disciplina – entre ciência e política. Não obstante, essa diferenciação diz respeito primordialmente à autocompreensão metodológica da sociologia como ciência e não às fortes vinculações políticas dos cientistas com os contextos políticos de suas investigações. A esse respeito é instrutiva a primeira fase do austro-marxismo. As importantes investigações que surgiram desse círculo (K. Renner, *Rechtsinstitute des Privatsrecht* [Instituições jurídicas do direito privado], 1904; O. Bauer, *Nationalitätenfrage* [A questão das nacionalidades], 1907; R. Hilferding, *Das Finanzkapital* [O capital financeiro], 1910; M. Adler, *Marxismus und Materialismus* [Marxismo e materialismo], 1912) documentam a estrita

---

7 Schelsky, *Rückblick eines Anti-Soziologen*, p.21.

8 Käsler, Der Streit um die Bestimmung der Soziologie auf dem Deutschen Soziologentag 1910-1930, p.203.

Jürgen Habermas

cientificidade desses eruditos politicamente comprometidos.[9] Apenas na época de Weimar a diferenciação institucional leva também a uma separação dos cientistas a respeito dos grupos de referência político-organizacionais. A fundação do *Instituto de Investigação Social* em 1924 é exemplar desse impulso adicional de academização, já sob seu primeiro diretor Carl Grünberg, o "pai do austro-marxismo". Mas, de modo geral, para a geração dos pais fundadores, para Tönnies e M. Weber, também para Simmel e E. Troeltsch, permanece óbvia uma estreita conexão com a prática política, isto é, com os movimentos burgueses de reforma.

Antes da Primeira Guerra Mundial, a identidade *social* da disciplina, ainda que aquém da institucionalização, adquire um perfil próprio, que Schelsky descreve da seguinte forma:

> A sociologia era um aspecto científico a partir do qual se podia fazer investigação desde que, universitária e espiritualmente, se obtivessem seus fundamentos em uma outra disciplina. Foi Max Weber o autor que, de maneira ainda sumária, resumia essa posição da sociologia como aspecto científico produtivo com base em uma ciência social e do espírito muito mais ampla. Ele não era de modo algum apenas sociólogo, mas ao mesmo tempo jurista e economista, historiador e etnólogo, pesquisador empírico, em particular, um teórico da ciência, um político analista e um político comprometido, em particular também um reformador em questões de política social.[10]

---

9 Knoll et al., Der österreichische Beitrag zur Soziologie, p.39-101.
10 Schelsky, *Rückblick eines Anti-Soziologen*, p.17 et seq.

Textos e contextos

Com isso, estão também delineados os contornos da identidade *cognitiva* da disciplina, tal como havia se conformado até o começo do período de Weimar. Diferentemente do que ocorreu nos Estados Unidos e na França, a sociologia teve que se impor entre nós em um ambiente científico que era marcado pelo êxito mundial da ciência histórica do espírito. Apoiada sobre a base de uma burguesia culta, que na Alemanha alcançara proeminência e influência, e se edificando sobre o *hidden curriculum* dos institutos do *Gymnasium* alemão, se formou nesse mundo idealista aquela mentalidade de mandarins descrita por F. K. Ringer.[11] Essa atitude espiritual dispunha de um professorado dotado de um alto prestígio social, mas com pouco poder real para recusar o elitismo espiritual da "época das máquinas e das massas". Essa paixão antimodernista se vinculava a uma autocompreensão mais apolítica, a qual impunha uma imparcialidade que ocultava conflitos e interesses, mas que estava quase sempre em conformidade com a autoridade. Essa mentalidade encontrou sua expressão congenial na posição antipositivista e na conceituação antinaturalista das ciências humanas, que surgiram do espírito do romantismo. Frequentemente, a estranheza em relação ao tipo de observação sociológica desencantadora se agudizava em ressentimento.

É nesse ambiente, portanto, que a sociologia alemã teve de se desenvolver e se afirmar. Naturalmente, ela deve também a esse ambiente uma marca especificamente nacional – e de modo algum apenas para sua desvantagem. Quem tivesse aprendido a se mover no mundo da escola histórica dominava a linguagem de Ranke e de Savigny, dos irmãos Schlegel e dos

---

11 Ringer, *The Decline of the German Mandarins.*

irmãos Grimm, era herdeiro de Herder, Humboldt e Hegel, e podia participar sem esforço do diálogo interdisciplinar das velhas faculdades de filosofia. Quem cresceu em um espírito marcado por Dilthey e pelo neokantismo do sudoeste alemão podia descobrir sem esforço as afinidades entre a investigação na ciência social e a investigação histórica. Para Max Weber e Troeltsch, para Simmel e Sombart, para Oppenheimer e Grünberg, um acesso histórico à realidade social era óbvio. Quando se interessavam por regularidades sociais, não tinham em vista um modelo estritamente nomológico, mas contextos estruturais, que colocavam termos de hermenêutica social, e tipos ideais, que tinham evidentemente que se comprovar empiricamente. Não obstante, não deveríamos levar retrospectivamente a sério o programa de Sombart de uma "sociologia alemã". Não houve uma via especificamente alemã, que só teria sido encerrada pelo imperialismo científico americano depois da Segunda Guerra Mundial. Essa tese defendida por Tenbruck[12] é dificilmente compatível com a influência mútua e contínua entre a sociologia alemã e, em especial, a sociologia americana, que se intensificou extraordinariamente depois de 1933 por causa da emigração forçada, e que, portanto, *antecedeu* a grande onda de internacionalização depois de 1945.

A grande realização da geração dos fundadores consistiu em trazer à baila, contra a cegueira sociológica do ambiente intelectual em que se desenvolveram as ciências humanas alemãs, questionamentos sociológicos e, em geral, um olhar para a dimensão social na compreensão dos problemas, o que já havia

---

12 Tenbruck, *Die unbewältigten Sozialwissenschaften oder Die Abschaffung des Menschen.*

se imposto há muito tempo na França e nos Estados Unidos. A sociologia alemã se estabeleceu em oposição àquilo que deveria torná-la especificamente alemã. Com exceção de localidades universitárias como Frankfurt, a mentalidade dominante naquele momento pôde evidentemente mudar pouco. De qualquer modo, ela incomodou e provocou os mandarins. Isso se manifestava, entre outras coisas, no modo como Ernst Robert Curtius reagiu à sociologia do conhecimento de Mannheim.[13]

III

Sobre o pano de fundo da fase de fundação, a *época de Weimar* aparece como um período durante o qual a sociologia se diferencia em uma disciplina, no qual se estabelece também a investigação social empírica e no qual se põe em marcha uma considerável diferenciação cognitiva dentro da própria disciplina.

Em Frankfurt e Colônia, onde as universidades surgiram de escolas de comércio, foram instituídas, em 1919, as cátedras de Sociologia. Nada muda com o fato de que Franz Oppenheimer, que temia por sua reputação científica, insistia em ampliar o título de sua cátedra e de que, contra a vontade de seus colegas economistas, fosse nomeado professor de Sociologia e de Economia Política. L. von Wiese se torna professor de Ciência Econômica e Sociologia; juntamente com Max Scheler, que obtém uma cátedra de Filosofia e Sociologia, dirige o setor de Sociologia do Instituto de Ciências Sociais, fundado pela cidade de Colônia. Como escreve em suas *Erinnerungen* [Me-

---

13 Meja; Stehr (ed.), *Der Streit um die Wissenssoziologie*, Bd. 2, p.417-426.

Jürgen Habermas

mórias], ele se coloca a tarefa "de criar uma ciência particular claramente definida e a correspondente carreira universitária de Sociologia". Também a terceira universidade recém-fundada, a Universidade de Hamburgo, obtém uma cátedra de Sociologia. Em 1924, foi criada em Frankfurt para C. Grünberg, o diretor do recém-fundado Instituto de Investigação Social, outra cátedra de Sociologia; com o sucessor de Grünberg, essa cátedra fundadora passou para a Faculdade de Filosofia, a qual exigiu que Horkheimer fosse nomeado não como professor de Filosofia e Sociologia, como havia proposto o Ministério de Educação da Prússia, mas como professor de Filosofia Social. Com a nomeação de Hans Freyer para Leipzig em 1925, foi fundada também ali uma tradição de investigação sociológica. Quando Karl Mannheim sucedeu Oppenheimer em 1930, ficou claro que os centros de gravidade da disciplina haviam se deslocado de Heidelberg para Frankfurt, Colônia e Leipzig.

De Colônia, se excluirmos os trabalhos de Max Scheler, não provieram evidentemente nem impulsos teóricos nem estímulos para a investigação social empírica. Para tanto, a abordagem taxonômica da "teoria das relações" não possuía substância suficiente.[14] Mas no que diz respeito à institucionalização da disciplina, *L. von Wiese* teve uma importância excepcional – como diretor do Instituto e como professor, que defendeu a Sociologia como disciplina autônoma, como editor da primeira revista especializada de sociologia e, sobretudo, como encarregado da Sociedade Alemã de Sociologia, na qual, como organizador, exerceu uma influência sobre a configuração dos congressos.

---

14 Alemann, L. v. Wiese und das Forschungsinstitut für Sozialwissenschaften in Köln 1919-1934, p.349-389.

Textos e contextos

No que diz respeito à evolução da teoria e da empiria, outras figuras foram mais importantes, sobretudo *Karl Mannheim* e *Theodor Geiger*, que em 1928 foi chamado a Braunschweig, *Max Horkheimer* e *Hans Freyer*, e também o jovem *Paul Lazarsfeld*, que em 1925 ocupou um posto de investigador no círculo do Instituto de Psicologia de Karl Bühler em Viena, e que inicialmente se dedicara à investigação do mercado.

Para se ter uma ideia do desenvolvimento da sociologia no período de Weimar, é preciso recordar a forma cognitiva que a sociologia havia assumido nas obras de Tönnies, Simmel e Max Weber. A sociologia clássica alemã se caracterizou por suas tentativas de desenvolver uma teoria compressiva do surgimento e da transformação da cultura e da sociedade burguesas. Ela pretendia ser uma teoria geral da socialização e ao mesmo tempo fornecer uma contribuição central para a autocompreensão da modernidade. Conceitos fundamentais como os de comunidade e sociedade, alma e forma, racionalidade com respeito a fins e racionalidade com respeito a valores, estavam delineados de tal modo que a teoria da ação social e das relações sociais podia dar respostas a questões complexas relativas ao diagnóstico de época. O que é determinante é a intenção de obter clareza acerca das ambivalências e das perspectivas da modernização cultural e social. Esse entrelaçamento de construção teórica e diagnóstico de época explica os traços mais salientes: a) a reflexão sobre as tradições precursoras do direito natural e da economia política, da filosofia da história e do positivismo, nas quais a própria modernidade havia se tornado tema; b) o interesse pelas patologias, paradoxos e crises dos desenvolvimentos sociais; c) a unidade de sociologia e teoria da sociedade, que significa a integração das investigações demográficas e, em

Jürgen Habermas

sentido mais estrito, sociológicas, em um marco teórico mais amplo que abarcava, ao mesmo tempo, Estado e economia, direito e cultura, e inclusive a formação da consciência dos indivíduos; d) o entrelaçamento das perspectivas sistemática e histórica; e) um abandono correspondente da investigação empírica de campo em favor da empiria dada pelas ciências históricas; e, finalmente, f) a unidade de teoria e metateoria, isto é, a autorreflexão ininterrupta e autolegitimação do próprio trabalho em termos de metodologia e de teoria da ciência. Max Weber, com seu programa de investigação orientado para a explicação do racionalismo ocidental,[15] oferece o grande exemplo de uma teoria da sociedade que articula de forma convincente todos esses elementos.

Depois da morte de Max Weber, esses elementos se autonomizaram. A situação da investigação nos anos 1920 é determinada por processos de diferenciação que ultrapassam a capacidade de integração dos pensadores individuais. Eles explodem a perspectiva de uma teoria da sociedade como uma peça única e dissolvem aquela forma prototípica, que até aquele momento tinha definido a identidade cognoscitiva da disciplina. Agora, especialistas se enfrentam nos congressos de sociologia disputando sobre quem pratica sociologia. No campo de tensões entre a "teoria das relações" de Wiese e a "sociologia marxista" de Max Adler, se deflagra uma dura disputa acerca da definição da sociologia. Essas confrontações são meramente um sintoma da separação de diversos níveis analíticos, dos quais se supunha que apenas um deveria definir o que se entende por sociologia. Partindo seletivamente das condições formais da socialização

---

15 Cf. Schluchter, *Religion und Lebensführung*, Bd. 1 e 2.

de Simmel, L. von Wiese separa os conceitos sociológicos fundamentais tanto de seus contextos metodológicos como de seus contextos empírico-teóricos, e os autonomiza em uma teoria abstrata das relações. O último Tönnies (*Einleitung in die Soziologie* [Introdução à sociologia], 1931) se aproxima também dessa sociologia conceitual. Outros entendem a sociologia no sentido de uma ciência nomológica dos fatos sociais, entendendo primordialmente por isso as classes, a estratificação social, as instituições e os correspondentes processos sociais. Essa posição é defendida, entre outros, por Theodor Geiger, que em 1932 contribui para o dicionário de Vierkandt com o artigo central e realiza uma impressionante investigação sobre "Die soziale Schichtung des deustschen Volkes" [A estratificação social do povo alemão]. Lazarsfeld, por sua vez, considera como núcleo da sociologia não a formação teórica, mas a investigação social empírica. Juntamente com Maria Jahoda, Herta Herzog e Hans Zeisel, ele investiga os desempregados de Marienthal; cabe a ele o mérito de ter tornado frutíferos para os questionamentos sociológicos procedimentos estatísticos e métodos de levantamento há muito tempo empregados em outras disciplinas.[16] Finalmente, também se autonomiza a autorreflexão epistemológica, que havia constituído uma base óbvia nas teorias da sociedade (Weber, Simmel e M. Adler) profundamente influenciadas pelo neokantismo, convertendo-se em lógica das ciências sociais – seja como aquela do estudo

---

16 Lepenies (ed.), *Geschichte der Soziologie*, Introdução, p. XVII et seq.; também as contribuições de H. Zeisel e J. S. Coleman em Lepsius (ed.), *Soziologie in Deutschland und Österreich 1918-1945*, p.395 et seq. e p.404 et seq.

de Alexander von Schelting sobre a teoria da ciência de Max Weber (1934), ou no estilo dos trabalhos de Otto Neurath, inspirados pelo Círculo de Viena.

Portanto, enquanto ao longo dos anos 1920 a identidade social da sociologia ganha contornos mais precisos pela via de uma institucionalização da disciplina, sua identidade cognitiva se esfacela na disputa pela definição da disciplina: esta é entendida ou como teoria formal das relações ou como uma ciência nomológica especial, ou como investigação estatística de campo, ou como metodologia. Desse modo, é certo, a situação da sociologia é descrita de forma muito incompleta.

O livro que suscitou naquele momento a maior atenção pública para a sociologia e que garantiu a seu autor uma posição forte na profissão foi *Ideologia e utopia* (1929), de Karl Mannheim. Nele está documentada mais uma vez outra compreensão da sociologia. Essa sociologia do conhecimento não se apresentava de modo algum como uma sociologia-ponte dirigida a fenômenos culturais; ela pretendia ser uma disciplina de fundamentação que, seguindo Marx, M. Weber e M. Scheler, colocava sobre um fundamento empírico seguro a teoria das visões de mundo e das ideologias e — na forma de uma sociologia da sociologia — se radicalizava aplicando-se a si mesma. Certamente, essa análise da "dependência do ser" [*Seinsverbundenheit*] de todas as figuras espirituais, incluindo a ciência, mal teria encontrado eco tão vivo se Mannheim não tivesse levantado, com sua sociologia do conhecimento, a pretensão de resolver o problema do historicismo, legado por Troeltsch, e de completar as tipologias das visões do mundo surgidas na escola de Dilthey. Pois, com isso, também a sociologia burguesa, que, tendo adquirido trabalhosamente respeito nesse ambiente hostil das ciências humanas, passa agora ao contra-ataque. A hermenêutica do desvelamento, que se declarava como investigação, não podia mais ser rejeitada como mera crítica da ideologia marxista. Assim, Mannheim teve de se defender, em sua controvérsia com E. R. Curtius, da objeção de que a sociologia voltava a se converter em ciência universal, fomentando um reducionismo hostil ao espírito.[17]

Karl Mannheim é também significativo para a situação daquele momento na medida em que a sociologia alemã reage à sua própria história teórica e torna presente em seu contexto duas linhagens: a de Max Weber e a de Karl Marx. No mesmo ano em que foi publicado *Ideologia e utopia*, foi publicado também uma *Kritik der Soziologie* [Crítica da sociologia] de S. Landshut, que, por exemplo, não vai na história da sociologia para justificá-la como disciplina acadêmica. Landshut pretende, antes, apenas entender a sociologia, a partir de seu contexto de surgimento, como um importante movimento de pensamento, como um projeto intelectual, para, com isso, historicizá-la radicalmente. A sociologia surgiu contemporaneamente à formação histórica de seu objeto. Apenas sob o ponto de vista de uma associação de produtores iguais e livres, projetada como

---

17 Mannheim, Zur Problematik der Soziologie in Deutschland, p. 427: "Ainda que com atraso, a sociologia mantém sua penetração na consciência oficial da Alemanha [...] não como meio de luta contra o clero e contra a reação dos monarquistas, como ocorreu na França, não com um espírito de pura agitação, mas, unindo em si, já em seu instante de nascimento, o olhar sobre o mundo de duas possibilidades da visão moderna, isto é, os pontos de vista 'burguês' e socialista, irrompeu na forma de uma poderosa erupção nas obras de três grandes, nas obras de Max Weber, Ernst Troeltsch e Max Scheler".

Jürgen Habermas

possibilidade, se torna visível a esfera da sociedade civil como um horizonte de determinantes de opressão e desigualdade de fato. Mas enquanto Marx desenvolveu seus questionamentos teóricos a partir dessa problemática da emancipação que irrompe no próprio mundo da vida, a sociologia de Max Weber apaga os rastros de sua procedência desse contexto de motivação histórico concreto. Um ano mais tarde, em 1930, foi publicado *Soziologie als Wirklichkeitswissenschaft* [A sociologia como ciência da realidade], de Hans Freyer. Este livro resulta de uma reflexão sobre a história do pensamento sociológico de Hegel e Marx até Weber, Simmel e Tönnies, passando por Dilthey. Freyer também procura entender essas propostas teóricas a partir do contexto de seu surgimento, não para historicizá-las radicalmente, mas para explicitar os impulsos práticos teoricamente ocultos nos deslocamentos conceitualmente fundamentais. Por essa via, Freyer justifica sua perspectiva existencialista da sociologia, que o levou para perto do nacional-socialismo: ela aparece como um projeto alimentado por orientações de ação conservador-revolucionárias. De um ponto de vista estrutural, há inclusive afinidades com o marxismo heideggeriano do jovem Herbert Marcuse. Um ano mais tarde, em 1933, surge o grande livro de Karl Löwith sobre Max Weber e Karl Marx, que explicitamente se refere a Landshut e a Freyer. Löwith investiga as semelhanças e diferenças entre ambos, utilizando como fio condutor o "problema cultural da racionalização à irracionalidade". Esse permanece um tema alemão até Adorno. Por detrás dessa magistral comparação está, naturalmente, o trabalho pioneiro de Georg Lukács, *História e consciência de classe*.

Lukács, assim como K. Mannheim, veio de Budapeste; em seu período de Heidelberg, ele não apenas estudara com Emil

Lask e Max Weber, mas também se apropriara de motivos da filosofia da vida de Simmel e havia, nesse meio-tempo, se tornado marxista. Enquanto seus colegas burgueses — Landshut, Freyer e Löwith — estabelecem conexões entre Marx e Max Weber, em última instância, por um interesse pela história da cultura, Lukács persegue um interesse cognitivo completamente diferente. Ele se apropria da teoria weberiana da racionalização social do ponto de vista da análise marxista do fetichismo da mercadoria para solucionar problemas com os quais havia se deparado em seus primeiros trabalhos estéticos, se valendo do conceito de reificação, moldado ao mesmo tempo em termos sociológicos e epistemológicos. Lukács faz que importantes intuições concretas da sociologia clássica alemã se tornem fecundas para a perspectiva hegeliano-marxiana — uma extraordinária realização filosófica, que permanece, porém, muito ligada ao contexto político do movimento operário e do leninismo para poder penetrar nas discussões dos sociólogos de ofício.

Naquele momento, impulsos filosóficos também vieram de outro lado. Enquanto *Individuum und Gemeinschaft* [Indivíduo e comunidade] (1919), de Theodor Litt, e *Individuum in der Rolle des Mitmenschen* [O indivíduo no papel de próximo] (1928), de Karl Löwith, mobilizavam a herança hegeliana ou a ontologia existencial de Heidegger para uma clarificação de conceitos sociológicos fundamentais, sem que tais considerações fossem tomadas muito a sério pelos sociólogos, Max Scheler se torna o fundador da sociologia do conhecimento com três grandes artigos reunidos em 1926 com o título de *Die Wissenschftsformem und die Gesellschaft* [As formas do saber e a sociedade]. A ele cabe também o mérito de ter introduzido seriamente na discussão

Jürgen Habermas

alemã ideias provenientes do pragmatismo americano com o estudo sobre "Erkenntnis und Arbeit" [Conhecimento e trabalho], publicado pela primeira vez no livro mencionado. Além disso, com seu curso sobre antropologia filosófica (*Die Stellung des Menschen im Kosmos* [A posição do homem no cosmos], 1928), Scheler exerceu uma grande influência sobre H. Plessner e A. Gehlen, que sobre essa base antropológica desenvolvem suas sociologias dos papéis e das instituições. À parte das instituições acadêmicas, trabalhava o bancário Alfred Schütz, primeiro em Viena e depois em Nova York, onde apenas em 1952 obteve uma cátedra (na New School for Social Research). Mas já em 1932 foi publicado *Der Aufbau der sozialen Welt* [A construção do mundo social], uma alusão e um contraponto ao *Der logische Aufbau der Welt* [A construção lógica do mundo], de Rudolf Carnap. Também Schütz pertence à sequência das apropriações filosóficas da obra de Max Weber. Da perspectiva da última filosofia de Husserl, Schütz aborda com intenção sistemática a teoria da ação de Max Weber e se torna, com isso, o influente fundador da sociologia fenomenológica.[18]

IV

Meu panorama da complexa situação da sociologia na época de Weimar se apoiou em cinco aspectos:

- depois da Primeira Guerra Mundial, se estabelece a institucionalização da disciplina de Sociologia no ensino e na pesquisa;

---

18 R. Grathoff, Alfred Schutz, p.388-416.

Textos e contextos

- do desmoronamento da unidade clássica de sociologia e teoria da sociedade surgem definições concorrentes, que pretendem em cada caso consolidar a sociologia como ciência especializada em um desses distintos níveis analíticos;
- em contrapartida, permanece tematicamente dominante uma sociologia da cultura ou sociologia do conhecimento que reage às condições de surgimento especificamente alemãs (o que explica por que essa linha de discussão se interrompe com a emigração forçada de seus porta-vozes);[19]
- a unidade de sociologia e teoria da sociedade só se torna visível retrospectivamente, isto é, por meio do olhar retrospectivo à relação (de história das ideias ou sistemática) entre Marx e Max Weber;
- sob a influência de Hegel, Husserl, Heidegger e o pragmatismo, se desenvolvem novas abordagens teóricas que, no entanto – com exceção de Max Scheler –, são consideradas primeiramente como discursos filosóficos.

Essas tendências centrífugas ensejam uma ampla consciência de crise, que se nutre da identidade cognitiva ameaçada da disciplina. Essa difusão é reforçada pelo êxito que a sociologia alcança também na época de Weimar: a perspectiva sociológica também se impôs em outras disciplinas, na medida em que as discussões relativas à análise do presente e que vão além dos limites da disciplina empregam cada vez mais a linguagem da sociologia. A sociologia é chamada – contra a tendência à consolidação como disciplina – a ser uma disciplina sintética,

---

19 D. Rüschemeyer, Die Nichtrezeption von K. Mannheims Wissenssoziologie in der amerikanischen Soziologie, p.414-426.

Jürgen Habermas

sensível aos problemas da época.[20] Desse modo, conseguiu impregnar o meio discursivo para muito além dos limites da própria disciplina, em particular em uma universidade jovem e aberta ao mundo como a Universidade de Frankfurt, que estava aberta também a cientistas judeus, ainda discriminados em outros lugares.[21] Sob a importante gestão de Kurt Riezler, produziu-se ali uma fecunda tensão intelectual entre representantes das ciências de espírito, como Karl Reinhard e Walter F. Otto, o excêntrico etnólogo Leo Frobenius, e um georgiano como Max Kommerell, de um lado, e um grupo de intelectuais das ciências sociais, por outro.

A faculdade de ciências econômicas[22] seguia uma orientação científico-social já no início da República de Weimar, com o sociólogo Oppenheimer e o político social Klumker. Seus discípulos foram Hans Achinger e Erich Preiser. Essa importância foi reforçada pela presença de Gerloff e Goldscheid, que introduziram perspectivas sociológicas nos estudos financeiros; o jovem Fritz Neumark obteve sua livre-docência com Gerloff. Mais tarde, juntaram-se Adolf Löwe, que se filiou às tradições da velha economia política, e também Hendrik de Man, que

---

20 Lepsius (Die Soziologie der Zwischenkriegszeit, p.10 et seq.) recorda uma afirmação do ministro de educação da Prússia, C. H. Becker, de 1919: "As cátedras de sociologia são uma necessidade urgente para todas as escolas superiores [...]. Apenas pela perspectiva sociológica se pode criar no âmbito intelectual o hábito espiritual que depois, transferido ao âmbito ético, se converte em convicção política".

21 Hammerstein, *Die Johann Wolfgang Goethe Universität Frankfurt am Main*, p.17-170.

22 Cf. os testemunhos em Schefold, *Wirtschafts- und Sozialwissenschaften in Frankfurt am Main*, p.47-110.

Textos e contextos

era encarregado do curso de sociologia e psicologia social. Por iniciativa de Hugo Sinzheimer, que, sob a influência do austro--marxista Karl Renner, elaborava um direito do trabalho em termos de ciência social, foi fundada em seguida a Academia do Trabalho. Seu primeiro diretor foi o filósofo social Eugen Rosenstock. No Instituto de Investigação Social, Karl-August Wittfogel, Henryk Grossmann e Emil Lederer trabalhavam junto com C. Grünberg. Na faculdade de direito, ensinava Hermann Heller, que desempenhou um papel proeminente nas controvérsias sobre direito político na época de Weimar, com sua concepção da democracia jurídico-estatal esclarecida pela ciência social, e atraiu jovens intelectuais como Franz Neumann, Ernst Fränkel e W. Abendroth. Na Faculdade de Filosofia, as cátedras de Ciências da Religião foram ocupadas por estudiosos proeminentes, que de uma forma ou outra defenderam um socialismo religioso: Theodor Steinbüchel e Paul Tillich, assim como Martin Buber, como sucessor de Franz Rosenzweig, que se concentrou em sua atividade na escola judaica. Max Scheler também aceitou, pouco antes de sua morte, uma convocação de Frankfurt. No Instituto de Psicologia, ensinavam Max Wertheimer, o psicólogo da Gestalt, e A. Gelb.

Nesse ambiente sociológico bastante ramificado, se encontraram e rivalizaram em 1930, depois da mudança de geração, as duas sociologias frankfurtianas e os correspondentes círculos de jovens sociólogos que se agruparam em torno de Karl Mannheim, Ludwig Bergsträsser e Gottfried Salomon--Delatour, de um lado, e em torno de Max Horkheimer e Friedrich Pollock, de outro; eles só se uniam espacialmente no edifício recém-inaugurado do Instituto de Investigação Social. A esses jovens, pertenciam, entre muitos outros, Norbert Elias,

Hans Gerth, Julius Kraft, Walter Sulzbach e Kurt Wolff, Erich Fromm, Leo Löwenthal, Paul Massing e Theodor W. Adorno. Herbert Marcuse também se juntou ao grupo pela mediação de Kurt Riezler, mas só assumiu seu trabalho quando o instituto havia emigrado para Genebra.

A posição peculiar dos trabalhos inspirados por Horkheimer se explica pela tentativa a contrapelo de restabelecer a unidade entre sociologia e teoria da sociedade no novo nível de diferenciação intracientífica — isto é, de salvar a unidade de uma forma teórica que na sociologia acadêmica tinha se despedaçado e que na tradição marxista da Segunda e Terceira Internacionais fora mantida apenas ao preço de uma dogmatização. Horkheimer não queria se contentar com essa ou aquela forma de sociologia especializada, mas também não queria se contentar com a reflexão filosófica relativa a um contexto que, do ponto de vista da história da teoria, havia se distanciado dos motivos originais de Marx e de Max Weber. A apropriação marxista da teoria weberiana da racionalização social feita por Lukács serviu a ele como ponto de partida. O teorema da reificação foi definido como o cerne de uma teoria da sociedade, que deveria explicar não a derrocada iminente do capitalismo, mas a sua surpreendente estabilização. As forças sociointegradoras de uma formação social antagonista só eram apreensíveis para uma análise que persegue os processos sociais até o íntimo dos indivíduos. Por isso, Horkheimer se apoia nos trabalhos originais de Erich Fromm e vincula a teoria weberiano-marxiana da sociedade à psicologia social de Freud.

A importância da primeira Teoria Crítica, do ponto de vista da história da ciência, não consiste evidentemente apenas nessa

Textos e contextos

produtiva vinculação com Lukács e com a esquerda freudiana,[23] mas sobretudo no fato de Horkheimer elevar a teoria da sociedade a um programa de investigação interdisciplinar. Ele pretendia levá-lo a cabo simultaneamente em vários níveis: no plano da reflexão filosófica sobre os fundamentos, no plano da formação teórica das disciplinas particulares e no plano da investigação social empírica.[24] Desse modo, o instituto unia o trabalho em projetos empíricos, por um lado, e investigações teóricas em economia, ciência jurídica e do Estado, estética, ciência da história e psicologia, por outro, com uma permanente reflexão filosófica sobre as hipóteses de fundo, os métodos e os pressupostos epistemológicos. Nos números da *Revista de Pesquisa Social* ainda se mostra como os raios dos interesses de investigação diferenciados em ciências particulares se juntam no foco de uma filosofia da história não impositiva e heterodoxa; uma parte dedicada a resenhas, que contém uma imensa quantidade de materiais e que cobre todos os campos estratégicos de investigação, complementa os grandes artigos teóricos dos colaboradores mais próximos do Instituto. No exílio de Nova York, o propósito de uma teoria da sociedade interdisciplinar definhou cada vez mais para o formato de um projeto de revista, ainda que incomum. No prefácio da *Dialética do esclarecimento*, os autores confessam finalmente que perderam a confiança na produtividade da atividade científica.

Ao mesmo tempo, isto é, no início dos anos 1940, Talcott Parsons empreende mais uma vez, sob outras premissas teóricas, a tentativa de estabelecer a teoria da sociedade como

---

23 Dahmer, *Libido und Gesellschaft*.
24 Dubiel, *Wissenschaftsorganisation und politische Erfahrung*.

Jürgen Habermas

programa de investigação – dessa vez, em cooperação com psicólogos e antropólogos culturais. *Ele* obteve êxito internacional com isso. Depois da Segunda Guerra Mundial, sob o signo *desse* programa se consumou a internacionalização da sociologia, enquanto Horkheimer e Adorno, no reaberto Instituto de Investigação Social, não tiveram a coragem ou a força para unir filosofia e sociologia, teoria e empiria, de forma mais forte do que apenas em termos programáticos.

V

Depois que, nesse meio tempo, também essa segunda tentativa mais bem-sucedida de Talcott Parsons de estabelecer a unidade de sociologia e teoria da sociedade foi considerada fracassada, se difundiu uma renovada sensação de crise. Novamente, vê-se ameaçada a identidade cognitiva da disciplina, que está bem ancorada como instituição, mas que, como antes, é incerta como profissão.[25] O mal-estar dos anos 1920 se reproduz em maior escala; os discursos se despedaçaram, os colegas não levam mais em consideração os trabalhos dos colegas; a segmentada esfera pública da disciplina já não cumpre sua função de controle. Dahrendorf vê a disciplina ameaçada hoje mais pela anomia do que pela normalidade sem espírito: "Pois anomia significa que tudo dá no mesmo. Isso é uma receita para a mediocridade, o charlatanismo e a insignificância".[26] Mas a comparação com a situação similar de sessenta anos antes propicia também uma desdramatização de tais juízos e prejuízos:

---

25 Lepsius, *Die Entwicklung der Soziologie nach dem Zweiten Weltkrieg.*
26 Dahrendorf, Einführung in die Soziologie, *Soziale Welt*, p.3.

a sociologia deve fazer frente mais uma vez, em um nível mais elevado, à progressiva diferenciação, tanto para fora como para dentro.

Uma descrição não dramática da situação atual poderia ser talvez a seguinte: a sociologia mantém uma relação profissional com a prática das profissões e das organizações, ela está desacoplada dos movimentos sociais, e na esfera pública política suas propostas de interpretação competem com as de outras disciplinas. Os sociólogos aprendem aos poucos que, se quiserem manter sua influência política, não podem mais misturar seu papel profissional com o papel do intelectual. A consciência vanguardista pertence ao passado. À medida que se impõe uma autocompreensão secular da modernidade, os diagnósticos sociológicos do tempo perdem o traço de estar na ofensiva; mas permanecem tanto mais importantes para a defesa contra toda forma de obscurantismo.

Depois do renovado impulso de esclarecimento sociológico que se produziu nos anos 1960, a perspectiva sociológica foi aceita mais ou menos evidente nas ciências históricas, na história e teoria da literatura e também em outras disciplinas do campo das ciências humanas. Saber se a própria sociologia está tirando proveito dessa relação distendida é outra questão. Depois da desvalorização de um jargão sociológico que se tornou frouxo, outras linguagens especializadas também se oferecem ao diálogo interdisciplinar; também a filosofia está à disposição para essa tarefa.

A sociologia parece não poder manter sua própria identidade sem teoria da sociedade, e com ela também não. Três questões ainda são objeto de controvérsia:

Jürgen Habermas

a) É necessário algo parecido com uma teoria da sociedade?
b) Ela é possível?
c) Se sim, deve permanecer vinculada à sociologia na forma de uma união pessoal?

Eu encerro com algumas suposições:

ad a) Obtém-se da história das ciências sociais uma resposta afirmativa à primeira questão. Ao menos uma teoria geral da ação parece ser necessária para explicar os distintos aspectos sob os quais as ciências sociais particulares examinam o mesmo âmbito objetual estruturado simbolicamente. Quão alto deve ser o custo dependerá, de resto, de como se desenvolvam as ciências humanas – se elas se tornam, como eu suponho, cada vez mais filosóficas ou se seguem, antes, ideais objetivistas de conhecimento.[27]

ad b) Uma teoria da sociedade, no atual nível de diferenciação científica, não pode se desenvolver nem na forma de projetos individuais, nem na forma de um programa de investigação institucionalizado segundo a divisão do trabalho, nem tampouco pode se apresentar como uma superteoria com suas próprias evidências empíricas. As considerações de teoria da sociedade se tornaram elas próprias uma especialidade que depende do contato e intercâmbio com uma quantidade de *outros* universos de discurso. Os argumentos importantes relativos à orientação da teoria da sociedade têm de ser buscados em outras disciplinas e na lin-

---

27 Habermas, Die Philosophie als Platzhalter und Interpret, p.9-28.

guagem própria a elas — seja na teoria moral, na teoria dos atos de fala ou na psicologia do desenvolvimento. A teoria da sociedade deve se confirmar em um nível metateórico, no qual está vedado um acesso direto à realidade social.

ad c) Há boas razões históricas e substantivas para o fato de que as tarefas específicas da teoria da sociedade tenham permanecido ligadas à sociologia; mas tal combinação não é obrigatória. Essa vinculação histórica pode inclusive ter sido uma importante razão para a falta de identidade cognitiva da disciplina, e também uma explicação para o fato de que uma consciência de crise surja sobretudo em períodos de desacoplamento em relação às teorias da sociedade reconhecidas. Com o estruturalismo francês, foi temporariamente a etnologia que se converteu em uma disciplina-guia, que podia indicar a perspectiva às demais ciências sociais. É difícil dizer qual será a forma da sociologia a partir da situação atual difusa e um tanto caótica. Entendo essa indiferença apática entre teorias da sociedade que pairam no ar e sociologias, às quais faltam a perspectiva e autoconsciência, como um sinal de que a argumentação especializada ainda não se adaptou à crescente complexidade da situação da investigação.

Sobre o desenvolvimento das ciências sociais e das ciências humanas na República Federal da Alemanha

O reitor Steven Muller* formulou sua pergunta da seguinte forma:

> De acordo com a grande influência do pensamento alemão no passado, pode-se observar hoje certa erosão da influência intelectual alemã. Talvez Anselm Kiefer e outros pós-modernistas nas artes plásticas ainda tenham uma influência na cena americana; mas não se pode constatar hoje uma vitalidade similar nas ciências humanas. Há hoje na Alemanha em geral tendências intelectuais significativas? Se não, por que não?

Esse aguilhão perfura, se não a carne viva do "espírito alemão", ao menos a fina pele de um cientista que imediatamente se sente tentado a apresentar provas contrárias. Mas primeiro quero tentar entender um pouco melhor a pergunta.

---

* A convite do reitor da John Hopkins University, em 1988, ocorreu um congresso sobre a situação espiritual da República Federal da Alemanha.

Jürgen Habermas

Um grande passado...

É verdade que na época de Hegel, com as imponentes investigações de Savigny, Ranke, August Wilhelm Schlegel e dos irmãos Grimm, surgiu uma escola histórica que se desenvolveu no quadro da universidade humboldtiana e que assegurou às ciências humanas alemãs um prestígio mundial. As ciências humanas eram alemãs segundo sua procedência. No final do século XIX e no início do século XX, muitos dos cientistas mais renomados e dos estudantes mais talentosos migraram da América para a Alemanha — assim como migraram na direção contrária, depois da Segunda Guerra Mundial. O ano de 1933 constitui a esse respeito um ponto de inflexão. Não foi apenas nas faculdades de filosofia que a *brain drain* [fuga de cérebros] deu um giro de 180 graus; mas uma coisa se acrescenta: os filósofos, psicólogos, historiadores da arte, cientistas sociais e teólogos expulsos — com a autoridade das ciências humanas alemãs bem adquirida nas costas — alcançaram um êxito incomparável nas universidades americanas. Depois da guerra, os mais jovens como nós podiam seguir as pegadas que os emigrantes haviam deixado. Suas realizações podem ter impregnado inclusive o olhar reprovador que o reitor Müller e nossos amigos americanos dirigem hoje sobre nós.

... e uma fama desbotada

Todo olhar está impregnado por experiências históricas. Isso não significa que esse olhar esteja turvo. Desse modo, no período de Weimar — um exemplo que me é familiar — é fácil identificar três obras filosóficas excepcionais: o *Tractatus*

Textos e contextos

(1921), de Wittgenstein, *História e consciência de classe* (1923), de Lukács, e *Ser e tempo* (1927), de Martin Heidegger. Um observador contemporâneo teria mencionado, no início dos anos 1930, Husserl, Scheler e Jaspers. Seja como for, depois do declínio do mundialmente reconhecido neokantismo, se produziram, em todo caso, obras brilhantes. Pode-se dizer o mesmo da época do pós-guerra? Acerca desse período que já dura quase três vezes mais que o período de entre-guerras, podem-se considerar duas obras filosóficas: *Wahrheit und Methode* [Verdade e método] (1960), de Gadamer, e *Dialética negativa* (1966), de Adorno. Mas a mentalidade e as ideias seminais desses autores, que nasceram em 1900 e em 1903, se formaram antes de 1933. Suas obras não são, pois, testemunhos inequívocos da produtividade da filosofia do pós-guerra. Contra tal experimento de pensamento pode-se objetar muitas coisas: que, como contemporâneos, nós não julgamos imparcialmente; que nomes de autores e títulos de livros não fornecem o melhor critério; e que a substância das realizações científicas, sobretudo em filosofia, frequentemente só se manifesta depois de décadas. No entanto, poderíamos dizer que na filosofia, e talvez nas ciências humanas em general, ainda hoje se afirmam abordagens teóricas que remontam ao menos ao início dos anos 1960 e que essas abordagens representam inovações não dramáticas. Isso é reflexo de uma normalidade mais ou menos desejável ou de pura mediocridade? Pode-se entender também desse modo a pergunta inicial.

O tom de algumas intervenções deu a essa pergunta ainda uma outra coloração. No fundo, ressoava um certo incômodo sobre uma *malaise* especificamente alemã, que se manifestaria precisamente na improdutividade cultural. Isso poderia ser, por parte dos amigos americanos, um reflexo desse descontentamento que também nesse país suscita a exigência de qualidade, formação de elites e mais rendimento. Os políticos educacionais traduzem rapidamente tais diagnósticos de crise em um menosprezo das "ciências da discussão". Em que consistiria essa *malaise*?

Nação ferida...

Em 1965, Ralf Dahrendorf abriu sua análise da *Gesellschaft und Demokratie in Deutschland* [Sociedade e democracia na Alemanha] com a frase lapidar: as questões alemãs são questões nacionais, não questões sociais. *Die verletzte Nation* [A nação ferida] é também o título de um livro recente de E. Noelle-Neumann, que relata um estudo comparativo internacional de orientações valorativas. Noelle-Neumann interpreta os dados das entrevistas segundo um esquema simples: todos os fenômenos alarmantes são imputados à identidade nacional supostamente desarticulada. Ela pinta com cores escuras a imagem de uma nação desestabilizada, que foi profundamente afetada pela derrota militar, pela perda da unidade nacional e pela mudança de sistema político. O espírito alemão — aqui o temos — é caracterizado, portanto, por uma consciência nacional comparativamente fraca, pelo pouco prazer no trabalho, por vinculações religiosas enfraquecidas, pela falta de vontade de autoafirmação, por sua inclinação pacifista, por sua atitude antiautoritária e por uma autocrítica discutível. A maior lacuna entre as gerações e certo retraimento em relação à autoridade paterna mostrariam que a transmissão social de valores culturais está perturbada. Noelle-Neumann atribui a culpa por essa ruptura da tradição sobretudo às elites culturais; elas são responsáveis por duas coisas: uma autorreflexão paralisante e o desenraizamento de uma cultura que se tornou estéril. Além disso, um antigo esquerdista denuncia em termos parecidos a ruptura do contrato entre gerações e a perda de autoridade; mesmo nos ateliês dos intelectuais a relação mestre-discípulo não teria se mantido intacta.

...ou sociedade em aprendizado?

Mas os dados obtidos por Noelle-Neumann podem ser examinados mais detidamente. Quando se pergunta aos alemães se amam seu país, suas respostas não destoam de modo algum. Os alemães se distinguem dos demais europeus – e ainda mais dos americanos – apenas na resposta à pergunta se estão orgulhosos de serem alemães. Depois de Auschwitz, é isso tão surpreendente? Na rejeição da proposição "O respeito pela autoridade é considerado desejável", os alemães só são superados pelos suecos e pelos dinamarqueses. O que se deve concluir disso? Consideremos o seguinte ponto: "Nenhuma autoridade [*Vorgesetzter*] deve exigir de seus subordinados [*Mitarbeitern*] que sigam suas ordens antes de tê-los convencido de sua correção". Se os entrevistados alemães concordam com essa afirmação com mais frequência que outros, pode-se ficar feliz com isso. Os cidadãos da República Federal aprenderam com sua história recente. E se em tais questões as elites culturais teriam desempenhado o papel de abridores de caminho ou de catalisadores, dificilmente poderiam ser reprovadas, pelo menos não em uma democracia. Por isso, prefiro considerar nossa evolução intelectual do pós-guerra mais do ponto de vista de uma sociedade em aprendizado do que do ponto de vista de uma nação ferida.

Face às dramatizações negativas, a ocidentalização de nossas orientações valorativas culturais me parece a tendência mais digna de consideração. Nossa produtividade cultural perdeu talvez seu caráter explosivo, mas também seus traços mais obscuros. Kluge e Schlöndorf são mais exemplares que Syberberg e Herzog — e são antes os outros que gostariam de nos manter presos a seu Wagner. As vozes dos intelectuais alemães são escutadas hoje dentro de um concerto internacional — por isso, elas se tornam mais discretas. Isso não *implica* ainda uma falta de criatividade. A apologia de Enzensberger à mediocridade é, a meu gosto, um tanto exageradamente masoquista — também na glorificação da nova superficialidade ainda se esconde algo de uma equívoca reação ao sonho desvanecido do triunfo da profundidade. A normalidade autoconsciente ainda não significa mediocridade — muito contexto comparece nos poucos textos brilhantes, aqui como alhures.

Abertura para o Ocidente

Eu só posso falar da perspectiva de uma geração que iniciou sua carreira depois da guerra. Nas universidades, dominava uma continuidade espiritual, que se estendia dos anos 1930 até a época de Adenauer. Ao mesmo tempo, as portas finalmente voltavam a se abrir para nós — em direção ao Ocidente e também em direção a nosso próprio passado, fechado até então. Esforçamo-nos para nos apropriarmos daquelas tradições que nas artes plásticas são chamadas de "modernidade clássica": aquela radicalidade ostracizada da literatura, da ciência e da

Textos e contextos

filosofia do início do século XX. Nesse processo de abertura, que durou até o final dos anos 1950, os emigrantes que retornaram, seja com sua obra ou pessoalmente, desempenharam um importante papel. Eles tinham uma posição moralmente intacta e nos ensinaram a nos conectar novamente com tradições interrompidas e também com aquilo que havia sido sempre excluído do cânone. Para mim, os livros de Löwith e Plessner foram importantes. Outro exemplo são os cursos sobre Freud, organizados por Horkheimer e Mitscherlich em 1956; essa reunião internacional dos mais proeminentes psicanalistas pôde pela primeira vez convencer um público alemão da seriedade de sua disciplina.

Coexistência incômoda...

Durante esse prolongado período de latência, as faculdades de Filosofia foram mais ou menos marcadas por uma coexistência incômoda entre aquilo que havia sido mantido durante a época nazista e aquilo que antes havia sido queimado simbolicamente e que agora era novamente tirado do armário de venenos. Essa constelação pode ter sido especialmente típica para uma disciplina como a sociologia, que fora mais duramente afetada pelas purificações. Aqui, emigrantes retornados como Horkheimer e Adorno, König, Plessner e Francis, juntamente com O. Stammer (procedente da "emigração interna") e antigos nazistas como Freyer, Gehlen e Schelsky formaram um campo de forças contrárias equilibrado com esforço. Algo diferente ocorreu na filosofia. Apenas poucos emigrantes, como Kuhn, Landgrebe e Löwith, retornaram titubeantes e se adaptaram sem esforço, com sua bagagem fenomenológica, a essa continuidade em que tinham se mantido também emigrantes interiores, como Jaspers e Litt, mesmo antes de 1933. A influência de Heidegger permaneceu ininterruptamente dominante até os anos 1960. No entanto, os estudantes se interessavam cada vez mais pelos escritos de Carnap, Popper e Wittgenstein. Ao lado dessa tradição analítica também voltava à vida a herança do marxismo ocidental, não apenas através de pessoas como Adorno e Bloch, mas através do trabalho de instituições (como, por exemplo, a comunidade de estudos da Igreja Evangélica de Heidelberg).

...e um novo começo

Somente sobre o pano de fundo desse período de recuperação do fôlego, da retomada e digestão das ideias introduzidas a partir do Ocidente, ou das ideias retornando do Ocidente, é que se pode compreender o período seguinte. Ele é caracterizado pelas contribuições de uma primeira geração de jovens, que intelectualmente havia crescido na República Federal. Não que se deva atribuir todos os méritos desse episódio, talvez o mais vital de nossa história do pós-guerra, apenas a essa geração. Mas, com poucas exceções, somente no final dos anos 1950 surgem professores mais jovens que conseguem fazer uma produtiva tradução da riqueza de ideias e impulsos recebida até então. Em filosofia e sociologia, as quais conheço melhor, se cristalizam, com o declínio da época de Adenauer, propostas teóricas que têm uma coisa em comum: partem da surpreendente combinação de tradições de investigação até então separadas ou até mesmo opostas. Na filosofia, caíram as barreiras que até

Textos e contextos

então haviam existido entre a filosofia continental e a filosofia analítica, entre Husserl e Frege, entre fenomenologia hermenêutica e análise linguística, entre Heidegger e Wittgenstein, entre a tradição hegeliano-marxista e a filosofia transcendental; basta pensar nos primeiros grandes trabalhos de G. Patzig e E. Tugendhat, de P. Lorenzen e K.-O. Apel, de D. Henrich ou M. Theunissen. Com isso, se produzem os primeiros frutos de um intensivo intercâmbio das tradições alemãs e anglo--saxônica. Isso é ainda mais visível na sociologia. A chamada Teoria Crítica sofre uma virada hermenêutica e recebe impulsos do pragmatismo e também do funcionalismo, como se vê mais tarde nos trabalhos de C. Offe. A engenhosa transformação feita por Niklas Luhmann da teoria de sistemas, que se apoia nos ombros de Husserl, deve a Parsons tanto quanto a Gehlen. Os trabalhos de M. R. Lepsius e de W. Schluchter se devem a uma reapropriação de Max Weber que, de forma complexa, é determinada pela recepção americana de Max Weber. Algo parecido vale para outras disciplinas. Nas faculdades alemãs de História, se estabelece pela primeira vez de maneira sólida a história social. Sem o intensivo intercâmbio transatlântico, mediado por H. Rosenberg, H.-U. Wehler dificilmente teria podido se estabelecer um tipo weberiano de historiografia, com sua massiva história social. Na teoria da literatura, a teoria da recepção, com as distintas formas dadas por H. R. Jauß e W. Iser, constitui uma abordagem que obteve há muito tempo reconhecimento internacional. Do mesmo modo com a teologia política de J. B. Metz e de J. Moltmann. Dar nomes — tanto aqui como no que se segue — pode ter, naturalmente, apenas um sentido ilustrativo e não um sentido exclusivo.

Jürgen Habermas

A longa sombra de uma geração

As abordagens teóricas e as constelações que se formaram nos anos *anteriores* a 1967/1968 lançam uma longa sombra sobre as discussões das décadas seguintes. Isso pode explicar em parte a impressão, que se impõe hoje, de certa estagnação. Em poucos anos, se poderá perceber um padrão similar para outras esferas culturais. No final dos anos 1950 e no início dos anos 1960, três manifestos sinalizaram uma mudança na pintura – Spur, Zero e Fluxus são grupos que estão integrados nos movimentos internacionais. Ao mesmo tempo, com Grass, P. Weiss, Walser, Enzensberger e U. Johnson, vem à baila uma nova geração de escritores. O novo cinema alemão é proclamado. E quase todos os artistas e escritores que dominam a cena até hoje fizeram sua primeira aparição naquele momento. Ao lado de Beuys, certamente a figura mais influente, estão Baselitz, Lüpertz, Penck, Polke e Richter – apenas Kiefer veio depois. Os poetas e romancistas, que talvez tenham exercido a influência mais duradoura, publicavam já antes de 1967/1968, como Ingeborg Bachmann, Paul Celan, Thomas Bernhard e Peter Handke. O mesmo vale para os cineastas: Fassbinder e Kluge, Schlöndorf e Wim Wenders, Herzog e Schröter.

O período que seguiu a essa época de incubação, para o qual Marcuse, com seu *Revolte und Konterrevolution* [Revolta e contrarrevolução], encontrou uma etiqueta adequada, viveu no outono de 1957 seu ponto mais alto e chegou a seu fim quando os conservadores, que em 1982 assumiram o governo, tiveram de aceitar que o impulso de liberalização, acelerado pela revolução cultural, também era irreversível nas orientações

Textos e contextos

valorativas e nas atitudes da ampla população. Os anos 1970 se caracterizaram, como nenhum período anterior, por retrocessos econômicos e por contradições culturais.

Depois da revolta

Como consequência da revolta estudantil, motivos de uma tradição do esclarecimento penetraram também nas ciências humanas, tradição que na Alemanha sempre tivera uma consolidação frágil e que apenas depois de 1945 fora acolhida *em toda sua extensão*. Depois de 1968, essa herança foi mobilizada e radicalizada – tanto no sentido de um aprofundamento como de uma dogmatização. A rigorosa confrontação com o passado nacional-socialista penetra apenas agora no mundo acadêmico. Até então, a crítica havia caído sempre naquela couraça de apologia e silêncio por trás da qual figuras como Heidegger e C. Schmitt tinham se entrincheirado. Só agora as continuidades são desfiadas. Acerca do caso Heidegger, só recentemente observamos o fim desse processo de erosão, depois que historiadores como Farías e Ott retomaram o tema.

Do ponto de vista interno das disciplinas particulares, as mudanças parecem menos dramáticas. Em alguns casos, como na ciência política e na história da arte, os conflitos se tornam mais agudos, chega-se a polarizações e inclusive a secessões. Em alguns âmbitos, por exemplo, na literatura alemã e na pedagogia, pela primeira vez as ciências humanas entravam seriamente em contato com a perspectiva das ciências sociais; como se pode ver nas investigações de M. Warnke e P. Bürger e muitos outros, várias disciplinas tiraram proveito disso. Outras disciplinas padeceram de disputas metodológicas intermináveis e moldadas à maneira da disputa do positivismo. No final das contas, o espectro de abordagens e métodos se ampliou consideravelmente. A perda de nível, se é que houve tal coisa, deveria ter sido compensada pelo aumento do pluralismo.

Duas reações

Com essas impressões, não se faz justiça às difusas consequências intra-acadêmicas da revolta. As outras relações que a revolta provocou são, ao contrário, mais claramente delineadas e mais fáceis de estilizar – reações provindas de orientações diversas, e diversas não apenas no que concerne à faixa etária dos protagonistas.

A crítica neoconservadora de extensão mundial à "nova classe", sobretudo aos "mediadores do sentido", encontrou um forte eco na Alemanha entre os discípulos de J. Ritter, Forsthoff e Schelsky. Uma das consequências dentro da universidade – e também por parte do suplemento cultural do *Frankfurter Allgemeine Zeitung*, com sua seção de "Ciências humanas" recém-fundada pelo editor Fest – foi o retorno e a tentativa de reavivar o espírito historicista das ciências humanas que nesse meio-tempo se tornaram provincianas, em sua variante especificamente alemã. A desconfiança contra a teoria e a crença, na forma narrativa de explicação, adaptava-se às tendências que já tinham se imposto em outras partes sob o signo de um novo contextualismo e que aqui favoreciam, por exemplo, a etnologia. A essa tendência se deve, por exemplo, a atenção pública que a importante obra de H. Blumenberg havia merecido já nos anos 1960. A ascensão da "história do cotidiano" é um fenômeno, menos conservador, da mesma tendência.

Textos e contextos

A segunda reação vem de outro canto e é uma imagem especular da crítica radical da razão que durante os anos 1970 se desenvolveu na França. Entre nós, esse Nietzsche alienado em termos franceses e esse Heidegger reimportado do Ocidente reencontram os conhecidos preconceitos contra a ciência e contra a civilização de massas. Klages já tinha declarado guerra ao "logocentrismo" – agora, a palavra e a coisa retornam com sotaque estrangeiro. Com sua brilhante *Kritik der zynischen Vernunft* [Crítica da razão cínica], Sloterdijk havia estabelecido um equilíbrio (ainda) precário entre Adorno e o último Heidegger; mas nesse meio-tempo a retórica da serenidade (completamente agitada) se autonomizou. Imitações do pós--estruturalismo ocupam a cena pós-moderna das subculturas de nossas cidades universitárias. Mesmo que não se considere de todo disparatada a descrição de Karl-Markus Michel, de que a renovação substituiu a inovação, não se contestará que essa crítica cultural de tom estetizante produziu uma nova geração de revistas ricas em ideias. Além da tríade estabelecida pelas revistas *Merkur*, *Freibeuter* e *Kursbuch*, floresce – sobre a base de um desemprego acadêmico relativamente alto – uma pequena indústria intelectual que não existia com tanta vitalidade desde os anos 1920.

Normalidade ao invés de mediocridade?

Os dois movimentos, o retorno forçado ao espírito das ciências humanas e a expulsão pós-estruturalista do espírito para fora das ciências humanas, estão igualmente em oposição às tendências dominantes de uma ocidentalização da cultura alemã – ainda que com acentos distintos. Os neoconservadores têm medo de que a dinâmica do modernismo cultural transborde e enterre as imagens dos inimigos tradicionalmente enraizadas. Aos olhos dos críticos pós-modernos, cada passo em direção a uma cultura do esclarecimento é apenas um passo em direção ao beco sem saída de uma cultura esgotada da subjetividade moderna. Não obstante, se vejo corretamente, surgem impulsos nas ciências sociais e nas ciências humanas para a superação daquela estagnação que se apresentava a nós como o reverso da produtividade do início dos anos 1960. Nesse sentido, trabalhos como os de Renate Lachmann e H. U. Gumbrecht têm um efeito catalisador.

O estruturalismo francês só foi recebido na Alemanha com hesitação. Isso não vale na mesma medida para o pós-estruturalismo; mas mesmo este não teve entre nós nem uma contrapartida de importância comparável, nem uma ressonância da magnitude como a que se observa nos Estados Unidos. Isso não surpreende; pois o empreendimento de uma crítica da razão radicalmente autorreferencial, que para a França é algo tão novo como para o mundo anglo-saxônico, é algo que entre nós tem sido praticado desde os dias de Hegel. Isso fora o reflexo menos de uma *via* especificamente alemã do que da *consciência* de que nosso país, situado no coração da Europa, assim como sua cultura, estava supostamente predeterminado a ter uma via privilegiada à modernidade. Essa consciência do privilégio não sobreviveu a 1945. Desde então, rompemos com a autocompreensão elitista dos mandarins alemães – com a fetichização do espírito e da língua alemã, com o desprezo do social, com as distinções entre cultura e civilização e entre comunidade e sociedade. Nós aprendemos que o universalismo moral não significa o contrário de individualismo e autorrealização, mas que é antes uma condição para que a autonomia e a solidariedade possam se complementar. O resultado da chamada querela dos historiadores é também um sinal de que essa evolução já não é reversível. Essa superação da consciência alemã privilegiada pode parecer ligada, aos olhos de uma geração mais jovem, aos traços congelados de uma formação reativa.

A dieta mais saudável

São essas, pois, as manchas escuras de nossas intelecções — *the blindness of insight* (a cegueira da intelecção) — que hoje determinam o tema das melhores ou mais promissoras teses. Tenho em vista exemplos bastante recentes das ciências históricas e da teoria literária, e também da estética filosófica, como a tese de Ch. Menke-Eggers sobre *Die Souveränität der Kunst* [A soberania da arte], que utiliza argumentos de Derrida para fazer uma leitura da estética de Adorno, sob cuja luz Derrida pode ser criticado, por sua vez, como um "romântico invertido". Trabalhos produtivos como esse não apenas fazem um uso mimético das ideias pós-estruturalistas; eles se vinculam aos discursos domésticos para modificá-los a partir de dentro.

Desde o final da guerra, a produtividade das ciências humanas alemãs se deveu mais do que antes à comunicação internacional, e primordialmente à elaboração de impulsos de procedência americana. Hoje — pela primeira vez desde os tempos de Sartre e Merleau-Ponty — são também impulsos teóricos procedentes da França que estimulam elaborações produtivas. Se compararmos desse ponto de vista a história do pós-guerra das disciplinas particulares, surge uma escala: por um lado, a psicologia como disciplina que talvez seja a que

Jürgen Habermas

mais fortemente imita o modelo americano, por outro lado, a teologia, que ainda parece ser no mais alto patamar um bastião alemão. Tenho a impressão de que nas ciências humanas a dieta mais saudável tem sido uma abertura sem reservas, mas sem abandonar o que nos é próprio.

Referência dos textos

"Charles S. Peirce sobre a comunicação", conferência proferida no Congresso Internacoinal da Charles S. Peirce Society em Cambridge, Massachusetts, em setembro de 1989, inédito.

"Edmund Husserl sobre o mundo da vida, a filosofia e a ciência", conferência proferida no 15º Congresso Alemão de Filosofia em Hamburgo, em setembro de 1990, inédito.

"Martin Heidegger – Obra e visão de mundo", prefácio a V. Farías, *Heidegger und der Nationalsozialismus* (Frankfurt-am-Main: S. Fischer, 1989, p.11-37).

"Ludwig Wittgenstein como contemporâneo", abertura do Congresso Wittgenstein na Universidade de Frankfurt, em abril de 1989, inédito.

"Max Horkheimer: sobre a história do desenvolvimento de sua obra", publicado em A. Schmidt, N. Altwicker (org.), *Max Horkheimer heute: Werk und Wirkung* (Frankfurt-am-Main: S. Fischer, 1986, p.163-179).

"Sobre a frase de Horkheimer: 'Querer salvar um sentido incondicionado sem Deus é vão'", publicado em G. Schmid Noerr, M. Lutz-Bachmann (org.), *Kritischer Materialismus* (München: Hanser, 1991).

"Excurso: Transcendência de dentro, transcendência para cá", contribuição a uma conferência organizada pela Divinity School da Universidade de Chicago, em setembro de 1988, inédito.

Jürgen Habermas

"Georg Simmel sobre filosofia e cultura", posfácio a G. Simmel, *Philosophische Kultur* (Berlin: Wagenbach, 1983, p.243-253).

"A psicologia social de Alexander Mitscherlich", conferência proferida em um Congresso em homenagem a Mitscherlich na Universidade de Frankfurt, em outubro de 1982, publicada em *Psyche*, 37, Jahrgang, 1983, p.352-363.

"A sociologia na República de Weimar", contribuição a um ciclo de conferências da Universidade de Frankfurt em seu 75° aniversário de fundação, em novembro de 1989.

"Sobre o desenvolvimento das ciências sociais e das ciências humanas na República Federal da Alemanha", contribuição à conferência "The Contemporary German Mind", na John Hopkins University, Baltimore, em setembro de 1988; excertos publicados em *Frankfurter Rundschau*, de 11/4/1989.

Referências bibliográficas

ADORNO, T. W. Die Aktualität der Philosophie. In: *Gesammelte Werke*, v.1. Frankfurt-am-Main: Suhrkamp, 1973.

_____. Die Idee der Naturgeschichte. In: *Gesammelte Werke*, v.1. Frankfurt-am-Main: Suhrkamp, 1973.

_____. *Gesammelte Werke*, v.1: Philosophische Frühschriften. Frankfurt-am-Main: Suhrkamp, 1973.

_____. *Gesammelte Werke*, v.19: Musikalische Schriften, v.VI. Frankfurt-am-Main: Suhrkamp, 1973.

_____. Henkel, Krug und frühe Erfahrung. In: *Gesammelte Werke*, v.11. Frankfurt-am-Main: Suhrkamp, 1974.

AHRENS, E. (Ed.). *Habermas und die Theologie*. Düsseldorf: Patmos, 1989.

ALEMANN, H. von. Leopold von Wiese und das Forschungsinstitut für Sozialwissenschaften in Köln 1919-1934. In: LEPENIES, W. (Ed.). *Geschichte der Soziologie*. Frankfurt-am-Main: Suhrkamp, 1981.

_____. *Der Denkweg des Charles S. Peirce*. Frankfurt-am-Main: Suhrkamp, 1975.

_____. *Die Erklären/Verstehen-Kontroverse*. Frankfurt-am-Main: Suhrkamp, 1979.

_____. *Transformation der Philosophie*, v.I. Frankfurt-am-Main: Suhrkamp, 1973.

ARON, R. *Die deutsche Soziologie der Gegenwart*. Stuttgart: Kröner, 1953.

BAUDRILLARD, J. Zu spät!. *Die Zeit*. 5 dez. 1988.

BECK, U. *Risikogesellschaft*. Frankfurt-am-Main: Suhrkamp, 1986.

_____.; BONß, W. Zum Strukturwandel von Sozialwissenschaft und Praxis. *Soziale Welt*, Heft 1/2, 1989.

BENHABIB, S. The generalized and the concrete other. *Praxis International*, v.5, 1986.

BERNATH, K. Martin Heidegger und der Nationalsozialismus. *Süddeutsche Zeitung*, 30-31 jan. e 6-7 fev. 1988.

BERNSTEIN, R. J. (Ed.). *Habermas and Modernity*. Cambridge, Mass.: MIT Press, 1985.

BIERVERT, B.; MONSE, K. Technik und Alltag als Interferenzproblem. In: JOERGES, B. (Org.). *Technik im Alltag*. Frankfurt-am--Main: Suhrkamp, 1988.

BONß, W. Psychoanalyse als Wissenschaft und Kritik. Zur Freud--Rezeption der Frankfurter Schule In: BONß, W.; HONNETH, A. *Sozialforschung als Kritik*. Frankfurt-am-Main: Suhrkamp, 1982.

_____.; SCHINDLER, N. Kritische Theorie als interdisziplinärer Materialismus. In: BONß, W.; HONNETH, A. *Sozialforschung als Kritik*. Frankfurt-am-Main: Suhrkamp, 1982.

BRUNKHORST, H. *Der Intellektuelle im Land der Mandarine*. Frankfurt--am-Main: Suhrkamp, 1987.

_____. Dialektischer Positivismus des Glüks. *Zeitschrift für philosophische Forschung*, Band 39, Heft 3, 1985.

BUSCHE, J. Also gut. Heidegger war ein Nazi. *Pflasterstrand*, jan. 1988.

CASSIRER, E. *Philosophie der symbolischen Formen*. Darmstadt: Wissenschaftliche Bucorgesellschaft, 1956.

DAHERNDORF, R. Einführung in die Soziologie. *Soziale Welt*, n.1/2, 1989.

DAHMER, H. (Ed.). *Analytische Sozialpsychologie*. 2v. Frankfurt-am-Main: Suhrkamp, 1980.

_____. *Libido und Gesellschaft*. Frankfurt-am-Main: Suhrkamp, 1982.

DALLMAYR, F. *Beyond dogma and despair*. Notre Dame: University of Notre Dame Press, 1981.

Textos e contextos

DALLMAYR, F. Habermas and Rationality, *Political Theory*, v.16, 1988
_____. *Polis and praxis*. Cambridge, Mass.: MIT Press, 1984.
_____. The Discourse of Modernity: Hegel, Nietzsche, Heidegger (and Habermas). *Praxis International*, v.8, 1989.
_____. *Twilight of subjectivity*. Amherst: University of Massachusetts Press, 1981.

DAVIS, C. Kommunikative Rationalität und die Grundlegung christlicher Hoffnung. In: AHRENS, E. (Ed.). *Habermas und die Theologie*. Düsseldorf: Patmos, 1989.

DREYFUS, H. L. Holism and hermeneutics. *Review of Metaphysics*, v.34, 1980.

DUBIEL, H. *Wissenschaftsorganisation und politische Erfahrung*. Frankfurt-am-Main: Suhrkamp, 1978.

EICHER, P. Die Botschaft von der Versöhnung und die Theorie des kommunikativen Handelns In: AHRENS, E. (Ed.). *Habermas und die Theologie*. Düsseldorf: Patmos, 1989.

FEDERN, P. Zur Psychologie der Revolution: Die vaterlose Gesellschaft. In: DAHMER, H. (Ed.). *Analytische Sozialpsychologie*. 2v. Frankfurt-am-Main: Suhrkamp, 1980.

FELLMANN, F. Ein Philosoph im trojanischen Pferd. *Frankfurter Allgemeine Zeitung*, 2 mar. 1988.
_____. *Gelebte Philosophie in Deutschland*. Freiburg: Alber, 1983.

FERRY, L.; RENAUT, A. *Heidegger et les modernes*. Paris: Grasset, 1988.

FRANK, M. Philosophie heute und jetzt. *Frankfurter Rundschau*, 5 mar. 1988.

FRANZEN, W. Die Sehnsucht nach Härte und Schwere. In: GETHMANN-SIEFERT, A.; PÖGGELER, O. *Heidegger und die praktische Philosophie*. Frankfurt-am-Main: Suhrkamp, 1988.
_____. *Martin Heidegger*. Stuttgart: Metzler, 1976.
_____. *Von der Existentialontologie zur Seinsgeschichte*. Meisenheim-am-Glan: A. Hain, 1975.

FREYER, H. *Soziologie als Wirklichkeitswissenschaft*. Darmstadt: Wissenschaftliche Buchgesellschaft, 1964.

FROMM, E. Über Methode und Aufgabe einer analytischen Sozialpsychologie. *Zeitschrift für Sozialforschung*, I, 1932.

Jürgen Habermas

GADAMER, H.-G. Erinnerungen an Heideggers Anfänge. *Dilthey--Jahrbuch*, v.4, 1986/87.

_____. *Wahrheit und Methode*. Tübingen: Mohr, 1960.

GASSEN, K.; LANDMANN, M. (Orgs.). *Buch des Dankes an Georg Simmel*. Berlin: Duncker & Humblot, 1958.

GETHMANN, C. F. Heideggers Konzeption des Handelns in *Sein und Zeit*. In: GETHMANN-SIEFERT, A.; PÖGGELER, O. *Heidegger und die praktische Philosophie*. Frankfurt-am-Main: Suhrkamp, 1988.

_____. Philosophie als Vollzug und als Begriff. *Dilthey-Jahrbuch*, v.4, 1986/87.

_____. Vom Bewußtsein zum Handeln. In: STACHOWIAK, H. *Pragmatik*, v.II. Hamburg: Felix Meiner Verlag, 1987.

GEYER, H. G.; JANOWSKI, H. N.; SCHMIDT, A. *Theologie und Soziologie*. Stuttgart: Kohlhammer, 1970.

GLEBE-MÖLLER, J. *A Political Dogmatic*. Philadelphia: Fortress Press, 1987.

GOULDNER, A. *Die westliche Soziologie in der Krise*. Reinbek: Rowohlt, 1974.

GRATHOFF, R. Alfred Schutz. In: KÄSLER, D. *Klassiker des soziologischen Denkens*, v.2, München: Beck, 1978.

GÜNTHER, K. *Der Sinn für Angemessenheit. Anwendungsdiskurse in Moral und Recht*. Frankfurt-am-Main: Suhrkamp, 1988.

HABERMAS, J. *Der philosophische Diskurs der Moderne*. Frankfurt-am-Main: Suhrkamp, 1985.

_____. *Die neue Unübersichtlichkeit*. Frankfurt-am-Main: Suhrkamp, 1985.

_____. Die Philosophie als Platzhalter und Interpret. In: *Moralbewußtsein und kommunikatives Handeln*. Frankfurt-am-Main: Suhrkamp, 1983.

_____. Die Verschlingung von Mythos und Aufklärung. In: BOHRER, K. H. (Ed.). *Mythos und Aufklärung*. Frankfurt-am-Main: Suhrkamp, 1982.

_____. *Eine Art Schadensabwicklung*. Frankfurt-am-Main: Suhrkamp, 1987.

HABERMAS, J. Eine psychoanalytische Konstruktion des Fortschritts. In: *Philosophisch-politische Profile*. Frankfurt-am-Main: Suhrkamp, 1981.

_____. *Erkenntnis und Interesse*. Frankfurt-am-Main: Suhrkamp, 1973.

_____. Individuierung durch Vergesellschaftung. Zu G. H. Meads Theorie der Subjektivität. In: _____. *Nachmetaphysisches Denken*. Frankfurt-am-Main, Suhrkamp, 1988.

_____. *Nachmetaphysisches Denken*. Frankfurt-am-Main: Suhrkamp, 1988.

_____. *Philosophisch-politische Profile*. Frankfurt-am-Main: Suhrkamp, 1981.

_____. Questions and counterquestions. In: BERNSTEIN, R. J. *Habermas and Modernity*. Londres: Basil Blackwell, 1985.

_____. *Theorie des kommunikativen Handelns*, v.1. Frankfurt-am-Main: Suhrkamp, 1981.

_____. *Theorie des kommunikativen Handelns*, v.2. Frankfurt-am-Main: Suhrkamp, 1981.

_____. *Theorie und Praxis*. Frankfurt-am-Main: Suhrkamp, 1971. [Ed. bras.: *Teoria e práxis*. São Paulo: Editora Unesp, 2013.]

HAMMERSTEIN, N. *Die Johann-Wolfgang-Goethe-Universität*. Neuwied/Frankfurt-am-Main: Metzner, 1989.

HARRIES, K. Heidegger as a political thinker. In: MURRAY, M. (Ed.). *Heidegger and Modern Philosophy*. New Haven: Yale University Press, 1978.

HEIDEGGER, M. Brief über den Humanismus. In: _____. *Wegmarken*. Frankfurt am Main: Vittorio Klostermann, 1978. [Ed. bras.: Cartas sobre o humanismo. In: *Marcas no caminho*. Trad. Enio Paulo Giachini e Ernildo Stein. Petrópolis, RJ: Vozes, 2008.]

_____. *Die Selbstbehauptung der deutschen Universität. Das Rektorat 1933/34*, Frankfurt-am-Main: Vittorio Klosterman, 1983. [Ed. bras.: *A auto-afirmação da universidade alemã*. Trad. Fausto Castilho, Curitiba: Secretaria de Estado da Cultura, 1997.]

_____. *Einführung in die Metaphysik*. Frankfurt-am-Main: Vittorio Klostermann, 1953. [Ed. bras.: *Introdução à metafísica*. Trad.: Emmanuel Carneiro Leão. Rio de Janeiro: Tempo Brasileiro, 1969.]

Jürgen Habermas

HEIDEGGER, M. *Gesamtausgabe*, v.29-30: *Die Grundbegriffe der Metaphysik. Welt – Endlichkeit – Einsamkeit*. Frankfurt-am-Main: Vittorio Klostermann, 1983. [Ed. bras.: *Os conceitos fundamentais da metafísica: mundo, finitude, solidão*. Trad. Marco Antonio Casanova. Rio de Janeiro: Forense Universitária, 2003.]

_____. *Gesamtausgabe*, v.53: *Hölderlins Hymne "Der Ister"*. Frankfurt-am--Main: Vittorio Klostermann, 1983.

_____. *Gesamtausgabe*, v.55: *Heraklit*. Frankfurt-am-Main: Vittorio Klostermann, 1983. [Ed. bras.: *Heráclito*. Trad. Márcia de Sá Cavalcante Schuback. Rio de Janeiro: Relume Dumará, 1998.]

_____. *Nietzsche*. v.1 e 2. Pfullingen: Günther Neske, 1961. [Trad. *Nietzsche*. v.1 e 2. Marco Antonio Casanova. Rio de Janeiro: Forense Universitária, 2007-2008.]

_____. *Sein und Zeit*. Tübingen: Max Niemeyer, 1949. [Ed. bras.: *O ser e o tempo*. Trad. Márcia de Sá Cavalcante Schuback. Petrópolis, RJ: Vozes / Bragança Paulista, SP: Editora Universitária São Francisco, 2009.]

_____. *Vom Wesen der Wahrheit*. Frankfurt-am-Main: Vittorio Klostermann, 1949. [Ed. bras.: Da essência da verdade. In: *Ser e verdade*. Trad. Emmanuel Carneiro Leão. Petrópolis, RJ: Vozes, 2007.]

_____. *Vorträge und Aufsätze*. Pfullingen: Günther Neske, 1985. [Ed. bras.: *Ensaios e conferências*. Trad. Emmanuel C. Leão, Fogel, G., Márcia de Sá Cavalcante Schuback. Petrópolis, RJ: Vozes, 2001.]

_____. *Wegmarken*. Frankfurt-am-Main: Vittorio Klostermann, 1978. [Ed. bras.: *Marcas no caminho*. Trad. Enio Paulo Giachini e Ernildo Stein. Petrópolis, RJ: Vozes, 2008.]

HONNETH, A.; JOAS, J. (Orgs.). *Kommunikatives Handeln*. Frankfurt--am-Main: Suhrkamp, 1986.

HOOKWAY, C. *Peirce*. London: Routledge and Kegan Paul, 1985.

HORKHEIMER, M. Art und Mass Culture. *Zeitschrift für Sozialforschung*, Jahrgang 9, 1941.

_____. Autoritärer Staat. In: BREDE, W. (Org.). *Gesellshaft im Übergang*. Frankfurt-am-Main: Fischer, 1972.

HORKHEIMER, M. Die Aktualität Schopenhauers. In: *Gesammelte Schriften*, v.7: Vorträge und Aufzeichnungen 1949-1973. Frankfurt--am-Main: Fischer, 1985.

_____. *Gesammelte Schriften*, v.7: Vorträge und Aufzeichnungen 1949-1973. Frankfurt-am-Main: Fischer, 1985.

_____. Gespräch mit Helmut Gumnior. In: *Gesammelte Schriften*, v.7: Vorträge und Aufzeichnungen 1949-1973. Frankfurt-am-Main: Fischer, 1985.

_____. M. *Kritische Theorie* (Org. A. Schmidt). v.I. Frankfurt-am-Main: Fischer, 1968.

_____. *Kritische Theorie* (Org. A. Schmidt). v.II. Frankfurt-am-Main: Fischer, 1968.

_____. *Notizen 1950 bis 1969 und Dämmerung. Notizen in Deutschland* (Org. Werner Brede). Frankfurt-am-Main: Fischer, 1974.

_____. Pessimismus heute. In: *Gesammelte Schriften*, v.7: Vorträge und Aufzeichnungen 1949-1973. Frankfurt-am-Main: Fischer, 1985.

_____. Psalm 91. In: *Gesammelte Schriften*, v.7: Vorträge und Aufzeichnungen 1949-1973. Frankfurt-am-Main: Fischer, 1985.

_____. Religion und Philosophie. In: *Gesammelte Schriften*, v.7: Vorträge und Aufzeichnungen 1949-1973. Frankfurt-am-Main: Fischer, 1985.

_____. Schopenhauers Denken. In: *Gesammelte Schriften*, v.7: Vorträge und Aufzeichnungen 1949-1973. Frankfurt-am-Main: Fischer, 1985.

_____. Theismus-Atheismus. In: *Gesammelte Schriften*, v.7: Vorträge und Aufzeichnungen 1949-1973. Frankfurt-am-Main: Fischer, 1985.

_____. *Vernunft und Selbsterhaltung*. Frankfurt-am-Main: Fischer, 1970.

_____. *Zur Kritik der instrumentellen Vernunft*. Frankfurt-am-Main: Fischer, 1967.

_____.; ADORNO, T. W. *Dialektik der Aufklärung*. Amsterdam: Querido Verlag, 1947. [Ed. bras.: *Dialética do esclarecimento*. Trad. Guido de Almeida. Rio de Janeiro: Zahar, 1985.]

_____.; POLLOCK, F.; NEUMANN, F.; KIRCHHEIMER, O.; GURLAND, A.; MARCUSE, H. *Recht und Staat im Nationalsozialis-*

mus Verlagsanstalt. Frankfurt-am-Main: Europäische Verlagsanstalt, 1981.

HUSSERL, E. *Die Krisis der europäischen Wissenschaft (Gesammelte Werke,* v.VI). Haag: M. Nijhoff, 1962. [Ed. bras.: *A crise das ciências europeias.* Rio de Janeiro: Forense Universitária, 2012.]

_____. *Ideen* [1913]. Tübingen: Max Niemeyer, 1980.

JAY, M. Positive und Negative Totalität. Adornos Alternativentwurf zur interdisziplinären Forschung. In: BONß, W.; HONNETH, A. *Sozialforschung als Kritik.* Frankfurt-am-Main: Suhrkamp, 1982.

KÄSLER, D. Der Streit um die Bestimmung der Soziologie auf dem Deutschen Soziologentag 1910-1930. In: LEPSIUS, R. M. (Ed.). *Soziologie in Deutschland und Österreich 1918-1945, Kölner Zeitschrift für Soziologie und Sozialpsychologie,* Sonderheft 23, 1981.

KISIEL, T. Das Entstehen des Begriffsfeldes "Faktizität" im Frühwerk Heideggers. *Dilthey-Jahrbuch,* v.4, 1986/87.

KLEGER, H. Common sense als argument. *Archiv für Begriffsgeschichte,* v.30, 1987.

KLUKE, P. *Die Stiftungsuniversität Frankfurt am Main 1914-1932.* Frankfurt--am-Main: Kramer, 1972.

KNOLL, R. et al. Der österreichische Beitrag zur Soziologie. In: LEPSIUS, R. M. (Ed.). *Soziologie in Deutschland und Österreich 1918-1945, Kölner Zeitschrift für Soziologie und Sozialpsychologie.* Sonderheft, 23, 1981.

KNORR-CETINA, K. Spielarten des Konstruktivismus. *Soziale Weit,* v.40, 1989.

KORTHALS, M. Die kritische Gesellschaftstheorie des friihen Horkheimer. Mi verständnisse über das Verhältnis von Horkheimer, Lukács und den Positivismus. *Zeitschrift für Soziologie,* Jahrgang 14, Heft 4, 1985.

KREBS, P. Unser inneres Reich. In: _____. (Org.). *Mut zur Identität.* Struckum: Verlag für ganzheitliche Forschung und Kultur, 1988.

KROCKOW, C. v. *Die Entscheidung.* Stuttgart: Ferdinand Enke Verlag, 1958.

LACOUE-LABARTHE, P. *La fiction du politique.* Paris: Christian Bourgois, 1987.

LAMB, M. L. Communicative Praxis and Theology. In: AHRENS, E. (Ed.). *Habermas und die Theologie*. Düsseldorf: Patmos, 1989.

LEPENIES, W. (Ed.). *Geschichte der Soziologie*. Frankfurt-am-Main: Suhrkamp, 1981.

LEPSIUS, R. M. *Die Entwicklung der Soziologie nach dem Zweiten Weltkrieg, Kölner Zeitschrift für Soziologie und Sozialpsychologie*. Sonderheft, 21, 1979.

_____. Die Soziologie der Zwischenkriegszeit. In: LEPSIUS, R. M. (Ed.). *Soziologie in Deutschland und Österreich 1918-1945, Kölner Zeitschrift für Soziologie und Sozialpsychologie*. Sonderheft, 23, 1981.

LÖWITH, K. Hegels Aufhebung der christlichen Religion. In: *Zur Kritik der christlichen Überlieferung*. Stuttgart: Kohlhammer: 1966.

_____. *Mein Leben in Deutschland vor und nach 1933. Ein Bericht*. Stuttgart: Metzler, 1986.

LUKÁCS, G. *Die Zerstörung der Vernunft*. Berlin: Aufbau Verlag, 1955.

MANNHEIM, K. Zur Problematik der Soziologie in Deutschland. In: MEJA, V.; STEHR, N. (Orgs.). *Der Streit um die Wissenssoziologie*. Frankfurt-am-Main: Suhrkamp, 1982.

MARCUSE, H. Der Kampf gegen den Liberalismus in der totalitiiren Staatsauffassung, *Zeitschrift für Sozialforschung*, v.3, 1934.

MARQUARD, O. *Abschied vom Prinzipiellen*. Stuttgart: Recam, 1981.

MARTEN, R. Ein rassistisches Konzept von Humanität. *Badische Zeitung*. 19-20 dez. 1987.

_____. Heideggers Geist. *Allmende*, v.20, 1988.

McCARTHY, J. E. Semiotic idealism. *Transactions of the Ch. S. Peirce Society*, v.20, 1984.

McCARTHY, T. Philosophical foundations of political theology: Kant, Peukert and the Frankfurt School. In: ROUNER, L. S. (Ed.). *Civil Religion and Political Theology*. Notre Dame: University of Notre Dame Press, 1986.

MEJA, V.; STEHR, N. (Orgs.). *Der Streit um die Wissenssoziologie*. Frankfurt-am-Main: Suhrkamp, 1982.

METZ, J. B. Anamnetische Vernunft. In: HONETH, A.; McCARTHY, T.; OFFE C.; WELLMER, A. (Orgs.). *Zwischenbetrachtungen*. Frankfurt-am-Main: Suhrkamp, 1989.

METZ, J. B. Erinnerung. In: KRINGS, H. M. et al. (Orgs.). *Handbuch philosophischer Grundbegriffe*, v.I, München: Kösel, 1973.

MITSCHERLICH, A. *Auf dem Weg zur vaterlosen Gesellschaft*. München: Piper, 1963.

_____. *Der Kampf um die Erinnerung*. München: Piper, 1975.

_____. *Die Unwirtlichkeit unserer Städte*. Frankfurt-am-Main: Suhrkamp, 1965.

_____. *Freiheit und Unfreiheit in der Krankheit*. Frankfurt-am-Main: Suhrkamp, 1977.

_____.; BROCHER, T.; MERING, O. von; HORN, K. (Eds.). *Der Kranke in der modernen Gesellschaft*. Köln: Kiepenheuer & Witsch, 1957.

MITSCHERLICH, A.; MITSCHERLICH, M. *Die Unfähigkeit zu trauern*. München: Piper, 1967.

MUOIO, P. A. Peirce on the person. *Transactions of the Ch. S. Peirce Society*, 20, 1984.

NOLTE, E. Philosophie und Nationalsozialismus. In: GETHMANN-SIEFERT, A.; PÖGGELER, O. *Heidegger und die praktische Philosophie*. Frankfurt-am-Main: Suhrkamp, 1988.

OEHLER, K. Idee und Grundriß des Peirceschen Semiotik. *Semiotik*, v.I, 1979.

OTT, H. Martin Heidegger und der Nationalsozialismus. In: GETH-MANN-SIEFERT, A.; PÖGGELER, O. *Heidegger und die praktische Philosophie*. Frankfurt-am-Main: Suhrkamp, 1988.

_____. Martin Heidegger und die Universität Freiburg nach 1945. *Historisches Jahrbuch*, v.105, 1985.

OTT, H. Wege und Abwege. *Neue Zürcher Zeitung*, 27 nov. 1987.

PAPE, H. Ch. S. Peirce on objects of thought and representation. *Nous*, v.24, 1990.

_____. *Erfahrung und Wirklichkeit als Zeichenproze* . Frankfurt-am-Main: Suhrkamp, 1989.

PEIRCE, C. S. *Collected Papers*, 8v. (Ed. C. Harthone et al.). Cambridge, Mass.: Harvard University Press, 1931-1958.

_____. *Phänomen und Logik der Zeichen* (Org. H. Pape.). Frankfurt-am-Main: Suhrkamp, 1983.

Textos e contextos

PEIRCE, C. S. *Writings of Charles S. Peirce. A Chronological Edition* (Ed. Max H. Fish et al.). Bloomington, Ind.: Indiana University Press, 1982.

PETZET, H. W. *Auf einen Stern zugehen. Begegnungen und Gespräche mit Martin Heidegger.* Frankfurt-am-Main: Societäts-Verlag, 1983.

PEUKERT, H. Communicative action, systems of power accumulation and the unfinished project of enlightenment and theology. In: AHRENS, E. (Ed.). *Habermas und die Theologie.* Düsseldorf: Patmos, 1989.

_____. *Wissenschaftstheorie – Handlungstheorie – Fundamentale Theologie.* Düsseldorf: Patmos, 1976; Frankfurt-am-Main: Suhrkamp, 1978.

PÖGGELER, O. (Org.). *Heidegger. Perspektiven zur Deutung seines Werkes.* Köln: Kiepenheuer & Witsch, 1969.

_____. Den Führer führen? Heidegger und kein Ende. *Philosophische Rundschau,* v.32, 1985.

_____. *Der Denkweg M. Heideggers.* Pfullingen: Günther Neske, 1983.

_____. Heideggers politisches Selbstverständnis. In: GETHMANN-SIEFERT, A.; PÖGGELER, O. *Heidegger und die praktische Philosophie.* Frankfurt-am-Main: Suhrkamp, 1988.

RAMMERT, W. Technisierung im Alltag. In: JOERGES, B. (Org.). *Technik im Alltag.* Frankfurt-am-Main: Suhrkamp, 1988.

RANSDELL, J. Some leading ideas of Peirce's semiotic. *Semiotica,* v.19, 1977.

RINGER, F. K. *The Decline of the German Mandarins:* the German Academic Community, 1890-1933. Cambridge, Mass.: Harvard University Press, 1969.

RITTER, H. Bruder Heidegger. *Frankfurter Allgemeine Zeitung,* 2 fev. 1988.

RORTY, R. Taking philosophy seriously. *The New Republic,* 11 abr. 1988.

RÜSCHEMEYER, D. Die Nichtrezeption von K. Mannheims Wissenssoziologie in der amerikanischen Soziologie. In: LEPSIUS, R. M. (Ed.). *Soziologie in Deutschland und Österreich 1918-1945, Kölner Zeitschrift für Soziologie und Sozialpsychologie,* Sonderheft 23, 1981.

SAVAN, D. Questions concerning certain classifications claimed for signs. *Semiotica,* v.19, 1977.

SCHEFOLD, B. *Wirtschafts- und Sozialwissenschaften in Frankfurt am Main.* Marburg: Metropolis, 1989.

Jürgen Habermas

SCHELSKY, H. *Rückblick eines Anti-Soziologen*. Opladen: Westdeutscher Verlag, 1981.

SCHLUCHTER, W. *Religion und Lebensführung*. Frankfurt-am-Main: Suhrkamp, 1988.

SCHMIDT, A. Aufklärung und Mythos im Werk Max Horkheimers. In: SCHMIDT, A.; ALTWICKER, N. (Orgs.). *Max Horkheimer heute*. Frankfurt-am-Main: Fischer, 1986.

_____. Die geistige Physiognomie Max Horkheimers. HORKHEIMER, M. *Notizen 1950 bis 1969 und Dämmerung. Notizen in Deutschland* (Org. Werner Brede). Frankfurt-am-Main: Fischer, 1974.

_____. *Die Wahrheit im Gewände der Lüge*: Schopenhauers Religionsphilosophie. München: Piper, 1986.

_____. Existential-Ontologie und historischer Materialismus bei Herbert Marcuse. In: HABERMAS, J. (Org.). *Antworten auf Herbert Marcuse*. Frankfurt-am-Main: Suhrkamp, 1968.

_____. Religion als Trug und als metaphysisches Bedürfnis. *Quatuor Coronati*, v.25, 1988.

SCHNABEL, P. E. Georg Simmel. In: KÄSLER, D. (Org.). *Klassiker des soziologischen Denkens*, v.1. München: Beck, 1976.

SCHNÄDELBACH, H. Dialektik der Vernunftkritik. In: FRIEDENBURG, L. von; HABERMAS, J. (Orgs.). *Adorno-Konferenz 1983*. Frankfurt-am-Main: Suhrkamp, 1983.

_____. *Philosophie im Deutschland 1831-1933*. Frankfurt-am-Main: Suhrkamp, 1983.

SCHNEEBERGER, G. *Nachlese zu Heidegger*. Bern: Suhr, 1962.

SCHÜSSLER-FIORENZA, F. Die Kirche als Interpretationsgemeinschaft. In: AHRENS, E. (Ed.). *Habermas und die Theologie*. Düsseldorf: Patmos, 1989.

_____. *Foundational Theology*: Jesus and the Church. New York: Crossroad, 1984.

SCHWAN, A. *Politische Philosophie im Denken Heideggers*. 2.ed. Opladen: Westdeutscher Verlag, 1988.

_____. *Politische Philosophie im Denken Heideggers*. Opladen: Westdeutscher Verlag, 1965.

Textos e contextos

SEBEOK, T. A.; UMIKER-SEBEOK, J. *Ch. S. Peirce und Sherlock Holmes*. Frankfurt-am-Main: Suhrkamp, 1980.

SEEL, M. *Die Kunst der Entzweiung*. Frankfurt-am-Main: Suhrkamp, 1986.

SHEENAN, T. Heidegger and the Nazis. *The New York Review of Books*, 16 jun. 1988.

SIEBERT, R. J. *The Critical Theory of Religion. The Frankfurt School*. Berlin; New York; Amsterdam: Mouton, 1985.

SIMMEL, G. *Brücke und Tür*. Stuttgart: Koehler, 1957.

_____. *Das individuelle Gesetz*. Frankfurt-am-Main: Suhrkamp, 1968.

_____. *Philosophie des Geldes*. Berlin: Duncker & Humblot, 1977.

_____. *Philosophische Kultur. Über das Abenteuer, die Geschlechter und die Krise der Moderne, Gesammelte Essays*. Berlin: Wagenbach, 1983.

SIMPSON, G. M. Die Versprachlichung (und Verflüssigung?) des Sakralen. In: AHRENS, E. (Ed.). *Habermas und die Theologie*. Düsseldorf: Patmos, 1989.

SOTHEIMER, K. *Antidemokratisches Denken in der Weimarer Republik*. München: Deutscher Taschenbuch Verlag, 1962.

TENBRUCK, F. H. *Die unbewältigten Sozialwissenschaften oder Die Abschaffung des Menschen*. Graz: Styria, 1984.

TERTULIAN, N. Heidegger oder: Die Bestätigung der Politik durch Seinsgeschichte. Ein Gang zu den Quellen. Was aus den Texten des Philosophen alles sprudelt. *Frankfurter Rundschau*, 12 fev. 1988.

THEUNISSEN, M. *Der Andere*. Berlin: Walter de Gruyter, 1977.

_____. Negativität bei Adorno. In: FRIEDENBURG, L. v.; HABERMAS, J. (Orgs.). *Adorno-Konferenz 1983*. Frankfurt-am-Main: Suhrkamp, 1983.

THOMPSON, I. B.; HELD, D. (Eds.). *Habermas*: Critical Debates. London: MacMillan, 1982.

TRACY, D. Theology, critical social theory, and the public realm. In: BROWNING, D. S.; SCHÜSSLER-FIORENZA, F. (Eds.). *Habermas, Modernity, and Public Theology*. New York: Crossroad, 1992.

TUGENDHAT, E. Die Idee von Wahrheit. In: PÖGGELER, O. (Org.). *Heidegger. Perspektiven zur Deutung seines Werkes*. Köln: Kiepenheuer & Witsch, 1969.

WEHLER, H.-D. *Entsorgung der deutschen Vergangenheit?*. München: C. H. Beck, 1987.

WELLMER, A. Wahrheit, Schein und Versöhnung. Adornos ästetische Rettung der Modernität. In: FRIEDENBURG, L. v.; HABERMAS, J. (Orgs.). *Adorno-Konferenz 1983*. Frankfurt-am-Main: Suhrkamp, 1983.

_____. Wahrheit, Schein, Versöhnung. Adornos ästhetische Rettung der Modernität. In: *Zur Dialektik von Moderne und Postmoderne*. Frankfurt-am-Main: Suhrkamp, 1985.

WIGGERSHAUS, R. *Die Frankfurter Schule. Geschichte, theoretische Entwicklung, politische Bedeutung*. Münch: Hanser, 1986.

WOLFF, K. H. (Ed.). *The Sociology of Georg Simmel*. Glencoe, Il.: Free Press, 1950.

WUTHNOW, R. *Rationality and the Limits of Rational Theory*. Manuscrito.

Índice onomástico

A

Abendroth, W., 297

Achinger, Hans, 296

Adenauer, Konrad, 121, 310, 312

Adler, Max, 281, 288-9

Adorno, Gretel, 156

Adorno, Theodor W., 85-8, 94, 96, 126, 132-9, 144-6, 149-61, 165-6, 178-9, 202, 225, 238-9, 246, 248, 258, 292, 298, 300, 307, 311-2, 317, 319

Agostinho, santo, 127

Apel, Karl-Otto, 55, 88, 207, 218-9, 313

Arendt, Hannah, 150

Aristóteles, 87

Aron, R., 236

B

Baader, Franz von, 174

Bachmann, Ingeborg, 314

Ball, Hugo, 207

Barlach, Ernst, 241

Barth, Karl, 200, 209

Baselitz, Georg, 314

Bauer, O., 281

Bäumler, Alfred, 108

Beck, Ulrich, 76

Becker, C. H., 296

Bengel, Johann Albrecht, 193

Benhabib, S., 220-2

Benjamin, Walter, 149-56, 162-3, 201-2, 230, 241

Bergson, Henri, 236, 238

Bergsträsser, Ludwig, 297

Bernfeld, Sigfried, 257

Bernhard, Thomas, 314

Bernstein, R. J., 227

Beuys, Joseph, 314

Bloch, Ernst, 85, 88, 201, 238-9, 312

Blumenberg, H., 316

Briggs, Sheila, 210, 220, 222

Bröcker, Walter, 108

Brunkhorst, Hauke, 145
Buber, Martin, 200-1, 297
Bühler, Karl, 287
Bultmann, Rudolf Karl, 92, 200
Bürger, P., 315

C
Carnap, Rudolf, 88, 106, 294, 312
Cassirer, Ernst, 97, 241
Celan, Paul, 314
Chaplin, Charlie, 132
Comte, Auguste, 279
Curtius, Ernst Robert, 93, 285, 291

D
Dahrendorf, Ralf, 79, 277, 300, 308
Dallmayr, Fred R., 191, 194, 225-31
Davidson, Donald, 229
Davis, Charles, 214-5
Derrida, Jacques, 89, 198, 319
Descartes, René, 62, 123
Devereux, Georges, 270-1
Dewey, John, 198
Dilthey, Wilhelm, 86, 236, 284, 290, 292
Dreyfus, Hubert L., 89, 123-4
Dubiel, Helmut, 148-9, 299
Durkheim, Émile, 59, 236, 264, 280

E
Eco, Umberto, 55
Elias, Norbert, 297-8

Enzensberger, Hans Magnus, 310, 314
Erdheim, Mario, 271
Ernst, Paul, 238

F
Farías, Victor, 91, 116, 119, 125-9, 315
Fassbinder, Rainer Werner, 314
Federn, Paul, 265
Fest, Joachim, 316
Feuerbach, Ludwig, 59
Fichte, Johann Gottlieb, 192
Forsthoff, Ernst, 316
Foucault, Michel, 123
Francis, E. K., 311
Frank, Manfred, 90
Fränkel, Ernst, 297
Franzen, W., 83-4, 95, 104, 119, 126
Frege, Gottlob, 34, 137, 313
Freud, Sigmund, 254-8, 267-9, 298, 311
Freyer, Hans, 236, 246-9, 279, 286-7, 292-3, 311
Frobenius, Leo, 296
Fromm, Erich, 257-8, 298

G
Gadamer, Hans-Georg, 88, 93, 123, 307
Gehlen, Arnold, 91, 246-9, 261, 294, 311, 313
Geiger, Theodor, 279, 287, 289
Gelb, A., 297
George, Stefan, 238

Textos e contextos

Gerloff, Wilhelm, 296
Gerth, Hans, 298
Gilligan, C., 222
Glebe-Möller, Jens, 207-8, 215
Goethe, J. W. von, 97, 114, 240
Goldscheid, Rudolf, 296
Gollwitzer, Helmut, 194
Gouldner, Alvin, 276
Grass, Günther, 314
Grimm, irmãos, 284, 306
Gröber, arcebispo, 89
Grossmann, Henryk, 297
Grünberg, Carl, 278, 282, 284, 286, 297
Gumbrecht, H. U., 318
Gundolf, Friedrich, 238

H

Hamann, Johann Georg, 139, 230
Handke, Peter, 314
Hartmann, Nicolai, 125
Hegel, G. W. F., 34, 87, 145-7, 174, 192-4, 201, 203, 220, 240, 242, 250, 284, 292, 295, 306, 318
Heidegger, Martin, 64, 67-72, 83-129, 131-9, 146, 192, 226-7, 229, 239, 241, 250, 293, 295, 307, 312-7
Heller, Hermann, 297
Helmholtz, Hermann von, 237
Henrich, D., 313
Heráclito, 107
Herder, Johann Gottfried von, 242, 284

Herzog, Herta, 289, 310, 314
Hilferding, R., 281
Hillgruber, Andreas, 89
Hitler, Adolf, 85, 96, 108, 117, 128, 149
Hobbes, Thomas, 279
Hölderlin, Friedrich, 96, 105, 107, 112, 114, 128
Honneth, Axel, 159
Horkheimer, Max, 86, 88, 134, 143-90, 225, 246, 248-9, 278-9, 286-7, 297-300, 311
Hühnerfeld, Paul, 126
Humboldt, Alexander von, 139, 230, 242, 284
Husserl, Edmund, 34, 41, 61-80, 92, 97, 127, 137, 294-5, 307, 313

I

Iser, W., 313
Iwand, Hans, 194

J

Jahn, G., 280-1
Jahoda, Maria, 289
Jaspers, Karl, 85, 89, 92-3, 239, 307, 312
Jauß, H. R., 313
Johnson, U., 314
Jünger, Ernst, 98
Jünger, irmãos, 94

K

Kandinsky, Wassily, 241

Kant, Immanuel, 34, 45, 62, 65, 123, 127, 147-8, 153, 173-4, 188, 193, 216, 219-20, 230, 237, 240

Käsler, D., 281

Kiefer, Anselm, 305, 314

Kierkegaard, Søren, 87, 92, 127, 137-8, 202, 206

Klages, Ludwig, 98, 317

Kluge, Günther von, 310, 314

Klumker, Christian Jasper, 296

Kohlberg, L., 222

Kommerell, Max, 296

König, René, 311

Kraft, Julius, 298

Krebs, Pierre, 91

Krieck, Ernst, 108

Krockow, Christian von, 126

Kuhn, Thomas, 311

L

Lachmann, Renate, 318

Lamb, Matthew L., 198

Landgrebe, Ludwig, 311

Landmann, Michael, 235-6

Landshut, S., 291-3

Lash, Christopher, 266

Lask, Emil, 241, 292-3

Lazarsfeld, Paul, 287, 289

Le Bon, Gustave, 256

Lederer, Emil, 297

Lênin, V. I., 179

Lepsius, M. R., 296, 313

Lewalter, Christian E., 117-9

Litt, Theodor, 293, 312

Lorenz, K., 91, 279

Lorenzen, P., 313

Löwe, Adolf, 296

Löwenthal, Leo, 298

Löwith, Karl, 84, 108, 126-7, 292-3, 311

Luhmann, Niklas, 78, 218, 248-9, 313

Lukács, Georg, 85-6, 99, 126, 236, 238-9, 241, 245-6, 248, 292-3, 298-9, 307

Lüpertz, Markus, 314

Lutero, Martinho, 127

M

Man, Hendrik de, 296-7

Mannheim, Karl, 278-9, 285-7, 290-2, 297

Marcuse, Herbert, 88-9, 97, 120-2, 132, 144-5, 250, 258, 292, 298, 314

Marten, Rainer, 119, 125

Marx, Karl, 56, 87, 144-5, 152, 174, 179, 194, 257, 279, 290-5, 298

Massing, Paul, 298

Mead, George Herbert, 31, 59, 222, 236

Menke-Eggers, Ch., 319

Merleau-Ponty, Maurice, 64, 88, 319

Metz, J. B., 202, 212, 313

Michel, Karl-Markus, 317

Misch, Georg, 86

Mitscherlich, Alexander, 253-71, 311

Textos e contextos

Mitscherlich, Margarete, 253, 268
Moeller van den Bruck, A., 91
Moltmann, J., 313
Moore, Edward C., 25
Morris, William, 250
Muller, Steven, 305
Mussolini, Benito, 108

N

Neumann, Franz, 150, 297
Neumark, Fritz, 296
Neurath, Otto, 290
Newton, Isaac, 61
Niebuhr, Reinhold, 200
Nietzsche, Friedrich, 87, 96, 98, 103-4, 108, 123, 139, 152, 157, 161, 177, 183, 240, 250, 317
Noelle-Neumann, E., 308-9
Nolte, E., 124-5

O

Oetinger, Friedrich Christoph, 193
Offe, C., 313
Oppenheimer, Franz, 278-9, 284-6, 296
Orwell, George, 151
Ott, Hugo, 116, 126, 315
Otto, Walter F., 296

P

Pape, Helmut, 28
Parin, Paul, 271
Parmênides, 107

Parsons, Talcott, 258-9, 299-300, 313
Patzig, G., 313
Peirce, Charles S., 25-60, 188, 198, 212, 215, 217-9
Penck, A. R., 314
Peukert, Helmut, 197-9, 204, 208-15, 218
Platão, 99, 104, 123
Plessner, Helmuth, 294, 311
Pöggeler, Otto, 84-5, 88, 91-7, 104-8, 119, 126
Polke, Sigmar, 314
Pollock, Friedrich, 143, 150, 154, 297
Popper, Karl, 88, 312
Preiser, Erich, 296

Q

Quine, Willard van Orman, 229

R

Ranke, Leopold von, 283, 306
Rawls, John, 196-7
Reich, Wilhelm, 257
Reinhard, Karl, 296
Renner, Karl, 281, 297
Richter, Gerhard, 314
Rickert, Heinrich, 237-8, 242
Riezler, Kurt, 278, 296, 298
Rilke, Rainer Maria, 238
Ringer, F. K., 283
Ritter, Joachim, 247-9, 316
Rodin, Auguste, 240-1
Rorty, Richard, 89-90, 123, 198

Rosenberg, H., 313
Rosenstock, Eugen, 297
Rosenzweig, Franz, 297
Ruskin, John, 250
Russell, Bertrand, 137

S
Sade, marquês de, 156-8, 183
Saint-Simon, conde de, 279
Salomon-Delatour, Gottfried, 297
Sartre, Jean-Paul, 64, 88, 192, 319
Saussure, Ferdinand de, 27
Savigny, Friedrich Carl von, 283, 306
Scheler, Max, 64, 86-7, 285-6, 290-7, 307
Schelling, F. W. J. von, 85, 108, 174, 192
Schelsky, Helmut, 246, 249, 282, 311, 316
Schelting, Alexander von, 290
Schiller, Friedrich, 240
Schlegel, August Wilhelm, 306
Schlegel, irmãos, 283
Schleiermacher, Friedrich, 196, 200
Schlöndorf, Volker, 310, 314
Schluchter, W., 313
Schmidt, Alfred, 146, 162, 169-71, 178
Schmitt, Carl, 94, 315
Schnädelbach, Herbert, 86
Schönberg, Arnold, 159
Schopenhauer, Arthur, 169-84, 240, 250

Schröter, Werner, 314
Schüssler-Fiorenza, Francis, 195-7, 200
Schütz, Alfred, 294
Schwan, Alexander, 102, 125-6
Searle, John, 228
Seel, M., 218
Segantini, Giovanni, 241
Shaftesbury, lorde, 62
Simmel, Georg, 235-51, 278, 280, 282, 284, 287, 289, 292-3
Simpson, Gary M., 199
Sinzheimer, Hugo, 297
Sloterdijk, Peter, 317
Small, Albion, 280
Sombart, Werner, 279-80, 284
Spengler, O., 91, 94, 98
Stalin, Josef, 85
Stammer, O., 311
Stein, Lorenz von, 279
Steinbüchel, Theodor, 200, 297
Steiner, Rudolf, 251
Sulzbach, Walter, 298
Syberberg, Hans-Jürgen, 310

T
Tenbruck, Friedrich H., 284
Tertulian, Nicolas, 126
Theunissen, Michael, 88, 313
Thurnwald, R., 280
Tillich, Paul, 200, 297
Tönnies, Ferdinand, 278, 280, 282, 287, 289, 292
Tracy, David, 197-9, 204, 210, 214, 216-8

Textos e contextos

Troeltsch, Ernst, 238, 282, 284, 290-1
Tugenhat, Ernst, 88

V
Vico, Giambattista, 62
Vierkandt, A., 279, 289

W
Wagner, Richard, 310
Walser, Robert, 314
Warnke, M., 315
Weber, Max, 75, 87, 210, 236-8, 244-6, 265, 278-80, 282, 284, 287-95, 298, 313
Wehler, H.-U., 313
Weininger, Otto, 132

Weiss, P., 314
Weizsäcker, Viktor von, 255
Wenders, Wim, 314
Wertheimer, Max, 297
Wiese, Leopold von, 279, 285-9
Wittfogel, Karl-August, 297
Wittgenstein, Ludwig, 46, 86, 88, 131-140, 307, 312-3
Wolff, Kurt, 236, 298
Worringer, Wilhelm, 240-1
Wright, Henrik von, 133
Wuthnow, Robert, 191, 223-5

Z
Zeisel, Hans, 289
Zeller, Eduard, 237
Ziegler, Leopold, 98

SOBRE O LIVRO

Formato: 14 x 21 cm
Mancha: 23 x 44 paicas
Tipologia: Venetian 301 12,5/16
Papel: Off-white 80 g/m² (miolo)
Cartão Supremo 250 g/m² (capa)
1ª *edição*: 2015

EQUIPE DE REALIZAÇÃO

Capa
Andrea Yanaguita

Edição de texto
Silvio Dinardo (Copidesque)
Mariana Pires (Revisão)

Editoração Eletrônica
Eduardo Seiji Seki (Diagramação)

Assistência Editorial
Alberto Bononi

Cromosete
Gráfica e editora ltda.
Impressão e acabamento
Rua Uhland, 307
Vila Ema-Cep 03283-000
São Paulo - SP
Tel/Fax: 011 2154-1176
adm@cromosete.com.br